INFÂNCIAS PARA ALÉM DA ESCOLA NA AMÉRICA LATINA

Monique Aparecida Voltarelli
Cristiano Rogério Alcântara
(Organizadores)

INFÂNCIAS PARA ALÉM DA ESCOLA NA AMÉRICA LATINA

Como vê-las?

Phorte editora
São Paulo, 2023

Infâncias para além da escola na América Latina: como vê-las?

Rua Rui Barbosa, 408
Bela Vista – São Paulo – SP
CEP: 01326-010
Tel.: (11) 3141-1033
Site: www.phorte.com.br
E-mail: phorte@phorte.com.br

CIP-BRASIL. CATALOGAÇÃO NA PUBLICAÇÃO
SINDICATO NACIONAL DOS EDITORES DE LIVROS, RJ

I36

Infâncias para além da escola na América Latina : como vê-las? / organização Monique Aparecida Voltarelli, Cristiano Rogério Alcântara. - 1. ed. - São Paulo : Phorte, 2023.
344 p. ; 23 cm.

Inclui bibliografia
ISBN 978-65-88868-32-4

1. Infância - América Latina - Aspectos sociais. I. Voltarelli, Monique Aparecida. II. Alcântara, Cristiano Rogério.

23-82208 CDD: 305.23098
CDU: 343.224.1: 304.44(8)

Gabriela Faray Ferreira Lopes - Bibliotecária - CRB-7/6643
ph2498.1

Este livro foi avaliado e aprovado pelo Conselho Editorial da Phorte Editora.

Impresso no Brasil
Printed in Brazil

Dedicamos este livro a todas as crianças que possibilitam que nos constituamos pesquisadores de suas histórias, de suas conquistas e de suas dificuldades.

Nada do que aqui se encontra registrado, pesquisado e analisado faria sentido se não fosse a perspectiva de poder, significativa e valorosamente, contribuir com novos olhares para todos os bebês, todas as crianças e – por que não? – todos os adolescentes que constituem, ou deveriam constituir, nossas apostas nessa categoria geracional, reconhecendo-os como atores sociais, sujeitos de direitos e cidadãos no tempo presente, mas, também, futuro da nossa humanidade.

Dedicar este volume a todas as crianças, que vivem suas infâncias em diferentes contextos, momentos e situações, é, antes, reconhecer que os sujeitos infantis trazem em si nossa confiança em processos humanizadores mais complexos e que merecem toda a nossa atenção, a nossa pesquisa, a nossa análise e o nosso cuidado.

Agradecimentos

O processo de construção e de organização deste livro advém como fruto de uma pesquisa acerca dos Estudos Sociais da Infância na América Latina, que possibilitou conhecer investigações, pesquisadores e perspectivas tão singulares e potentes sobre a vida das crianças em diversos países do continente. E, nesse aspecto, nós, organizadores, somos gratos pela dedicação dos autores convidados a dialogarem e a trazerem perspectivas e olhares sobre as infâncias latino-americanas.

Não poderíamos, então, iniciar os Agradecimentos de outra forma: desejamos agradecer aos autores, que se dispuseram a partilhar suas escritas conosco, organizadores, e, agora, com vocês leitores, o processo entre a ideia de um livro, o convite para a escrita, a ordem no livro. É um processo que leva tempo, e, nesse sentido, agradecemos pela paciência, pela parceria e pela compreensão.

Agradecemos aos nossos familiares e amigos pelo carinho, pelo suporte e pelos compartilhamentos, que são essenciais para o desenvolvimento das nossas pesquisas, da nossa docência e das nossas publicações.

Desejamos agradecer a todas as crianças, que vivem múltiplas infâncias, que, direta ou indiretamente, impactaram os autores/os pesquisadores nas suas escritas. O legítimo e importante anseio de olhar as crianças e de compreender suas infâncias é mola propulsora de nossos fazeres. Porém, se não fossem elas, nada disso teria sentido.

Por fim, mas não menos importante, agradecemos a vocês, leitores, que acreditaram na proposta de um livro que se desafia a olhar para as infâncias em outros contextos além do escolar. Respeitar e oportunizar que as crianças deixem de ser invisíveis requer, de nossa parte, rigorosidade em anunciarmos suas potências e em denunciarmos as diversas omissões, que, infelizmente, fazem parte de diferentes países.

Abraço todas as crianças com o meu olhar e com o meu pensamento: oh!
Maravilhoso mistério da natureza, quem são vocês, o que vocês nos trazem?
Eu os abraço com toda a minha atenção: como posso ajudar vocês?
Eu os abraço como um astrônomo abraça
uma estrela que existiu, que existe, que existirá.

Janusz Korczak

Apresentação

Olhares para nossas infâncias

Reconhecemos que realizar uma Apresentação não seja tão simples, ainda mais quando o livro conta com tão valorosas contribuições. Qual o melhor tom? Antecipar o tema central de cada texto? Isso seria quase que anular o prazer da leitura! Restringir-se ao título? Um olhar mais atento ao sumário daria conta de guiar o(a) leitor(a).

Optamos por um caminho no meio, característica que, na verdade, guia este material desde a sua concepção. Os organizadores se conheceram por meio da participação de ambos no Grupo de Estudos e Pesquisa Sociologia da Infância e Educação Infantil (Gepsi), liderado pela professora doutora Maria Letícia Barros Pedroso Nascimento, na Faculdade de Educação da Universidade de São Paulo (USP).

Monique foi orientanda da professora Maria Letícia, dedicando seu doutorado ao estudo do campo da Sociologia da Infância na América do Sul, e, assim, foi responsável pelo convite à maioria dos autores aqui selecionados. A contribuição do Cristiano, tanto aqui como no grupo de pesquisa, sempre se pauta na preocupação de que, apesar de a Sociologia da Infância não focalizar diretamente as questões da educação, são inegáveis suas contribuições para o campo educacional.

Em uma conversa com a Monique, Cristiano sugere a escrita de um livro com foco na América do Sul. Infelizmente, somos mais conectados às produções europeias e norte-americanas do que às dos nossos vizinhos latinos. Dessa conversa, materializou-se esta obra que, agora, você tem em mãos.

Com base em diálogos com o campo dos estudos sociais da infância, os pesquisadores e estudiosos da infância convidados nos brindam com produções que ampliam a compreensão sobre os contextos nos quais as crianças estão imersas, construindo suas experiências de infância em um continente repleto de diversidade cultural, étnica, linguística, econômica, política, e que, certamente, produz uma variedade de possibilidades a serem desveladas, valorizadas e divulgadas no âmbito científico e social.

Abre-se o livro não com uma contribuição latino-americana, mas com um texto latino, mais especificamente, da socióloga espanhola Lourdes Gaitán Muñoz, pesquisadora que trouxe muitas contribuições ao campo da pesquisa da

Sociologia da Infância nos países hispanofalantes. O texto, intitulado *Infância à contracorrente: dimensões estruturais da vida das crianças na América Latina* não poderia ser mais atual. Ele trata com maestria a questão de como a pandemia causada pelo coronavírus atinge as crianças latinas, pautando-se no enfoque estrutural geracional da Sociologia da Infância como marco teórico e método de análise para compreender a infância na América Latina. Podemos dizer que vale a pena a leitura de cada linha!

O livro segue com o texto *Infância contemporânea: algumas perspectivas epistemológicas e metodológicas para sua compreensão*, das argentinas Laura Frasco Zuker, Florencia Paz Landeira e Valeria Llobet. Nessa produção, somos provocados a analisar como as crianças que vivem em sociedades desiguais reproduzem e agem nesse meio. As autoras não apenas investigam as ações infantis, mas nos provocam a compreender como as ações e as omissões do Estado têm impacto no que vamos "normalizando" ser criança nesses ambientes. Com base em um enfoque relacional, o texto abrange a experiência das crianças e traz elementos para compreendê-las como atores sociais, submersas a processos de produção de desigualdades sociais. Uma contribuição valiosa para nossa obra.

O texto *Infância colombiana além da escola: um olhar atual*, de María Victoria Alzate Piedrahita e Miguel Ángel Gómez Mendoza, traz a perspectiva colombiana para o debate. Analisa o discurso contido no periódico mais importante da Colômbia, *El Tiempo*, e o que está registrado em suas páginas acerca do que o adulto compreende ser criança e como devem ser tuteladas, uma vez que a perspectiva infantil sempre aparece por meio de seus porta-vozes, no caso, os adultos. Com o aporte da Sociologia da Infância, contempla aspectos relacionados à autonomia das crianças, às relações adultocêntricas e às implicações para a compreensão da infância, levando em consideração a complexidade do conceito. Trata-se de um texto repleto de oportunidades de aprendizagens e de reflexões.

Iskra Pavez-Soto e Daniela Poblete-Godoy apresentam o ponto de vista chileno para o nosso debate da infância na América Latina no texto intitulado *Infância migrante e saúde no Chile: experiências, barreiras e novos cenários*. As autoras abordam duas questões importantes e complementares: a imigração e o acesso ao sistema de saúde. O direito ao sistema de saúde está assegurado às crianças em diversos tratados internacionais, dos quais o Chile é signatário, contudo, na prática, esse acesso não é assim tão simples. Por meio de uma pesquisa realizada com as crianças, as autoras apresentam dados relacionados às barreiras que perpassam o acesso ao sistema de saúde e demais aspectos estruturais que afetam a infância migrante. Uma leitura que certamente nos ajuda a compreender a pluralidade das infâncias e as experiências que marcam a vida das crianças que estão se deslocando pelo continente.

A contribuição peruana vem pela autora Vanessa Rojas Arangoitia mediante o texto *"Minha mãe não cuidava de mim. Ela tinha que trabalhar o dia inteiro": estratégias de cuidado infantil familiar em famílias vulneráveis no Peru*, abordando algo, infelizmente, muito comum na América Latina: famílias vulneráveis e as estratégias empregadas para garantir os cuidados com suas crianças. A autora coloca em pauta as limitadas redes de apoio destinadas ao cuidado das crianças, seja em nível comunitário, seja em estatal. Impossível não nos questionarmos a respeito de cuidado, arranjo familiar e possibilidades nas fragilidades socioeconômicas. Uma escrita sensível e importante para refletirmos sobre os contextos sociais da América Latina.

A experiência mexicana é apresentada pelo quarteto composto pelas pesquisadoras Sarah Gallo, Joanna Dreby e Florencia Silveira e pelo pesquisador Mario A. Martínez-García, no texto *Quando se muda para o "Sul": ajustes nas relações familiares entre crianças e pais nos processos de retorno ao México*. Abordam uma temática atual sobre como tem ocorrido o retorno das crianças, que estão com seus responsáveis, saindo dos Estados Unidos e voltando ao México. Normalmente, há uma preocupação em saber como os Estados Unidos assimilam as crianças mexicanas. O mérito dessa abordagem reside em tentar compreender, da óptica infantil, como é sair do país e adentrar o México. Uma colaboração investigativa densa que compõe esta obra.

A dupla composta pelos professores Claudia P. Sanabria Moudelle e Isaac Ravetllat Ballesté proporciona um diálogo entre o Chile e o Paraguai, para lidar com uma questão que, com certeza, é transnacional: a realidade jurídica em que as crianças e os adolescentes se encontram quando são separados de seus familiares. O texto, intitulado *Realidade jurídica das crianças e dos adolescentes estrangeiros desacompanhados ou separados de seus familiares: da teoria à prática*, aponta que existe um arcabouço teórico que não é o que se materializa em prática. São aspectos essenciais para promover reflexões acerca dos avanços à garantia dos direitos das crianças.

Depois desse sobrevoo pelas contribuições dos pesquisadores hispânicos, com destaque aos sul-americanos, o livro se dedica às contribuições dos pesquisadores brasileiros. Abrem essa seção as pesquisadoras Carolina Terra e Irene Rizzini, com o texto *Primeira Infância: prioridade absoluta na agenda pública brasileira?* O capítulo aborda um fenômeno crescente no Brasil: a priorização das crianças de 0 a 6 anos como aspecto central de leis e políticas que focalizam a primeira infância, apontando os avanços na legislação e nas produções científicas acerca da temática. O texto nos brinda com uma contribuição de grande esforço teórico e metodológico.

Monique Aparecida Voltarelli e Maria Letícia Barros Pedroso Nascimento abordam uma discussão instigante, com o texto *As crianças expressam suas opiniões: o que dizem sobre assuntos não infantis*? Com base na Sociologia da Infância, as autoras apresentam como o campo compreende as crianças como atores sociais competentes, que têm muito a dizer sobre as percepções sociais dos contextos em que vivem, e como têm compreendido os acontecimentos sociais e formulado opinião a respeito de assuntos que, num primeiro momento, são compreendidos como inadequados a elas. A participação infantil também é considerada na discussão, o que nos convoca a buscar compreender melhor como tem sido construído a sua condição de cidadãs.

Rita de Cássia Marchi, por sua vez, presenteia-nos com um texto provocador e que nos obriga a desacomodar as ideias, intitulado *O modelo de infância, seu esgotamento e as crianças "de rua"*. Quando falamos de *infância*, qual o nosso modelo? Como podemos nos assentar nesse modelo como universal quando nos deparamos com as crianças de rua? A qual categoria pertencem as crianças de rua? Com base em diálogos com os estudos sociais da infância, a autora reflete sobre a compreensão da infância relacionada aos aspectos de pobreza, de exclusão e de desigualdade presentes na sociedade brasileira. Contribuição de grande valia, que não pode deixar de ser lida.

O sexteto composto pelas pesquisadoras Paula Pimentel Tumolo, Gabriela Fernandes Castro, Luana Papelbaum Micmacher, Natália Belarmino de Souza e Lucia Rabello de Castro, e pelo pesquisador Túlio Ferreira Fialho aborda uma temática emblemática causada pela pandemia da Covid-19. Como as crianças e os adolescentes veem o espaço escolar ao estarem distante dele? Por meio do texto *"Chega de saudade": perspectivas e significados de crianças e adolescentes sobre a escola durante a pandemia*, os autores apresentam resultados de uma pesquisa realizada com crianças e adolescentes, trazendo suas vivências nesse período. Que o texto possa iluminar o quão importantes e necessários se fazem a escuta e o conhecimento das perspectivas das crianças e dos adolescentes tanto no âmbito cientifico quanto no social.

Fernanda Müller, Cristian Dutra e Mayume Melo Kanegae apresentam como as crianças da zona rural veem a questão temporal, no texto *Usos do tempo de crianças em e entre ilhas de atividades*. De grupos focais e representações gráficas da pesquisa realizada com as crianças, os autores destacam a importância de acompanhá-las no cotidiano, destacando as diversas formas de socialização entre crianças, seus pares e familiares, bem como as maneiras como atribuem sentidos aos seus fazeres. Uma leitura essencial que compõe esta obra.

A dupla composta pelas pesquisadoras Etienne Baldez Louzada Barbosa e Franciele Ferreira França trata, em texto intitulado *Sobre crianças singulares e práticas religiosas plurais: representações da participação infantil*, de abordagens relacionadas as práticas religiosas, representações de infância e perspectiva das crianças sobre os eventos religiosos. As autoras convidam a pensar a participação infantil nesses contextos, trazendo diversas vertentes religiosas e suas compreensões acerca das crianças, o que, certamente, demonstra uma valiosa contribuição para o campo dos estudos sociais da infância e vale cada momento dedicado à leitura.

Finalizando esta obra, as Gabrielas, Thomazinho e Lotta, provocam-nos a respeito de a sociedade categorizar as crianças como inteligentes e levadas. E o mais complexo: como essa categorização tem impacto na qualidade do serviço que será prestado. O texto *O menor, a criança inteligente e o menino levado: processos de categorização na infância* traz reflexões, apontamentos e avanços para a compreensão da infância e indicam o quanto ainda é necessário caminhar para que as crianças sejam reconhecidas como sujeitos sociais pelos diversos profissionais que estão em contato com elas e para que possam garantir a efetivação dos seus direitos. Texto que enriquece e encerra as discussões que perpassaram este livro.

Ficamos muito felizes com a qualidade dos textos aqui apresentados. Foi um exercício hercúleo conseguir o tempo necessário para a escrita, os comentários, a reunião dos textos e todo o processo que envolve a organização de um livro, ainda mais em meio a uma pandemia.

Agradecemos a confiança depositada na proposta, compreendemos como salutar ver as crianças para além das instituições escolares, e, como salientamos no início desta Apresentação, reconhecendo um olhar latino para isso. Não menosprezamos as contribuições do Norte, no entanto, sabemos que temos muito a conhecer, trocar e dialogar, valorizando as produções do Sul. Reconhecemos que, para se fazerem saber, é necessário divulgá-las de forma mais sistematizada, e é a isso que se presta este livro.

Esperamos que você, leitor(a), faça uma leitura agregadora, como nós organizadores fizemos e nos dedicamos, juntos com os pesquisadores, a lhe proporcionar o que há de mais atual acerca das pesquisas latinas sobre infâncias, crianças e adolescência, para além das questões escolares.

Monique Aparecida Voltarelli

Cristiano Rogério Alcântara

(Organizadores)

Prefácio

Este é um livro singular.

Reunindo muitos dos mais destacados pesquisadores e pesquisadoras dos estudos sociais da infância da América Latina, a que acresce o notável primeiro capítulo da socióloga espanhola Lourdes Gaitán Muñoz, o livro seleciona, como tema comum, as várias contribuições à situação social da infância ibero-americana, para além da condição de aluno. Com isso, contribui poderosamente para a compreensão da ordem geracional da infância em vários países da América Latina. São apresentados diferentes contextos de exercício da ação social das crianças e diversificados perfis ou "figuras" de crianças, nomeadamente, em situação de emigração, como destinatárias de políticas e ações na área da Saúde, em tempo de pandemia, no quadro de famílias vulneráveis, de regresso ao país da origem após experiência migrante num país central, como crianças de rua, como membros de igrejas ou com práticas religiosas, como destinatárias de políticas sociais, como cidadãos participativos e sujeitos de direitos, objeto do trabalho profissional especializado de cuidadores e cuidadoras. São consideradas para análise crianças dos seguintes países: Argentina, Colômbia, Chile, Peru, México, Paraguai e Brasil.

Perante uma tal diversidade de problemáticas e de situações mobilizadas nos diferentes capítulos, poderia pensar-se estarmos diante de uma coletânea de estudos sem unidade entre si. Porém, assim não acontece. Embora a diversidade de orientações teóricas e metodológicas dos vários capítulos, há um fio de sentido que a todos liga em torno de três laços: o contexto sociopolítico de vida das crianças – a América Latina contemporânea –; o campo teórico no qual se ancoram – os estudos sociais da infância –; a concepção de uma ciência pública que se concretiza na orientação dos estudos para a análise dos fatores de opressão das crianças pobres em situação de vulnerabilidade social e a propositura de políticas públicas emancipatórias.

A seleção da América Latina, como contexto sociopolítico de análise da situação da infância, é intencional, num esforço de resgate do conhecimento das crianças dos vários países ibero-americanos. O objetivo consiste em ampliar e renovar as problemáticas e os quadros interpretativos dominantes no campo intermultidisciplinar dos estudos sociais da infância, marcado pela hegemonia da ciência produzida na Europa e na América do Norte, em particular, nos países de expressão anglófona.

O deslocamento do olhar para a realidade das crianças ibero-americanas tem múltiplas implicações teóricas e metodológicas. Desde o princípio, ao centrar-se em países periféricos ou semiperiféricos na ordem do capitalismo global (para utilizarmos a linguagem da teoria de sistema-mundo, de Immanuel Wallerstein), a condição da infância não pode deixar de ser vista de realidades marcadas por uma história de dominação colonial e pela herança de processos de dominação, que se exprimem em situações sociais marcadas por uma forte desigualdade e pela colocação de muitas crianças em situação de grande vulnerabilidade social. Assim, independentemente das diferenças de trajetos políticos recentes entre os vários países, alguns desafios teóricos comuns se apresentam na pesquisa latino-americana.

Como é que, nas condições históricas concretas, as políticas de infância contribuem para construir uma administração simbólica da infância? Isto é, como regulam as relações entre adultos e crianças, estruturam as condições estruturais de desenvolvimento da infância e configuram as instituições dedicadas às crianças? Como é que a diversidade étnico-cultural se configura em diferentes normatividades infantis, com expressão na definição do que é uma criança (criança ameríndia, criança quilombola, criança ribeirinha, criança inca etc.), do seu estatuto na comunidade e da criação de expectativas de comportamentos e atitudes intra e intergeracionais? Como é que se constroem e transmitem as culturas infantis? Que sinais dos tempos coloniais se transportam nos brinquedos, nas "trocinhas"[1] e nas expressões infantis? Que processos de hibridação e mestiçagem têm lugar nas brincadeiras e nas expressões infantis?

Essas e outras questões são traduzidas para uma linguagem científica que se exprime nas diversas variantes das duas línguas ibéricas que constituem a base linguística do subcontinente. A questão do universo linguístico de comunicação científica, apesar de tendencialmente abafado no debate científico pela hegemonia do inglês (não obstante, por exemplo, a socióloga francesa Régine Sirota, organiza a análise da produção científica da Sociologia da Infância com base nos contextos sociolinguísticos em que se exprimem), não deixa de ser extremamente relevante na elaboração teórica, sabendo como a língua é matriz do pensamento: *infancy* não é infância, nem criança é *niño*, tampouco são redutíveis umas às outras palavras, como guri, miúdo, moleque, petiz, garoto...

Configura-se, por consequência, um campo de problemática e um espaço de definição epistemológica que este livro coloca de forma muito clara. Mais do que produzir uma suposta "teoria sul-americana da infância" ou formular um corte

---

[1] N. do E.: refere-se a organizações de grupos de crianças, geralmente reunidas por serem vizinhas, que se encontravam na rua para brincar, em uma época em que a rua se constituía num espaço público, ao contrário dos tempos atuais.

epistemológico com o contributo teórico das Ciências Sociais globalmente produzidas, nas suas incidências sobre a infância e as crianças, o que se encontra em causa é a abordagem de problemáticas específicas da realidade da infância latino-americana, desafiando as teorias e as abordagens existentes, no sentido de experimentar as suas capacidades heurísticas, e abrindo novas interrogações, capazes de trazer outra luz à abordagem da infância como categoria social geracional e da criança como sujeito social. Em suma, o desafio que este livro encara não é tanto o de contribuir para uma teoria regional da infância, mas o de contribuir para a ampliação e a renovação do campo científico global dos estudos sociais da infância, com base nas realidades da infância latino-americana, na especificidade do processo histórico da sua constituição e no contexto das realidades sociais, políticas e culturais em que vive.

No lado do globo onde viveram intelectuais como Paulo Freire, Ivan Ilich ou Humberto Maturana, não seria de esperar outra coisa deste livro que não fosse uma forte implicação dos autores num conhecimento não apenas enraizado no contexto de onde emerge, mas profundamente envolvido na transformação das condições sociais em que vivem as crianças, seja nos fatores estruturais de dominação adultocêntrica, patriarcal e paternalista, seja na consequência da estratificação social exponenciada pela desigualdade social e o modelo econômico hegemônico no capitalismo avançado, seja, ainda, pela conjuntura, diferenciada e desigualmente experienciada, da doença pandêmica.Vários dos capítulos deste livro dedicam a sua atenção à análise das políticas orientadas para a infância, as suas determinações e as suas contradições, a sua retórica e os seus impactos reais. Resulta, dessa análise, uma forte problematização dos instrumentos com que, em geral, as democracias liberais enfrentam as políticas de infância. Considerar modelos alternativos de atuação afigura-se como indispensável. Ancorar esses modelos em modalidades diferenciadas de participação das crianças é a proposta que emerge com marcada incidência.

A criança como ator do destino da infância, não no isolamento solipsista, mas na interação com os adultos, constituindo um movimento verdadeiramente transformador, eis o que este livro propõe e desafia. Compete ao leitor, na América Latina, na Europa ou em qualquer lado do mundo, tomar como seu este desiderato em que a ciência se coloca na linha da promoção de crianças mais felizes, num mundo menos desigual, ambientalmente equilibrado e orientado para o bem-estar social, o reconhecimento e a inclusão.

Manuel Jacinto Sarmento

Professor titular do Instituto de Estudos da Criança (IEC),
da Universidade do Minho, Portugal

Sumário

1

Infância à contracorrente: dimensões estruturais da vida das crianças na América Latina

Lourdes Gaitán Muñoz

Com a Covid, não conseguimos continuar protestando nas ruas.
E estamos buscando outras formas de combater as mudanças
climáticas... Se você for uma criança menor de 18 anos,
de qualquer lugar do mundo, pode participar,
porque as mudanças climáticas não têm fronteiras.
Tom Webster Arbizu, 15 anos
Adelaide (Austrália)

Essa fala é como um preâmbulo que antecipa a intencionalidade que guia este capítulo: mostrar como meninos e meninas são afetados por fenômenos globais e estruturais, como estão cientes da repercussão destes, e que, quando podem fazê-lo, reivindicam e praticam o direito de agir e de serem ouvidos como uma geração que compartilha riscos e benefícios com as outras gerações coexistentes.

O desenvolvimento do capítulo começará com algumas observações referentes à abordagem estrutural, relacional e geracional da Sociologia da Infância, que representa o referencial teórico para a apresentação dos dados e da análise que será realizada a seguir. Quanto às dimensões estruturais da infância, começaremos pela que se refere à sua composição demográfica; em seguida, será considerada a dimensão econômica, com particular atenção à situação do trabalho, do emprego, da redistribuição e da pobreza. As políticas de ou para a infância e a posição das crianças em relação a elas constituirão os dois tópicos finais.

A infância em uma abordagem estrutural

A infância, entendida como fenômeno social (Qvortrup, 1990, 1993), como construção social (James, Jenks e Prout, 1998) ou como componente de uma situação relacional (Mayall, 2002; Alanen, 2011a), pode ser analisada de diferentes perspectivas, o que nos permitirá apreciar diferentes facetas de sua posição na vida social. A abordagem estrutural da Sociologia da Infância busca estudar o papel atribuído à infância na estrutura social e, também, observá-la como uma "estrutura" em si mesma, comparável e análoga, por exemplo, à classe social ou ao gênero. Como categoria social permanente, seus membros mudam, mas a infância e suas relações com o grupo social majoritário (adulto) continuam, sendo este um componente essencial da ordem social. Pensar em termos de estrutura social não é pensar em desenvolvimento da criança, mas, sim, em *desenvolvimento da infância*, como nos diz Qvortrup (2013).

Em termos estruturais, a infância não tem um início nem um fim temporal, portanto, não pode ser entendida nem dividida em etapas periódicas, mas, sim, como *uma forma permanente* de qualquer estrutura geracional. A investigação realizada, com base nessa abordagem, terá como objetivo buscar a ligação entre quaisquer eventos relevantes observados na vida das crianças (condições socioeconômicas, *status* político ou senso de identidade) e os contextos macroestruturais nos quais esses eventos ocorrem, a fim de explicá-los com referência às estruturas e aos mecanismos sociais que operam no macrocontexto e geram efeitos no grupo infantil.

Em contrapartida, pensando a infância como uma estrutura social em si própria, deve-se levar em conta a dimensão geracional do fenômeno (Mayall e Zeiher, 2003; Alanen, 2011b). Dessa forma, é possível identificar a existência de uma ordem geracional na macroestrutura social, pela qual as crianças se distinguem de outros grupos populacionais, restando aqueles constituídos como uma categoria social particular, definida por meio de diretrizes de divisão social, diferença e desigualdade. Essa maneira de pensar a estrutura como um padrão estável de comportamento em relação às crianças é especialmente útil para realizar estudos comparativos das condições sociais e das circunstâncias em que vivem os membros da categoria social infantil em relação à dos adultos ou a qualquer outra categoria geracional, e permite chegar a conclusões politicamente significativas, por exemplo, sobre a justiça distributiva entre grupos populacionais e a posição relativa das crianças nessa distribuição.

Observar a interação entre gerações coexistentes é fundamental na abordagem relacional da Sociologia da Infância. Parte-se, aqui, de uma concepção de estrutura social como "um sistema de relações sociais" e, assim, exploram-se as relações geracionais tanto no nível pessoal quanto no social. Nesse caso, a noção de estrutura geracional refere-se ao complexo conjunto de processos sociais relacionais mediante os quais algumas pessoas se tornam crianças (elas são ideologicamente construídas como crianças), e outras se tornam adultas. A construção implica necessariamente ação (nesse caso, tanto de crianças quanto de adultos) e é entendida como um processo prático e, até mesmo, material, como uma prática que consiste em "fazer geração", ou como um conjunto de práticas que contribuem para criar o significado e o conteúdo da ordem geracional (hierárquica), em que cada mudança em uma parte está necessariamente ligada à mudança na outra, ao passo que cada sociedade específica pode apresentar uma organização particular de relações geracionais, que funciona como um dos elementos estruturantes das relações sociais no geral.

Pode-se dizer que, nos últimos anos, a Sociologia da Infância concentrou-se em "dar voz" às crianças, não apenas consultando sua opinião, mas, também, envolvendo-as nos processos de investigação sobre suas vidas. Isso tem levado a uma abundância de pesquisas com foco na análise em nível micro, no qual suas atividades são mais diretamente observáveis. No entanto, acreditamos ser fundamental incorporar e aprofundar a análise das condições estruturais que estão influenciando essas vidas. A metodologia, nesse caso, será diferente, com base na seleção de estatísticas e de dados de fontes secundárias, na maioria das vezes, não concebidas para dar visibilidade a esse grupo populacional, de modo que extraí-los e exibi-los é, em si, uma forma de "fazer as crianças serem levadas em conta" (Saporiti, 1994) na investigação e na vida social. A justificativa para isso é que, por meio dessa análise, podemos aprender coisas sobre a vida de crianças que ficam à sombra, na ignorância ou no esquecimento, e que as deixam confinadas a determinados espaços de sociabilidade.

A demografia da infância na América Latina

Uma primeira aproximação estrutural ao conhecimento da infância consiste em "contá-la", ou seja, quantificar o volume e as características desse grupo populacional. Entretanto, essa simples operação enfrenta barreiras significativas. Por isso, em autores como Saporiti (1994) e Jensen e Saporiti (1992), encontramos a proposta de avançar em uma *Sociografia da Infância*, entendida como uma seleção sistemática e coerente de indicadores demográficos, sociais e econômicos apropriados para relatar a situação social da infância nas sociedades contemporâneas. Tal *sociografia* teria que se basear em duas premissas:

- ser centrada na criança como *unidade de observação*;
- enfocar a criança como *unidade de análise*.

No que diz respeito aos indicadores demográficos, as estatísticas disponíveis variam muito em qualidade, disponibilidade, cobertura populacional, âmbito e detalhe geográficos, comparabilidade e continuidade. Uma fonte específica que vem oferecendo indicadores que atendem a essas características é o Fundo das Nações Unidas para a Infância (Unicef), por meio de seus relatórios anuais sobre a situação da infância no mundo. Nesta seção, teremos base nos dados do relatório *The State of The World's Children 2019 Statistical Tables* (Unicef, 2019) e nas estatísticas das Nações Unidas elaboradas por Sanz Gimeno (2020).

De acordo com o relatório da Unicef (2019), a população infantil da região da América Latina e do Caribe era de 642.217 pessoas em 2018, o que representa 8,4% da população infantil mundial. A expectativa de vida ao nascer aumentou na região, passando de 60 anos em 1970 para 75 anos em 2018. A taxa de dependência (população infantil em relação à população ativa) foi de 37% no ano de referência.

Quanto à evolução da população infantil, o Gráfico 1.1 mostra como seu peso vem diminuindo, em um olhar retrospectivo de 70 anos, em todas as regiões do mundo, sendo a da América Latina e do Caribe a que revela uma diminuição mais acentuada. Contudo, as projeções mostram uma tendência à convergência das proporções da população infantil em todas as regiões. Embora o número de crianças e a qualidade de vida na infância não estejam diretamente correlacionados, existem, sem dúvida, alguns fatores positivos que contribuem para esse declínio, como melhorias nas taxas de mortalidade infantil. Ao mesmo tempo, existem fatores que influenciam os modos de vida e a convivência das crianças, como é o caso das mudanças nos padrões de fecundidade que dão origem a grupos familiares menores e a uma menor probabilidade de viver com irmãos (Gaitán Muñoz, 2006b, p. 39-41). De acordo com as projeções representadas no gráfico, as mudanças que influenciam o peso relativo da população infantil sobre a população total podem continuar a ocorrer, de forma acentuada, no futuro.

Gráfico 1.1 – Percentual da população de 0 a 17 anos no mundo: evolução e perspectivas (1950-2100)

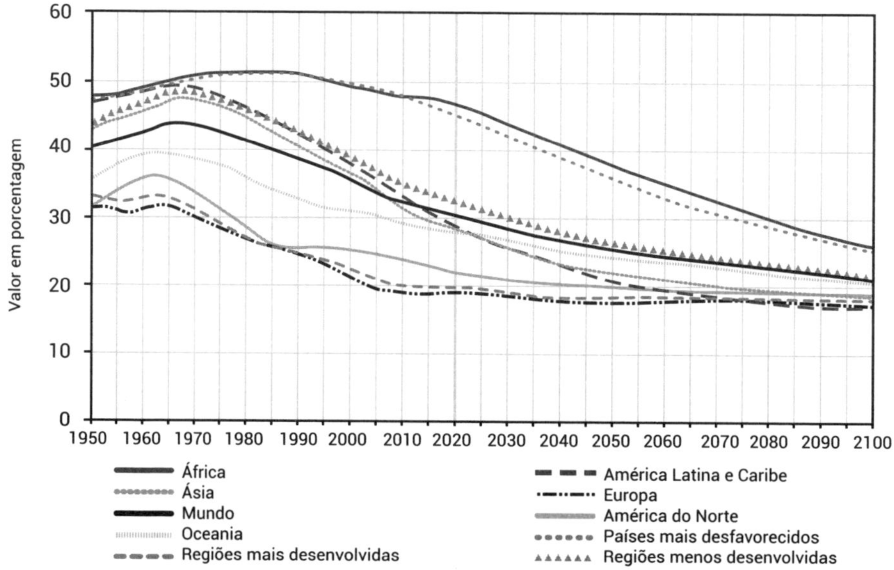

Fonte: adaptado de Sanz Gimeno (2020), com base nos dados de: United Nations, Department of Economic and Social Affairs, Population Division (*World Population Prospects 2019*).[1]
Observação: a linha cinza vertical centralizada representa o momento atual.

Nem toda a população com menos de 17 anos está exposta aos mesmos riscos, nem tem as mesmas necessidades. Alguns indicadores demográficos podem oferecer pistas sobre aspectos em que é necessário focalizar as políticas públicas de forma diferenciada. É o caso das taxas de mortalidade que atingem meninos e meninas na primeira infância, por um lado, os índices de casamento e de fecundidade na adolescência, por outro, as diferentes causas de mortalidade entre o primeiro e o último ano da infância.

[1] Para saber mais, acesse: https://population.un.org/wpp/ (acesso em: 29 set.2022).

A mortalidade de menores de 5 anos na América Latina diminuiu 70% entre 1990 e 2008, de 55 para 16 mortes por 1.000 nascidos vivos (o declínio global foi de 58%). As causas de morte em idade precoce estão relacionadas a nascimentos prematuros, a complicações durante o parto e a causas congênitas, às quais se somam as doenças infecciosas posteriormente, conforme meninos e meninas crescem, ao passo que aparecem outros fatores relacionados ao meio ambiente e ao comportamento social. Assim, segundo a Organização Pan-Americana da Saúde, as três principais causas de morte entre jovens (15 a 24 anos), nas Américas, são o homicídio, que representa 24% da mortalidade, seguido das mortes no trânsito com 20% e suicídio com 7% (OPS, 2019). As taxas de mortalidade são mais altas entre os meninos, o que é atribuído, em parte, à pressão que enfrentam para se adequar às normas de gênero, o que pode contribuir para comportamentos prejudiciais, como agressividade e assunção de riscos.

O casamento na adolescência é um fenômeno que, claramente, precisa de atenção na região da América Latina e do Caribe. Segundo a Unicef (2019), a porcentagem de mulheres entre 20 e 24 anos que se casaram pela primeira vez antes de 15 anos, no período de 2012 a 2018, foi de 4% (no mundo, 5%), e a porcentagem de mulheres nessa faixa etária que se casaram pela primeira vez antes dos 18 anos foi de 25% (21% no mundo). Muito do casamento precoce está associado à fecundidade de seus protagonistas; de fato, se considerado o peso da fecundidade dos jovens entre 15 e 19 anos, a América Latina se destaca como a região do mundo com maior proporção de fecundidade nessa faixa etária (Sanz Gimeno, 2020).

Por último, é preciso referir-se a um dos indicadores demográficos básicos: a migração. Nesse sentido, cabe destacar que, segundo a Unicef (2020), existem 6,3 milhões de crianças e adolescentes migrantes na região. As motivações que os levam a embarcar no caminho migratório vão de escapar de situações de violência, de pobreza e de exclusão em que vivem até reencontrar com as suas famílias já migrantes, em todo caso, enfrentando, com frequência, situações muito difíceis no seu percurso migratório.

A estrutura econômica e social como cenário

A pandemia provocada pela Covid-19 desencadeou uma crise sanitária, econômica e social, sem precedentes vistos no século XX, pois é justamente a confluência desses três fatores que a torna diferente das crises anteriores, cuja classificação ocorreu por apresentarem apenas um desses fatores. Também se distingue por sua natureza global, em comparação com crises anteriores, em que algumas regiões ou alguns países ficaram total ou parcialmente à margem. Não obstante, o ponto de partida, ou seja, a situação anterior ao surto da pandemia, faz o seu impacto revelar-se diferente, da mesma forma que se prevê um horizonte de saída distinto. Na região da América Latina e do Caribe,

> [...] o impacto da pandemia é agravado pela profunda e arraigada desigualdade que existe na região, e, ao mesmo tempo, aprofunda-a: para muitas pessoas, a desigualdade torna-se uma questão de vida ou de morte – entre aqueles que podem estar confinados e em teletrabalhos em moradias adequadas e aqueles que residem em favelas ou vilas (21% da população), gastam tudo o que ganham e estão expostos tanto à privação e à fome quanto ao risco de contágio na rua; entre aqueles que têm cobertura da seguridade social ou acesso a serviços médicos privados de qualidade e aqueles que não os têm. (Sanahuja, 2020, p. 27)

A situação de crianças e adolescentes está vinculada à de suas famílias e, da mesma forma, podem se beneficiar, ou não, da ação do Estado, desde que existam políticas voltadas à proteção de direitos e à busca do bem-estar social. Todos os componentes do arcabouço econômico/financeiro/político estão interligados, condicionando tanto a capacidade das famílias quanto a dos Estados de atender às necessidades que a população infantil não pode satisfazer por si só. Por essa razão, alguns dados foram selecionados, com base nos numerosos documentos produzidos pela Comissão Econômica para a América Latina e o Caribe (Cepal) desde que a pandemia começou a se tornar visível, a fim de fornecer uma breve visão geral dos fatores estruturais que afetam a situação das crianças na região.

Segundo salienta essa organização (Cepal, 2020a), a chegada da crise ocorreu em um momento de deterioração da confiança na globalização e no multilateralismo como ferramentas para o desenvolvimento. A região da América Latina e do Caribe enfrentou a pandemia de uma posição fragilizada para resistir, de maneira efetiva, aos impactos econômicos e sociais, sem esquecer aqueles relacionados ao acesso e uso da internet, que, imediatamente, tornou-se essencial para manter certo nível de atividade e de relacionamento durante o confinamento domiciliar que, em geral, foi implementado de modo precoce para conter o contágio. No plano econômico, antes da pandemia, as previsões da Cepal eram de que a região cresceria no máximo 1,3% em 2020. No entanto, os efeitos da crise levaram a mudanças nessas previsões, considerando uma queda do Produto Interno Bruto (PIB) de, pelo menos, 1,8%, com prospectos de 3%-4% (ou mais).

Com relação ao impacto social, o relatório da Cepal (2020a) observa que, mesmo antes da pandemia, houve um aumento da pobreza e das taxas de extrema pobreza, desigualdades persistentes e descontentamento generalizado, sendo, portanto, previsível que a crise teria repercussões negativas sobre a saúde e a educação, bem como sobre o emprego e a pobreza. No que diz respeito à saúde, o relatório aponta para os baixos níveis de gastos públicos investidos nessa área, o que leva a sistemas de saúde fracos ou fragmentados, bem como segregados e claramente desiguais, aos quais se somam equipamentos insuficientes e escassez de profissionais qualificados. Em relação à educação, esse relatório aponta o impacto da suspensão das aulas, especialmente entre os setores mais vulneráveis, não apenas em termos de dificuldades de aprendizagem, mas também porque muitos centros educacionais proporcionam segurança alimentar e cuidados a meninas e meninos, dos quais eles são privados por seu fechamento. Ao mesmo tempo, tornou-se claro que muitas instituições de ensino não tinham a infraestrutura tecnológica necessária, nem professores suficientemente capacitados nessas tecnologias, para poder oferecer educação a distância. O fechamento das escolas implica, também, um aumento das necessidades de atenção e cuidados das famílias, tarefas que recaem, em particular, sobre as mulheres.

O impacto da crise no emprego é visto como muito forte, dadas as características do mercado de trabalho na região. Assim, considerava-se um grande aumento do desemprego, que afetaria, sobretudo, os setores mais pobres e os segmentos de renda média mais vulneráveis. Avaliou-se o aumento do emprego informal, e que os filhos e as filhas das famílias mais pobres entrariam no mercado de trabalho, também de maneira informal. De acordo com a Cepal (2020b), dada a queda de 5,3% do PIB e o aumento projetado de 3,4 pontos percentuais no desemprego em 2020, a pobreza na América Latina aumentaria pelo menos 4,4 pontos percentuais (28,7 milhões de pessoas a mais) em relação ao ano anterior, para o qual atingiria um total de 214,7 milhões de pessoas (34,7% da população da região). Entre essas pessoas, a pobreza extrema aumentaria 2,6 pontos percentuais (15,9 milhões de pessoas a mais) e afetaria um total de 83,4 milhões de pessoas.

Perante esses riscos, a proteção social do Estado, que já era fraca e insuficiente antes da pandemia, teria dificuldades em fornecer as coberturas necessárias. Segundo a Cepal (2020a), são poucos os países da região que contam com seguro-desemprego, mas, além disso, os trabalhadores do setor formal aumentariam sua demanda por benefícios em caso de licença médica, e os programas de proteção social não contributiva precisariam ser expandido para famílias de baixa renda em risco de cair em situação de pobreza. Por isso, em relatório posterior, a Cepal (2020c) propôs o reforço das medidas de proteção social existentes e a criação de uma renda básica para satisfazer as necessidades essenciais. Ao mesmo tempo, propôs fortalecer o estado de bem-estar social e a provisão universal de proteção social "para evitar mais uma década perdida" (Cepal, 2020c, p. 19-20), o que exigirá a busca de financiamento sustentável (*vide* Cepal, 2020e).

Uma alternativa que pode ser considerada uma aproximação à renda básica universal é a que se propõe no último dos documentos que comentaremos (Cepal, 2020d, p. 21-4), na forma de uma "renda básica emergencial", que consiste em uma transferência monetária equivalente a uma linha de pobreza (143 dólares na cotação de 2010) durante seis meses para toda a população que vive na pobreza. Como complemento a essa renda básica emergencial, a Cepal e a Organização das Nações Unidas para a Alimentação e a Agricultura (FAO, sigla do inglês Food and Agriculture Organization) propuseram que os governos implementassem um "vale contra a fome" para toda a população que vive em extrema pobreza, na forma de transferências monetárias, de vale-alimentação ou de programas de alimentação escolar.

Protagonismo e políticas de infância

Mediante dados e informações fornecidos pelos documentos que acabam de ser discutidos, pode-se vislumbrar a contribuição das crianças para enfrentar os piores efeitos do confinamento e da pandemia. Desse modo, na crise do cuidado, sobretudo as meninas, mas também os meninos, adquirem um papel essencial no lar, quer assumindo as tarefas domésticas, quer cuidando dos mais novos e até ajudando-os nos trabalhos escolares. Os dados do possível aumento do trabalho infantil na região falam da contribuição material de meninos e meninas para as economias de subsistência das famílias mais pobres, e, até mesmo, das não tão pobres. Além disso, suas habilidades no manuseio de novas tecnologias oferecem uma pista de sua capacidade de ação, como geração infantil e juvenil em um mundo altamente interconectado, também na pandemia. Serrão, Trevisan e Sarmento (2020) relatam ações de grande visibilidade e protagonismo no combate à Covid-19, que vêm sendo realizadas por meninos e meninas de diversos países por meio do uso da internet, transmitindo mensagens de cautela e de esperança nas redes sociais, como TikTok ou YouTube. Essas mensagens se tornaram virais e atingiram inúmeros seguidores, com essas crianças atuando como autênticos *influencers* digitais, com grande capacidade de mobilizar outras crianças e, também, adultos com propostas e ações concretas.

Apesar de tudo, as crianças são, em grande parte, invisíveis em estudos ou relatórios voltados para análises macroeconômicas, mercado de trabalho ou políticas públicas. No que diz respeito a estas últimas, Qvortrup (2010, 2013), com base no fato de que, em geral, grande parte das políticas que são concebidas ou implementadas têm consequências que não foram previstas nem desejadas na época, distingue as políticas que visam ter um impacto nas crianças ou na infância daquelas que não têm esse objetivo e, entretanto, podem ter consequências consideráveis sobre elas, seja para o bem, seja para o mal. Essas seriam duas categorias para a análise da relação entre infância e política, às quais ele acrescenta outros dois tipos, resultando, assim, nas seguintes variações:

1) as crianças/a infância como objeto sem foco na política;
2) as crianças/a infância como objeto específico da política;
3) as crianças/a infância como objeto instrumentalizado da política;
4) as crianças como sujeitos políticos.

No primeiro caso, o sociólogo considera que não se pode subestimar o alcance e a importância do impacto na vida das crianças de decisões que são tomadas em áreas aparentemente distantes daquelas que são de interesse imediato para o seu bem-estar. Em primeiro lugar, porque a infância é involuntariamente, gostemos ou não, parte da sociedade e da política social, e qualquer esforço para excluí-la ou mantê-la à margem é ilusório. Em segundo lugar, porque muito do que acontece com a infância, com a formação e com a transformação do conceito e da imagem de infância, e muito do que influencia as crianças e seu cotidiano, é, de fato, instigado, inventado, ou, simplesmente, ocorre sem as crianças e a infância em mente. Se isso for verdade, aponta Qvortrup (2010, 2013), o meio de prevenir o negativo ou de promover o positivo em tais decisões seria perguntar sobre as causas da ausência de uma visão transversal que leve em consideração as crianças em qualquer política, como os efeitos ou as respostas que ocorrem entre outros grupos etários ou lobistas. É pouco provável que a razão seja a existência de uma conspiração contra crianças, mas, sim, em termos do que parece ser uma dissonância cognitiva, diz o autor, que isso só tenha acontecido dessa forma pela falta de atenção, pela indiferença estrutural ou por algum outro motivo qualquer.

Quando as crianças ou a infância são o objeto direto de uma política, a noção de "política da infância" refere-se aos dispositivos legais, espaciais, temporais e institucionais disponíveis para as crianças em determinada sociedade. Se falamos assim sobre a política da infância, segundo Qvortrup (2010, 2013), estamos levando em consideração a decisão política sobre o que queremos como sociedade com ou para a infância, ou seja, decisões sobre o cenário da infância, sobre o lugar da infância em uma sociedade dominada por adultos, sobre os direitos das crianças, principalmente sobre questões de grande escala ou macrorrelacionadas ao mundo da vida das crianças em termos gerais. A imagem da infância depende do período histórico ou da civilização, e uma política da infância trata de projetar a infância estruturalmente e de mudar conscientemente sua arquitetura. Aqui, interessa-nos a situação e o desenvolvimento da infância como segmento estrutural da sociedade. E é preciso dizer que isso independe de que as disposições adotadas sejam aplicadas para resolver a situação específica de uma criança incluída em seu campo de aplicação.

Ao se referir às crianças ou à infância como objetos instrumentalizados da política, Qvortrup (2010, 2013) lembra como as crianças sempre foram vistas como matéria-prima para a produção de uma população adulta. É por isso que elas costumam ser chamadas de "nosso futuro" ou "a próxima geração", negando, implicitamente, a importância de ser uma criança enquanto criança. Um exemplo atualizado dessa visão convencional é encontrado na estratégia "investir nas crianças". A essência dessa perspectiva é a predominância dos resultados sobre o processo, embora, de uma forma mais compassiva, seja apresentada como uma estratégia positiva, favorecendo tanto as crianças aqui e agora quanto uma futura economia e sociedade de bem-estar.

Por fim, ao explicar a relação com a política das crianças como sujeitos, Qvortrup (2010, 2013) refere-se ao debate sobre os direitos da criança e sobre as crianças como cidadãs, que, em sua opinião, também tem a ver com as discussões sobre o *status* das crianças na sociedade e o que as crianças podem, legitimamente, esperar como membros da sociedade. Embora Qvortrup (2010, 2013) concentre sua argumentação nas crianças como cidadãos na questão do direito ao voto, vale lembrar outras abordagens sobre a participação política das crianças, como as noções de "cidadania ativa", "cidadania desde cedo", "cidadania na prática" ou "cidadania centrada na diferença", que são discutidas como novas formas de cidadania no século XXI, aplicáveis, também, à infância (*vide* Gaitán e Liebel, 2011).

Infância e estrutura na América Latina

O esquema proposto por Qvortrup (2010, 2013) para analisar conjuntamente política e infância servirá de base para relacionar os diferentes conceitos e dados apresentados até aqui. Começaremos na ordem inversa, ou seja, olhando as crianças como sujeitos, como agentes ativos na estrutura social, influentes, ainda que invisíveis, nas políticas que são aplicadas e, também, naquelas que são propostas na situação particular deste momento histórico, marcado pela crise desencadeada pela pandemia de Covid-19.

A internet tem permitido que as crianças se comuniquem entre si e formem redes de interesses que podem ser chamadas de geracionais, seja em aspectos culturais, como música ou moda, seja em reivindicações sobre questões em que se consideram envolvidas, dando origem a movimentos organizados por elas mediante plataformas *online*. A mobilização contra as mudanças climáticas passou a atrair atenção em vários níveis, desde a opinião pública até os mais altos níveis de tomada de decisão política global. Neste capítulo, também mencionamos alguns exemplos de seu papel como *influencers* durante a pandemia. Ambas as iniciativas passam a significar, como indicam Serrão, Trevisan e Sarmento (2020, p. 213) que:

> A comunicação digital, em suma, permite afirmar as crianças como sujeitos políticos singulares, nomeadamente face a duas das questões mais ingentes do mundo contemporâneo – o ambiente e a saúde – com uma efetiva ação influente na pólis, apesar de elas estarem excluídas das formas representacionais das democracias liberais.

Passando às demais categorias, convém lembrar que, no âmbito das políticas de bem-estar social, costuma-se fazer uma distinção entre aquelas de caráter universal (para todas as pessoas) e aquelas voltadas para determinados grupos que requerem uma atenção ou um reforço das ações em virtude de sua particular vulnerabilidade (*vide* Gaitán Muñoz, 2006a; Wintersberger, 2006). Então, ao rever as medidas que se propõem como desejáveis para orientar uma saída para a crise provocada pela pandemia na América Latina, podemos encontrar uma combinação dessas duas abordagens, bem como uma certa mistura, em sua intencionalidade, dos tipos propostos por Qvortrup (2010, 2013), isto é, políticas voltadas para a infância, específicas ou que ocorrem na esfera das políticas gerais, das políticas voltadas para a população adulta com forte impacto na infância ou das políticas que se apresentam como voltadas para a infância, mas que, na realidade, apontam para o seu futuro como adultos.

Assim, dadas as insuficiências que se revelaram durante o confinamento em termos de acesso e de uso de tecnologias digitais (disparidades em relação a gênero, nível econômico da família, equipamentos tecnológicos nas casas e nas escolas, falta de conectividade no meio rural, baixa velocidade de conexão etc.), propõe-se "Universalizar o acesso às tecnologias digitais para enfrentar os efeitos da Covid-19" (Cepal, 2020f, p. 1). Nesse caso, seria uma questão de adotar medidas de caráter geral que beneficiassem, também, as crianças em diferentes dimensões, desde uma maior equidade até a facilitação da aprendizagem ou a manutenção de suas próprias redes de sociabilidade e solidariedade geracional.

A educação é o campo que se desenha como apropriado para as crianças no âmbito do estado de bem-estar social. Dessa forma, não poderia faltar a reflexão sobre o impacto da suspensão das aulas pelo fechamento das escolas, que trouxe à tona deficiências de longa data e exacerbou as desigualdades que já existiam nessa área. Examinando o que são considerados desafios prioritários para a educação na América Latina para o futuro (Cepal, 2020f, p. 17), encontramos uma primeira recomendação de política direcionada ("foco nos grupos populacionais mais vulneráveis e marginalizados" – Unesco, 2020), seguida por outras quatro que se refiram a melhorias necessárias no funcionamento do sistema educativo, mas nenhuma que fale dos alunos como protagonistas da sua própria aprendizagem e colaboradores necessários ao sucesso do resgate do ensino. As crianças seriam, assim, ignoradas, precisamente, nas políticas que dizem ser dirigidas diretamente a elas.

As políticas recomendadas para fornecer cobertura social em situações de desemprego e pobreza, de caráter universalista (renda básica) ou direcionado ("vale contra a fome"), são políticas orientadas, em princípio, para a população adulta em idade ativa, mas que podem implicar, se aplicadas, um forte impacto no bem-estar das crianças, em diferentes dimensões: garantir alimentação básica; permitir-lhes acesso à escola, sem redução substancial em razão do tempo dedicado ao trabalho ou aos cuidados [de outrem]; aproximar-se da igualdade de oportunidades.

Por fim, vale mencionar outra área, como as políticas sanitárias, em que a situação de emergência e a pressão exercida sobre o sistema de saúde pela Covid-19, juntamente com a baixa incidência que a doença parece ter nos mais jovens, podem ter relegado a um terceiro ou quarto plano problemas que foram apontados como urgentes neste capítulo quando se fala em indicadores demográficos. Por um lado, a mortalidade até os 5 anos de idade deve continuar diminuindo na região, e, para isso, é necessário manter as medidas de saúde mais adequadas, como vacinações e atendimento pediátrico. Por outro lado, a população adolescente da América Latina está sujeita a situações de risco à sua saúde e à sua vida, as quais precisam ser abordadas de uma perspectiva que não seja apenas de saúde, mas, também, de colaboração com outros serviços, com suas famílias, com meios de comunicação etc.

A questão das crianças envolvidas em processos migratórios, por sua natureza multicausal e seus efeitos, merece um tratamento mais amplo do que este capítulo pode dedicar, começando pela possibilidade de dimensionar o fenômeno no que se refere à migração infantil e continuando a estudar o papel das crianças como atores migratórios (Gaitán Muñoz, 2007; Pavez, 2016).

Considerações finais

Começamos este capítulo afirmando nossa intenção de mostrar que as crianças são afetadas por fenômenos estruturais assim como os adultos. Para tanto, orientamo-nos na abordagem estrutural da Sociologia da Infância.

A expressão *infância à contracorrente*, presente no título, significa que, diante da "sentimentalização" (Zelizer, 1985) da infância, que reforça o caráter atribuído às crianças como seres dependentes e passíveis de proteção, buscamos falar das crianças como seres que atuam aqui e agora, que são afetadas pelos fenômenos de seu tempo, como os adultos, e que, com suas ações, também contribuem para a evolução das estruturas sociais e para mudar a definição do espaço social denominado *infância*.

O marco temporal, circunstancial e histórico de referência foi a crise global causada por uma pandemia, que abalou os alicerces dos nossos conhecimentos mais consolidados e apontou para a necessidade de recompor, ou melhor, de vir a estabelecer, um contrato social renovado, em que as crianças devem ser incluídas simplesmente por razões de justiça geracional, porque fazem parte do mundo, e não podem ser excluídas de sua governança.

Referências

ALANEN, L. Generational Order. *In*: QVORTRUP, J.; CORSARO, W. A.; HONIG, M. S. (ed.). *The Palgrave handbook of childhood Studies*. London: Palgrave Macmillan, 2011a. p. 159-74.

ALANEN, L. Moving towards a relational sociology of childhood. *In*: BRACHES-CHYREK, R. *et al.* (ed.). *Kindheiten*: Gesellschaften – Interdisziplinäre Zugänge zur Kindheitsforschung. Opladen: Barbara Budrich Verlag, 2011b. p. 21-44.

COMISIÓN ECONÓMICA PARA AMÉRICA LATINA Y EL CARIBE (CEPAL). América Latina y el Caribe ante la pandemia del COVID-19: efectos económicos y sociales. *Informe Especial COVID-19*, n. 1, 3 abr. 2020a. Disponível em: https://repositorio.cepal.org/bitstream/handle/11362/45337/6/S2000264_es.pdf. Acesso em: 27 set. 2022.

COMISIÓN ECONÓMICA PARA AMÉRICA LATINA Y EL CARIBE (CEPAL). Dimensionar los efectos del COVID-19 para pensar en la reactivación. *Informe Especial COVID-19*, n. 2, 21 abr. 2020b. Disponível em: https://repositorio.cepal.org/bitstream/handle/11362/45445/4/S2000286_es.pdf. Acesso em: 27 set. 2022.

COMISIÓN ECONÓMICA PARA AMÉRICA LATINA Y EL CARIBE (CEPAL). El desafío social en tiempos del COVID-1. *Informe Especial COVID-19*, n. 3, 12 mayo 2020c. Disponível em: https://repositorio.cepal.org/bitstream/handle/11362/45527/5/S2000325_es.pdf. Acesso em: 27 set. 2022.

COMISIÓN ECONÓMICA PARA AMÉRICA LATINA Y EL CARIBE (CEPAL). Enfrentar los efectos cada vez mayores del COVID-19 para una reactivación con igualdad: nuevas proyecciones. *Informe Especial COVID-19*, n. 5, 15 jul. 2020d. Disponível em: https://repositorio.cepal.org/bitstream/handle/11362/45782/4/S2000471_es.pdf. Acesso em: 28 set. 2022.

COMISIÓN ECONÓMICA PARA AMÉRICA LATINA Y EL CARIBE (CEPAL). *Estudio económico de América Latina y el Caribe 2020*: principales condicionantes de las políticas fiscal y monetaria en la era pospandemia de COVID-19. Santiago, Chile: Naciones Unidas, 2020e. Disponível em: https://repositorio.cepal.org/bitstream/handle/11362/46070/89/S2000371_es.pdf. Acesso em: 27 set. 2022.

COMISIÓN ECONÓMICA PARA AMÉRICA LATINA Y EL CARIBE (CEPAL). *Universalizar el acceso a las tecnologías digitales para enfrentar los efectos del COVID-19. Informe Especial COVID-19*, n. 7, 26 ago. 2020f. Disponível em: https://repositorio.cepal.org/bitstream/handle/11362/45938/4/S2000550_es.pdf. Acesso em: 28 set. 2022.

Gaitán Muñoz, L. El bienestar social de la infancia y los derechos de los niños. *Política y Sociedad*, v. 43, n. 1, p. 63-80, 2006a. Disponível em: https://revistas.ucm.es/index.php/POSO/article/view/POSO0606130063A/22657. Acesso em: 28 set. 2022.

Gaitán Muñoz, L. *Sociología de la infancia*. Madrid: Síntesis. 2006b.

Gaitán Muñoz, L. (coord.). *Los niños como actores en los procesos migratorios*: implicaciones para los proyectos de cooperación. Madrid: UCM, 2007. Disponível em: https://drive.google.com/file/d/0B5cGff6XLk2jNV9wbm0xbmxtTnc/edit?pref=2&pli=1. Acesso em: 28 set. 2022.

Gaitán Muñoz, L.; Liebel, M. *Ciudadanía y derechos de participación de los niños*. Madrid: Síntesis, 2011.

James, A.; Jenks, C.; Prout, A. *Theorizing childhood*. Cambridge: Polity Press, 1998.

Jensen, A.; Saporiti, A. *Do children count?*: childhood as a social phenomenon – a statistical compendium. Viena: European Centre, 1992.

Mayall, B. *Towards a sociology for childhood*. London: Open University Press, 2002.

Mayall, B.; Zeiher, H. (ed.). *Childhood in a generational perspective*. London: Institute of Education, 2003.

Organización de las Naciones Unidas para la Educación, la Ciencia y la Cultura (Unesco). *La CEPAL y la UNESCO publican documento que analiza los desafíos para la educación que ha traído la pandemia en América Latina y el Caribe*. 24 ago. 2020. Disponível em: https://www.unesco.org/es/articles/la-cepal-y-la-unesco-publican-documento-que-analiza-los-desafios-para-la-educacion-que-ha-traido-la. Acesso em: 30 set. 2022.

Organización Panamericana de la Salud (OPS). *La mitad de todas las muertes de los jóvenes en las Américas se pueden prevenir*. [S. l.]: OMS, 2019. Disponível em: https://www.paho.org/hq/index.php?option=com_content&view=article&id=15007:half-of-all-deaths-of-young-people-in-the-americas-can-be-prevented&Itemid=1926&lang=es. Acesso em: 28 set. 2022.

Pavez, I. La niñez en las migraciones globales: perspectivas teóricas para analizar su participación. *TLA-MELAUA*: Revista de Ciencias Sociales, año 10, n. 41, p. 96-113, 2016. Disponível em: https://www.scielo.org.mx/pdf/tla/v10n41/1870-6916-tla-10-41-00096.pdf. Acesso em: 28 set. 2022.

QVORTRUP, J. Childhood as a social phenomenon: an introduction to a series of national reports. *Eurosocial Report*, Viena, n. 36, 1990.

QVORTRUP, J. Infância e política. *Cadernos de Pesquisa*, v. 40, n. 141, p. 777-92, set./dez. 2010.

QVORTRUP, J. Nine theses about "childhood as a social phenomenon". *Eurosocial Report Childhood as a Social Phenomenon*: Lessons from an International Project, n. 47, p. 11-8, 1993.

QVORTRUP, J. Sociology: societal structure, development of childhood, and the well-being of children. *In*: BEN-ARIEH, A. *et al.* (eds.) *Handbook of social well-being*. Dordrecht: Springer, 2013. p. 663-708.

SANAHUJA, J. A. COVID-19 en América Latina: la economía política de las respuestas gubernamentales. *Pensamiento Iberoamericano*, n. 9, p. 24-33, 2020. Disponível em: https://www.fundacioncarolina.es/wp-content/uploads/2020/11/Capi%CC%81tulo-para-Revista-Pensamiento-Iberoamericano.pdf. Acesso em: 28 set. 2022.

SANZ GIMENO, A. Situación demográfica de la infancia y la adolescencia actual. Una visión mundial. *Sociedad e Infancias*, v. 4, p. 5-21, 2020. Disponível em: https://eprints.ucm.es/id/eprint/71973/1/67958-Texto%20del%20art%C3%ADculo-4564456591713-1-10-20200716.pdf. Acesso em: 28 set. 2022.

SAPORITI, A. A methodology for making children count. *In*: QVORTRUP, J. *et al.* (ed.). *Childhood matters*: social theory, practice and politics. Avebury: Aldershot, 1994. p. 189-210.

SERRÃO, B.; TREVISAN, G.; SARMENTO, M. J. Crianças digital influencers no combate à pandemia do COVID-19. *Sociedad e Infancias*, n. 4, p. 211-4, 2020. Disponível em: https://repositorium.sdum.uminho.pt/bitstream/1822/66515/1/Serrao%20Trevisan%20%26%20Sarmento%202020%20Crian%c3%a7as%20Digital%20Influencers%20no%20combate%20%c3%a0%20pandemia%20do%20Covid19..pdf. Acesso em: 28 set. 2022.

UNITED NATIONS CHILDREN'S FUND (UNICEF). *The state of the world's children 2019 statistical tables*. 2019. Disponível em: https://data.unicef.org/resources/dataset/sowc-2019-statistical-tables/. Acesso em: 28 set. 2022.

United Nations Children's Fund (Unicef). *Niños, niñas y adolescentes migrantes y refugiados en América Latina y el Caribe*. 2020. Disponível em: https://www.unicef.org/lac/ni%C3%B1os-ni%C3%B1as-y-adolescentes-migrantes-y-refugiados-en-am%C3%A9rica-latina-y-el-caribe. Acesso em: 28 set. 2022.

Wintersberger, H. Infancia y ciudadanía: el orden generacional del Estado de Bienestar. *Política y Sociedad*, v. 43, n. 1, p. 81-103, 2006. Disponível em: https://revistas.ucm.es/index.php/POSO/article/view/POSO0606130081A/22668. Acesso em: 28 set. 2022.

Zelizer, V. A. *Pricing the priceless child*: the changing social value of children. New Jersey: Princeton University Press, 1985.

2

Infância contemporânea: algumas perspectivas epistemológicas e metodológicas para sua compreensão

Laura Frasco Zuker | Florencia Paz Landeira | Valeria Llobet

Neste capítulo, gostaríamos de colocar alguns temas e abordagens em torno da infância que acreditamos que poderiam contribuir para as questões levantadas neste livro. Para isso, revisaremos alguns estudos clássicos no campo da infância, bem como pesquisas recentes na América Latina e, em particular, na Argentina, que nos permitirão destacar o caráter central de meninas e meninos na produção e na reprodução dos laços sociais, bem como o papel das políticas e das intervenções estatais na regulação das formas adequadas de ser criança e dos cuidados a elas associados. A intenção é destacar os potentes diálogos entre os estudos sociais da infância, a agenda de intervenções estatais e de regulação das necessidades da criança e as perspectivas feministas sobre o cuidado. Da mesma forma, por meio do diálogo entre a referida literatura e as experiências de pesquisa, procuramos refletir sobre a articulação entre a dimensão acadêmica e política que toda pesquisa pressupõe (Llobet, 2019).

O nosso ponto de partida foi uma série de pressupostos que organizam nossa argumentação. Em primeiro lugar, o caráter social, histórico e burocrático das infâncias, ou seja, sua dimensão plural e interseccional (vinculada à classe social, ao gênero, à etnia etc.) e, ao mesmo tempo, sua dimensão burocrática, na medida em que se trata de uma faixa etária na qual se organizam as intervenções do Estado. Pensar a infância com base nesses pressupostos tem implicações teóricas e políticas, pois nos permite compreender os processos sociais de reprodução e de transformação social, assim como as formas de regulação social. A forma como a infância é pensada em conjunto com a família e, em particular, a maternidade, presume espaços, práticas e sensibilidades adequadas ou esperadas, e, além disso, não se separa do modo de intervenção sobre quais são considerados os seus principais problemas. Em segundo lugar, em decorrência do ponto anterior, argumentamos que situar as infâncias em contextos e dar conta de sua interseccionalidade nos permite discutir uma ideia de infância ainda vigente no senso comum e hegemônica nas diretrizes dos organismos internacionais e das políticas públicas, aquela que se caracterizou como universalizante da infância (Castro, 2002) e, com ela, uma ideia de normalidade. Por fim, entendemos que uma abordagem relacional e situada da infância é adequada, uma vez que ilumina os processos que queremos destacar neste capítulo, porque enfatiza as relações com os outros e nos permite considerar as dinâmicas (familiares, comunitárias, institucionais) das quais meninas e meninos são participantes ativos.

A reflexão sobre meninas e meninos como atores sociais, sobre intervenções do Estado e sensibilidades sociais em relação à infância e sua visibilidade, assume especial relevância em um contexto caracterizado pela pandemia de Covid-19 e coloca no centro do debate qual é o lugar de meninas e meninos nas sociedades, bem como o lugar do cuidado infantil e sua articulação com a reprodução social. Embora não seja o foco do capítulo analisar os efeitos da pandemia, das medidas preventivas e de isolamento social obrigatório (no caso da Argentina) nas infâncias, ainda é um cenário propício para mostrar como certos aspectos das experiências das crianças são invisibilizados, modificados, aprofundados, restringidos e/ou possibilitados.

O capítulo está estruturado em uma primeira seção, que se orienta a destacar as abordagens teóricas e metodológicas relevantes para pensar as infâncias em chave relacional, como construção social e como problema político, em conjunto com a articulação do cuidado infantil com as desigualdades de gênero. Em seguida, uma segunda seção, na qual nos propomos a colocar em jogo essas abordagens para refletir sobre o contexto atual. Por fim, uma terceira seção, de palavras finais.

Experiências, regulamentações e cuidados

Tanto do ponto de vista moral e sentimental (Ariès, 1987) como do ângulo da construção do "indivíduo moderno" (Gélis, 2001) ou da dotação de valor social e simbólico (Zelizer, 2009), a construção da infância como categoria social, uma "idade da vida" diferenciada das demais, envolveu um processo de institucionalização associado à transformação das instâncias e dos modos socialmente atribuídos para lidar com a inclusão das novas gerações. Nesse sentido, a infância constitui uma instituição social: é uma estrutura complexa e engloba uma densidade de significados com os quais todos tivemos que lidar repetidamente. É constituída por procedimentos legais, formas de poder, expressa e cria sentimentos coletivos, ações morais, encarna e recria certas sensibilidades (Llobet, 2013, p. 27).

Dessa perspectiva, um primeiro eixo que queremos destacar se sintetiza, por um lado, na noção de infância como construção sócio-histórica (James, Jenks e Prout, 1998; James e James, 2004) e na consideração da classificação do lugar das crianças como necessariamente vinculada a uma estrutura de poder (Alanen, 2001). Essas obras que, hoje, são consideradas clássicas, inspiradas, por sua vez, nas contribuições dos estudos culturais em torno das identidades da escola de Birmingham, deram origem a novas reviravoltas e a novos pontos de vista no âmbito acadêmico na América Latina, em particular, em relação às críticas, não apenas às perspectivas essencialistas da infância, mas, principalmente, à ideia de "infância universal", tanto em termos de modelos teóricos sobre o seu desenvolvimento quanto de marcos normativos, como a Convenção sobre os Direitos da Criança (Castro, 2021).

De fato, o que se define como esperado e adequado em relação à infância, longe de ser universal e/ou natural, faz parte de um processamento sociocultural das faixas etárias, fruto de um processo histórico, ao longo do qual se sedimentam seus significados (Kropff, 2011). Esse processamento condiciona formas de ser, estabelece expectativas e define práticas associadas a cada uma das faixas etárias para aqueles que passam por elas. Assim, com base na Antropologia da Infância, destaca-se, especialmente, o potencial da abordagem etnográfica para dar conta dos múltiplos aspectos da realidade, que possibilitam e condicionam as experiências de ser criança e, em particular, conhecer sua própria perspectiva. Este último aspecto constitui uma abordagem alternativa às perspectivas adultocêntricas típicas das etnografias clássicas, nas quais as crianças aparecem invisíveis (Szulc, 2006) ou presentes pelas vozes dos adultos, numa operação complexa e deslocada de representação autolegitimadora (Llobet, 2006).

Contudo, a abordagem antropológica e construtivista da infância tornou-se mais complexa e enriquecida desde o que se convencionou chamar de "virada relacional" (Mannion e L'Anson, 2004; Mayall, 2002), cujas contribuições transcenderam o campo dos estudos da infância por contribuírem teoricamente para a revisão da concepção individualista de independência, autonomia e liberdade pessoal. Ao considerar meninos e meninas como sujeitos registrados em formas de hierarquização social, propôs-se repensar a agência infantil para situar "a ação social de meninas e meninos na trama das relações intergeracionais, interétnicas, de classe e de gênero, em cada contexto sócio-histórico específico" (Szulc, 2019, p. 58). Nesse sentido, a perspectiva relacional está em sintonia com as contribuições do feminismo interseccional, no que diz respeito a pensar a experiência e a agência de forma inter-relacionada com a construção de hierarquias.

Um segundo eixo, que não é independente do anterior, mas tem sua própria especificidade, tem a ver com o conjunto de trabalhos que têm abordado a gestão estatal da infância, partindo do pressuposto de que esse é um território de disputa política (Carli, 2002). Seu foco de análise é colocado em dispositivos legais e burocráticos que intervêm em categorias específicas da infância (Villalta, 2010). Menores, meninas e meninos adotados, crianças trabalhadoras, meninos processados judicialmente,[1] entre outras, são classificações exigidas e produzidas pela ação estatal para intervir, de forma diferenciada, em determinados tipos de crianças e famílias, sobretudo de baixa renda. Assim, pesquisas latino-americanas que analisam as formas de regulação da infância (Fonseca, 1999; Barna, 2012; Llobet, 2015; Magistris, 2013; Santillán, 2009; Villalta, 2010) buscam desvendar as formas como se governa, por meio dos mecanismos ritualizados e procedimentos práticos de orientação de condutas, em um contexto de racionalidades políticas heterogêneas, atravessadas pelo discurso dos direitos.

Llobet (2012), por sua vez, promoveu uma agenda de pesquisa específica em torno da análise das maneiras como a infância e seus direitos são concebidos nas políticas sociais como decisões administrativas e cenários nos quais se estabelece a experiência de infância de meninos e meninas de classes populares. A autora tem insistido no foco das políticas sociais porque considera a ação estatal como um dos cenários centrais em que se "produz infância" na América Latina. Dessa perspectiva, as políticas sociais para crianças são normativas, mas, ao mesmo tempo, são um campo de disputa para a interpretação tanto de necessidades políticas quanto simbólicas (Fraser, 1991; Llobet, 2009a, 2009b). Dessa forma, as categorias

[1] Deixamos esta categoria no masculino para destacar o viés de gênero que a articula.

classificatórias da infância tanto produzem crianças quanto são mais plásticas ou menos plásticas em diferentes contextos, permitindo que os atores as utilizem para negociar o acesso a direitos (Llobet, 2013; Medan, 2019).

As diferentes vertentes dessa agenda de pesquisa contribuíram para deixar claro que as políticas para crianças

> [...] não podem ser compreendidas sem levar em conta as regulamentações sobre relações familiares, os discursos sobre a moralidade familiar, as prescrições em torno das diretrizes adequadas de criação das crianças e, portanto, os valores associados à paternidade e, fundamentalmente, à maternidade. (Villalta, 2010, p. 12)

É nesse sentido que queremos destacar que, com base nas políticas para a infância – permeadas por e em relação a certos discursos e agentes legitimados por uma posição de autoridade científica (Castro, 2002; Landeira, 2021) –, produzem-se ideias sobre o bem-estar infantil e as necessidades a ele associadas que, por sua vez, implicam a regulação de formas adequadas de criação e de cuidado de meninas e meninos e o estabelecimento de espaços e ideais próprios da criança.

Um terceiro eixo, intimamente ligado ao anterior, é o que se concentra nos estudos que abordaram o cuidado infantil de diferentes perspectivas. Como já apontamos, o cuidado infantil tem sido tratado como objeto de regulamentações estatais específicas, ao passo que outros estudos o analisaram como um problema central da reprodução social (Rosen, 2018), bem como um ponto crítico de relações intergeracionais e, em particular, da parentalidade. Como aponta Libardi (2016), a noção de proteção e de cuidado implica sempre uma dimensão intergeracional, por isso, é necessário avançar em olhares atentos às formas de reciprocidade:

> Reciprocidade de cuidados emocionais e materiais entre pais e filhos, no âmbito de uma complexa e sutil rede de inter-relações e interdependências, que contraria a lógica dicotômica da dependência/autonomia. (Vergara del Solar, Sepúlveda Galeas e Chávez Ibarra, 2018, p. 9)

Dessa perspectiva, as relações de cuidado são pensadas como contingentes, posicionais e contextuais.

Os estudos feministas sobre o cuidado indicam seu caráter generizado, privado e socialmente desvalorizado, ao mesmo tempo que articulam a subordinação da mulher à esfera doméstica com um modelo de família nuclear e patriarcal, vinculado ao desenvolvimento capitalista (Jelin, 2010). Da mesma forma, desafiam a ideia segundo a qual as relações de cuidado são fundadas no amor (Badinter, 1991) e conceituam as tarefas reprodutivas como trabalho em virtude de sua contribuição econômica para as sociedades capitalistas (Federici, 2018).

Em contrapartida, outra linha de estudos sobre o cuidado infantil se concentra em sua organização social e política e mostra que, longe de ser reduzida a uma prática ou tarefa individual, é uma configuração que entrelaça instituições, Estado, famílias e agências e serviços do mercado e da comunidade (Razavi, 2007), e permite mostrar as formas como os lares de diferentes níveis socioeconômicos têm ou não acesso (Faur, 2014). Dessa perspectiva, a organização social e política do cuidado pode ser caracterizada como "vetor de reprodução" dessas desigualdades e fonte de injustiças (Rodríguez Enríquez e Marzonetto, 2016, p. 104).

Também de uma perspectiva feminista, Comas D'Argemir (2014) instou a analisar o cuidado com base nos conceitos de reciprocidade e de dívida social, que contribuem para problematizar tanto a construção de determinados sujeitos como (mais) dependentes quanto sua familiarização tradicional em termos da obrigação moral. Essa noção transversal e ampliada de dependência também foi trabalhada por Palomo e Terrón (2015), para quem a dependência e a vulnerabilidade não são atribuíveis a determinadas pessoas ou faixas etárias em si, mas a características inerentes à vida humana, portanto, demandam uma análise mais ampla das relações sociais e uma revisão da concepção assimétrica da relação de cuidado (Paperman, 2004 *apud* Palomo e Terrón, 2015). Essas observações dialogam especialmente com estudos socioantropológicos (Frasco Zuker,

2019; Llobet, 2017; Niñez Plural, 2019) que criticam a visão hegemônica da infância, a qual costuma ser reproduzida nos estudos do cuidado. Esses estudos mostram que a imagem estereotipada do cuidado unidirecional (alguém cuidando de maneira ativa de alguém, que, por sua vez, recebe o cuidado de modo passivo) se desvanece quando analisada dessa perspectiva e, em vez disso, aparece a ideia de uma interdependência de todos os seres humanos no cuidar(-se), embora com especificidades conforme a idade, o gênero e a classe social.

Esse resumo sucinto permite destacar as tensões teóricas e políticas que emergem no âmbito das análises promovidas pelo paradigma do cuidado. Com efeito, podemos apontar que, paradoxalmente, a tentativa de problematizar e de tornar visível o caráter relevante que a reprodução da vida assume para o capitalismo corre o risco de ser reinterpretada nas próprias estruturas e linguagens do capital, assim, extraindo do cuidado dimensões amorosas, solidárias e recíprocas. Ao mesmo tempo, pode limitar a compreensão das relações e das identidades materno-filiais à tarefa em si, abstraindo pessoas específicas de sua atuação e abrindo caminho para que propostas emancipatórias feministas sejam questionadas. Conectar essas preocupações de cunho político – típicas da prática teórica do feminismo e de certos estudos da infância – é relevante, pois elas parecem ser os lugares em que a possibilidade de que a defesa dos direitos da criança acabe sendo um terreno propício para posições antifeministas (Llobet, 2020).

Algumas reflexões para pensar as infâncias contemporâneas e o contexto atual

Sabemos que, para muitos(as) de nós que pesquisamos e trabalhamos com crianças, esses estudos ou tópicos citados recentemente podem não ser novos. No entanto, consideramos que a discussão se renova e se torna relevante repensar esses aspectos, sobretudo em contextos e em episódios que acentuam a necessidade de se pensar as relações de interdependência, de reciprocidade e de desigualdade das quais meninas e meninos fazem parte.

A pandemia de Covid-19 evidenciou as múltiplas formas de desigualdades sociais que, em muitos casos, condicionam as práticas de cuidado e de prevenção, ao mesmo tempo que dificultam o cumprimento das medidas sanitárias, a permanência em casa ou a continuidade dos estudos, quando não há água potável e acesso à conectividade, por exemplo. Nesse sentido, a possibilidade de cuidar(-se) não pode ser pensada fora das desigualdades sociais e territoriais ou ficar restrita à responsabilidade individual.

Nesse contexto de emergência sanitária, a casa se constrói como lugar de cuidado. Ficando em casa, cuidamos de nós e do outro, conforme as medidas sanitárias e todas as campanhas oficiais. No entanto, o lar é também o lugar de reprodução das desigualdades de gênero e da sobrecarga de trabalho doméstico e cuidado de outrem para mulheres e meninas, como vem sendo apontado por estudos feministas há décadas. Como expressa Katz (2017), o que se constrói e pode ser vivenciado como um espaço afetivo e uma relação familiar consensual é, ao mesmo tempo, um conjunto estruturado de relações que produzem a divisão e a estratificação do trabalho produtivo e reprodutivo. Percebemos, na situação pandêmica, a reprodução de um cotidiano privatizado e sobrecarregado. Nas palavras de Preciado (2020):

> Já não é apenas a casa que é o local de confinamento do corpo, como era o caso na gestão da peste. A casa pessoal tornou-se, agora, o centro da economia do teleconsumo e da teleprodução.

Ao mesmo tempo, vemos com preocupação como o "ficar em casa" aumentou os casos de violência doméstica e/ou sexual no contexto argentino, segundo dados recentes do Ministério da Justiça e Direitos Humanos da Nação (Feim, 2020).

Por sua vez, meninos e meninas reaparecem no discurso público de forma ambígua e polivalente. A preocupação social e o foco dos debates iluminam algumas preocupações e deixam outras à sombra, em uma dinâmica complexa, que está ligada a atores sociais, a valores sociais, a moralidades e a situações. Uma das discussões não resolvidas é aquela que constrói meninos e meninas como ameaças à saúde e coloca uma ênfase peculiar nas relações intergeracionais, visíveis apenas do ponto de vista epidemiológico. Meninos e meninas se tornam "vetores" que, com um abraço, podem matar seu avô. Ironicamente, a futuridade marcada nas crianças traduz-se, no presente, em uma ameaça que se articula com a securitização da vida. O aprisionamento de crianças aparece como uma política central de saúde. Hiperconectados e enclausurados, a proteção de seus direitos parece construir meninos e meninas como incapazes de cuidar.

Por isso, destacamos o que já temos proposto sobre os limites de pensar a criança na esfera privada como "protegida", pois isso implica "naturalizar a família e desistoricizar a sensibilidade e a afetividade com as quais as relações filiais são construídas em diferentes momentos e contextos" (Llobet, 2016, p. 95). Trata-se de mobilizar uma perspectiva relacional do cuidado que permita dar conta de suas dimensões ética, afetiva e material, e ir além da noção de extrema individualização de "titular de direitos", para observar as redes de interdependência e formas de vida em conjunto (Pérez Orozco, 2014, p. 80).

A pandemia de Covid-19 parece ter colocado em foco certas transformações em curso, das quais pouco entendemos. Por um lado, a extensão e a imbricação dos processos cotidianos com o mercado e as tecnologias de comunicação, que, longe de serem mediadores, são produtores de relações sociais e de reprodução da vida. Por outro lado, a ficção do espaço doméstico como espaço privado e a naturalização das coincidências do espaço físico com o espaço existencial do sujeito. No caso do primeiro, a justaposição da escola, do local de trabalho e do lar permite tornar visível a coincidência paradoxal da inviabilidade e da eficácia da metáfora da "casa": o que é permitido e o que é ocultado pela ideia de lar da família como uma esfera privada, acessível apenas pelos órgãos estatais quando algo precisa ser corrigido? No caso do segundo: que noções de segurança e de cuidado se sustentam na invisibilidade dos múltiplos espaços virtuais que meninos e meninas habitam quando estão em casa?

Considerações finais

Essa complexidade parece contribuir para um frutífero debate que está por vir. De fato, permite-nos sacudir os vícios "estatistas" ou excessivamente centrados no Estado para abordar as políticas à infância e à família. Ao visualizar os complexos modos de justaposição e de complementaridade das dimensões mercantilizadas e nacionalizadas do cuidado na vida cotidiana, as minúcias da imbricação de políticas públicas e de serviços mercantis, as formas de vigilância do micro dirigidas por agentes públicos e *softwares* pagos, enfim, a multiplicidade de desdobramentos da vida cotidiana em que Estado e mercado se apoiam para regular a vida, parece necessário repensar a extensão empírica e teórica do arcabouço analítico oferecido pelo conceito de política para pensar infâncias e famílias como lugares de reprodução social.

Em segundo lugar, permite endossar a relevância da incorporação crítica e específica de abordagens, como o neomaterialismo e o pós-colonialismo feministas, de perspectivas relacionais do social, bem como evidenciar o esgotamento das leituras construtivistas. Efetivamente, a relevância de questionar os pressupostos universalistas e dicotômicos do sujeito moderno para dar conta das redes entre corpo, desejo e tecnologias capitalistas parece ser uma chave de leitura relevante para analisar as experiências da infância, a fim de compreender as transformações sociais em curso. Além disso, a perspectiva do conhecimento situado e a reflexão sobre as relações entre centro e periferia podem contribuir para a compreensão dos modos de produção de experiências e de subjetividades infantis que incorporam relações centro-periféricas, com modelos mais sofisticados do que os fornecidos até agora pela análise dos modos de institucionalização dos direitos das crianças. Por todas as razões expostas, consideramos que a porta de entrada proporcionada pelo cuidado pode ser entendida como um prisma que nos convida a repensar os pressupostos teórico-metodológicos postos em jogo em nossos países para abordar a infância.

Referências

ALANEN, L. Explorations in generational analyses. *In*: ALANEN, L.; MAYALL, B. (ed.). *Conceptualizing child-adult relation*. London: Routledge Falmer, 2001.

ARIÈS, P. El descubrimiento de la infancia. *In*: ARIÈS, P. *El niño y la vida familiar en el antiguo régimen*. Madrid: Taurus, 1987. p. 57-76.

BADINTER, E. *¿Existe el instinto maternal?*: historia del amor maternal – siglos XVII al XX. Barcelona: Paidós-Pomaire, 1991. (Colección Padres e Hijos).

BARNA, A. Convención Internacional de los Derechos del Niño: hacia un abordaje desacralizador. *Kairós*: Revista de Temas Sociales, año 16, n. 29, mayo 2012. Disponível em: https://revistakairos.org/wp-content/uploads/Barna.pdf. Acesso em: 3 out. 2022.

CARLI, S. *Niñez, pedagogía y política*: transformaciones de los discursos acerca de la infancia en la historia de la educación argentina entre 1880 y 1955. Buenos Aires: Miño y Dávila, 2002.

CASTRO, L. R. A infância e seus destinos no contemporâneo. *Psicologia em Revista*, v. 8, n. 11, p. 47-58, jun. 2002. Disponível em: http://periodicos.pucminas.br/index.php/psicologiaemrevista/article/view/134/127. Acesso em: 4 out. 2022.

CASTRO, L. R. (coord.). *Infâncias do sul global*: experiências, pesquisa e teoria desde a Argentina e o Brasil. Salvador: Edufba, 2021. Disponível em: https://repositorio.ufba.br/bitstream/ri/34630/1/Infancias%20do%20Sul%20Global-repositorio.pdf?fbclid=IwAR15ZUbGbb4SnSwVK29zhO8_atRL5vjfcBDyHGQiyz5n8l25tnWx2zH2_iM. Acesso em: 4 out. 2022.

COMAS D'ARGEMIR, D. Los cuidados y sus máscaras. Retos para la antropología feminista. *Mora*, v. 20, p. 167-82, 2014. Disponível em: http://revistascientificas.filo.uba.ar/index.php/mora/article/view/2339/2016. Acesso em: 3 out. 2022.

FAUR, E. *El cuidado infantil en el siglo XX*: mujeres malabaristas en una sociedad desigual. Buenos Aires: Siglo Veintiuno, 2014.

FEDERICI, S. *El patriarcado del salario*: críticas feministas al marxismo. Madrid: Traficantes de Sueños, 2018.

FONSECA, C. Quando cada caso NÃO é um caso. Pesquisa etnográfica e educação. *Revista Brasileira de Educação*, n. 10, p. 58-78, ene./abr. 1999.

FRASER, N. La lucha por las necesidades: esbozo de una teoría crítica socialista--feminista de la cultura política del capitalismo tardío. *Debate Feminista*, p. 3-40, mar. 1991. Disponível em: https://debatefeminista.cieg.unam.mx/df_ojs/index.php/debate_feminista/article/view/1493/1331. Acesso em: 3 out. 2022.

FRASCO ZUKER, L. *Cuidar a la gurisada*: etnografía sobre trabajo infantil y cuidado en la localidad de Colonia Wanda, Misiones. 2019. 51 p. Tesis (Doctorado en Antropología Social) – Instituto de Altos Estudios Sociales, Universidad Nacional de San Martín, Buenos Aires, 2019. Disponível em: https://ri.unsam.edu.ar/bitstream/123456789/1107/1/TDOC_IDAES_2019_FZL.pdf. Acesso em: 4 out. 2022.

FUNDACIÓN PARA ESTUDIO Y INVESTIGACIÓN DE LA MUJER (FEIM). *¿Los derechos humanos*: están de cuarentena? Santa Fe: OHCHR, 2020. Disponível em: https://www.ohchr.org/sites/default/files/Fundaci%C3%B3n_para_el_Estudio_y_la_Investigaci%C3%B3n_de_la_Mujer%2C_enREDando_Salud.docx. Acesso em: 29 nov. 2022.

GÉLIS, J. La individualización del niño. *In*: ARIÈS, P.; DUBY, G. (coord.). *Historia de la vida privada*: del Renacimiento a la Ilustración. Taurus: Madrid, 2001. v. 3, p. 167-204.

JAMES, A.; JAMES, A. *Constructing childhood*: theory, policy and social practice. Basingstoke, UK: Palgrave Macmillan, 2004.

JAMES, A.; JENKS, C.; PROUT, A. *Theorizing childhood*. Cambridge: Polity Press, 1998.

JELIN, E. *Pan y afectos*: la transformación de las familias. 2. ed. Buenos Aires: Fondo de Cultura Económica, 2010.

KATZ, C. Social reproduction. *In*: RICHARDSON, D. *et al.* (ed.). *The international encyclopedia of geography*: people, the earth, environment, and technology. Oxford: Wiley and Sons, 2017.

KROPFF, L. Los jóvenes mapuche en Argentina: entre el circuito punk y las recuperaciones de tierras. *Alteridades*, v. 21, n. 42, p. 77-89, dic. 2011. Disponível em: https://www.redalyc.org/pdf/747/74722745006.pdf. Acesso em: 4 out. 2022.

LANDEIRA, F. P. Entre la oficina estatal, el barrio y las casas. Fronteras inestables y sentidos en tensión en torno a la 'buena crianza' en una política de primera infancia. *In*: CASTRO, L. R. (coord.). *Infâncias do sul global*: experiências, pesquisa e teoria desde a Argentina e o Brasil. Salvador: Edufba, 2021. Disponível em: https://repositorio.ufba.br/bitstream/ri/34630/1/Infancias%20do%20Sul%20Global-repositorio.pdf?fbclid=IwAR15ZUbGbb4SnSwVK29zhO8_atRL5vjfcBDyHGQiyz5n8l25tnWx2zH2_iM. Acesso em: 4 out. 2022.

LIBARDI, S. S. *A proteção da infância e as relações intergeracionais a partir da perspectiva dos adultos*. 2016. 266 p. Tese (Doutorado em Psicologia) – Instituto de Psicologia, Universidade Federal do Rio de Janeiro, Rio de Janeiro, 2016.

LLOBET, V. "Eso era lo normal". Ser niño en la dictadura: un debate sobre la subjetividad y la política. *Entramados y Perspectivas*: Revista de la Carrera de Sociología, v. 6, p. 1-30, 2016.

LLOBET, V. Estado, categorización social y exclusión de niños, niñas y jóvenes. Aportes de los debates sobre la exclusión social a los estudios de infancia y juventud. *In*: LLOBET, V. (coord.). *Sentidos de exclusión social*: beneficiarios, necesidades y prácticas en políticas sociales para la inclusión de niños y jóvenes. Buenos Aires: Teseo, 2013. p. 23-50.

LLOBET, V. *¿Fábricas de niños?* Las instituciones en la era de los derechos de la infancia. Buenos Aires: Noveduc, 2009a. v. 8. (Serie Interlíneas).

LLOBET, V. Francisca el 11 de Setiembre: acerca de la producción de la experiencia infantil en el Chile del golpe militar. *Castalia*: Revista de Psicología, v. 29, p. 6-15, 2017.

LLOBET, V. La infancia y su gobierno: una aproximación desde las trayectorias investigativas de Argentina. *Revista de Ciências Sociais*, n. 43, p. 37-48, jul./dez. 2015. Disponível em: https://periodicos.ufpb.br/ojs/index.php/politicaetrabalho/article/view/25334/14974. Acesso em: 4 out. 2022.

LLOBET, V. Las investigaciones en infancia y algunos desafíos para la política y la intervención. *In*: BARCALA, A.; POVERENE, L. (ed.). *Salud mental y derechos humanos en las infancias y adolescencias*: investigaciones actuales en Argentina. Remedios de escalada: Universidad Nacional de Lanús, 2019. p. 27-3.

LLOBET, V. Las políticas sociales para la infancia, la psicología y el problema del reconocimiento. *Investigaciones en Psicología*, año 14, v. 2, p. 73-94, 2009b.

LLOBET, V. Políticas sociales y ciudadanía. Diálogos entre la teoría feminista y el campo de estudios de infancia. *Frontera Norte*, v. 24, n. 48, p. 7-36, jul./dic. 2012.

LLOBET, V. *¿Retratos de niño?* Políticas sociales y derechos de niñas y ninõs en situación de calle. *In*: CARLI, S. (ed.). *La cuestión de la infancia*: entre la escuela, la calle y el shopping. Buenos Aires: Paidós, 2006. p. 131-58.

LLOBET, V. Tensiones entre derechos de las mujeres y protección de la niñez. *Revista Estudos Feministas*, v. 28, n. 3, p. 1-20, 2020.

MAGISTRIS, G. *El magnetismo de los derechos*: desplazamientos y debates en torno a los derechos de niñas, niños y adolescentes. Buenos Aires: CLACSO, 2013.

MANNION, G; L'ANSON, J. Beyond the Disneyesque: children's participation, spatiality, and adult-child relations. *Childhood*, v. 11, n. 3, p. 303-18, 2004.

MAYALL, B. *Towards a sociology for childhood*: thinking from children's lives. London: Open University Press, 2002.

MEDAN, M. El Estado y la regulación socio penal de las juventudes pobres en Argentina: un marco conceptual para su análisis. *Revista CS*, v. 29, p. 243-72, 2019. Disponível em: https://www.icesi.edu.co/revistas/index.php/revista_cs/article/view/3437/3739. Acesso em: 4 out. 2022.

NIÑEZ PLURAL. Niñez, alteridad y cuidado. Reflexiones para un campo en Construcción. *Desidades*, v. 25, p. 48-58, 2019. Disponível em: https://desidades.ufrj.br/es/featured_topic/ninez-alteridad-y-cuidado-reflexiones-para-un-campo-en-construccion/2/. Acesso em: 4 out. 2022.

PALOMO, M. T. M.; TERRÓN, J. M. M. Interdependencias. Una aproximación al mundo familiar del cuidado. *Argumentos*: Revista de Crítica Social, n. 17, p. 211-37, 2015.

PÉREZ OROZCO, A. *Subversión feminista de la economía*: sobre el conflicto capital-vida. Madrid: Traficantes de Sueños, 2014.

PRECIADO, P. B. Aprendiendo del virus. *El País*, 28 mar. 2020. Disponível em: https://elpais.com/elpais/2020/03/27/opinion/1585316952_026489.html. Acesso em: 7 out. 2022.

RAZAVI, S. *The political and social economy of care in a development context*: conceptual issues, research questions and policy options. Ginebra: United Nations Research Institute for Social Development, 2007. Disponível em: https://cdn.unrisd.org/assets/library/papers/pdf-files/razavi-paper.pdf. Acesso em: 4 out. 2022.

RODRÍGUEZ ENRÍQUEZ, C.; MARZONETTO, G. Organización social del cuidado y deigualdad: el déficit de políticas públicas de cuidado en Argentina. *Revista Perspectivas de Políticas Públicas*, v. 4, n. 8, p. 103-134, 2016.

ROSEN, R. Poverty and family troubles: mothers, children, and neoliberal "anti-poverty" initiatives. *Journal of Family Issues*, v. 40, n. 16, p. 2330-53, 2019.

SANTILLÁN, L. La crianza y la educación infantil como cuestión social, política y cotidiana: una etnografía en barrios populares de Gran Buenos Aires. *Anthropologica*, n. 27, p. 47-73, dic. 2009. Disponível em: https://revistas.pucp.edu.pe/index.php/anthropologica/article/view/1598/1543. Acesso em: 4 out. 2022.

SZULC, A. Antropología y niñez: de la omisión a las "culturas infantiles". *In*: WILDE, G.; SCHAMBER P. (ed.). *Culturas, comunidades y procesos urbanos contemporáneos*. Buenos Aires: SB, 2006. p. 25-50.

SZULC, A. Más allá de la agencia y las culturas infantiles. Reflexiones a partir de una investigación etnográfica con niños y niñas mapuche. *RUNA*, Archivo Para Las Ciencias Del Hombre, v. 40, n. 1, p. 53-63, mayo/oct. 2019. Disponível em: http://revistascientificas.filo.uba.ar/index.php/runa/article/view/5360/5680. Acesso em: 4 out. 2022.

VERGARA DEL SOLAR, A. C.; SEPÚLVEDA GALEAS, M. A.; CHÁVEZ IBARRA, P. B. Parentalidades intensivas y éticas del cuidado: discursos de niños y adultos de estrato bajo de Santiago, Chile. *Psicoperspectivas*: Individuo y Sociedad, v. 17, n. 2, 2018.

VILLALTA, C. Introducción. *In*: VILLALTA, C. (ed.). *Infancia, justicia y derechos humanos*. Bernal: Universidad Nacional de Quilmes, 2010.

ZELIZER, V. *La negociación de la intimidad*. Buenos Aires: Fondo de Cultura Económica, 2009.

3

Infância colombiana além da escola: um olhar atual

María Victoria Alzate Piedrahita | Miguel Ángel Gómez Mendoza

A apresentação de uma visão da infância na sociedade colombiana atual, como a proposta neste texto, implica reconhecer seu caráter *ocidentalizado*, pois, como apontam Saldarriaga e Sáenz (2007, p. 391-2, grifo do autor),

> A verdade é que, desde o nascimento da escola moderna na Europa, por volta dos séculos XV e XVI, generaliza-se a prática pedagógica como o dispositivo cultural que, para as sociedades ocidentais e *ocidentalizadas*, condensa o saber e a governança sobre a *infância* como objeto de conhecimento, como categoria conceitual e como forma e experiência subjetiva [...].
>
> [...] assumimos a escolarização como peça fundamental do processo de ocidentalização colonial, vivenciado pelas populações latino-americanas [...].
>
> [...] a Colômbia é tida como um "laboratório" para explorar certas linhas de análise que podem sugerir comparações posteriores com outras experiências históricas na área latino-americana e em outras áreas pós-coloniais.

Por conseguinte, o estudo da infância, hoje, indica a emergência, para além das divergências, de um número de ideias fundamentais que remetem a uma série de controvérsias que têm certa constância e permanência nas sociedades pós-coloniais ocidentais e ocidentalizadas:

- A infância é uma construção social, sujeita a variações de acordo com os tempos e lugares, com os contextos culturais e sociais.
- A socialização da criança ocorre em um contexto no qual os adultos têm representações da infância que influenciam seus modos de socialização.
- A criança é um ator social, e a representação que temos dela poderia questionar essa dimensão de atuação.
- Seu estatuto de dependência considera legítimo o fato de ser um ator social específico.

Nesse contexto, apresenta-se, a seguir, uma série de situações e de exemplos que permitem compreender essas características e, também, tirar conclusões sobre a inserção da infância colombiana em uma estrutura de diversidade, na qual as crianças que entram em contato com os adultos são portadoras de representações e de socializações diferenciadas. É necessário notar que essas questões são discutidas em um contexto intercultural, no qual intervêm diferentes visões, reflexões, informações de diferentes culturas locais, nacionais e internacionais, o que gera descentramento, enriquecimento, confrontos com outros pontos de vista.

Assim, são propostos níveis diferenciados de reflexão. Trata-se de reflexões pessoais e pontos de vista que visam expor o surgimento de um conjunto de questões que contribuem para ter uma imagem ou representação do estatuto social da infância na Colômbia de hoje. O objetivo é refletir sobre a noção de criança e infância como ela funciona na sociedade colombiana atual. Nesse sentido, a abordagem adotada é essencialmente limitada à esfera nacional.

Contudo, considerações sobre a infância na Colômbia, como as apresentadas neste texto, não podem ser entendidas sem o conceito-chave que Narodowski (1999, p. 51) chama de "infâncias desrealizadas":

> O outro ponto de fuga que representa o fim da infância é constituído pelo polo que é composto pela infância desrealizada. É a infância que é independente, que é autônoma, porque vive na rua, porque trabalha em idade muito precoce. São, também, os meninos e as meninas da noite, que conseguiram reconstruir uma série de códigos que lhes conferem certa autonomia econômica e cultural e lhes permitem realizar-se, ou, melhor dizendo, desrealizar-se – essa é a palavra correta –, como infância. São crianças para as quais dificilmente teremos um sentimento moderno de infância, de ternura e de proteção.

Consequentemente, esta contribuição corresponde a uma leitura localizada e parcial, que visa destacar alguns aspectos de nossa representação da infância colombiana atual mediante um conjunto de questões consideradas significativas e relevantes e com efeito prático sobre o lugar da infância, real e imaginário, reitera-se, nas circunstâncias específicas colombianas.

Sobre o estatuto e a representação da infância

Um ponto de partida é a diversidade de representações que os adultos e a sociedade em geral têm da infância colombiana, constatada, entre outros, por historiadores e antropólogos, como Gómez-Mendoza e Alzate-Piedrahíta (2014), Jiménez Becerra (2012a, 2012b), Jiménez Becerra e Infante (2008), Pachón (2016) e Saldarriaga e Sáenz (2007). A criança é um objeto socialmente construído, sujeito a variações e indiscutivelmente inserido nas culturas étnicas locais e nacionais, o que implica um conjunto de diferentes atitudes, sentimentos, práticas educativas etc.

A concepção de infância colombiana é particularmente sensível às influências das transformações e aos discursos trazidos pela revolução romântica da Europa Ocidental, que retoma as ideias de Rousseau, apenas para citar um exemplo. Dessa perspectiva, a imagem da criança torna-se decididamente positiva, portadora de diversos valores, em especial, no que se refere à imaginação, à criação e à poesia. Por exemplo, desenvolve-se a ideia de uma relação particular entre o artista e a criança, associada a um grande interesse por todas as expressões consideradas espontâneas. É essa visão romântica que favorece a ideia de um desenvolvimento natural da infância que se enraíza na filosofia da "nova educação" ou "educação ativa" na Colômbia. Assim, cria-se um verdadeiro mito da infância, uma imagem que separa a criança do adulto por suas características específicas. Evidentemente, a constituição da nação colombiana, com suas nuances, não escapou dessa dinâmica, que, durante o século XX, gerou muitas práticas inovadoras em torno da infância, apoiadas na naturalização da relação da criança com o mundo.

Em paralelo, o modelo burguês de educação supõe uma preservação, uma separação crescente da criança do meio social adulto. Como Diana Aristizábal García (2015, 2020) demonstrou exaustivamente para o caso colombiano, livros, brinquedos e objetos especializados são desenvolvidos para oferecer à criança um ambiente específico e harmonioso com a imagem, ou as imagens, que se fazem dela. A criança é assim caracterizada como outra, diferente por natureza, inocente e vulnerável.

Isso posto, as questões seriam: É verdade que, ainda hoje, vivemos, ao menos parcialmente, nessa imagem romântica da infância? Como os adultos colombianos representam a criança? Quais são as imagens, as associações e as analogias que dominam esse sistema de representação? Quais relações (eventuais distorções e vínculos) existem entre as práticas e essas representações? As práticas educativas, as modalidades de relacionamento e os estilos de vida propostos às crianças estão implicados nessas questões? Trata-se, então, de questionar as imagens que sustentam as diferentes práticas dos indivíduos e as situações que envolvem crianças, desde a escola até as muitas instâncias que envolvem proteção, cuidado, educação, entretenimento e saúde.

A fim de delimitar essas questões e de abordar os elementos de resposta, procedeu-se, conforme indicado no Quadro 3.1, à seleção de um conjunto limitado de tópicos (notícias, reportagens e notas) que circularam no principal jornal colombiano (*El Tiempo*) sobre a infância. Com base nisso, os exemplos temáticos relevantes e atuais interessantes correspondem a situações e problemas que influenciam diretamente as representações que a sociedade colombiana tem de sua infância.

Quadro 3.1 – A infância na imprensa colombiana. Amostra de notícias do jornal *El Tiempo* (11/10/2020 a 20/11/2020)

Data	Título	Lide da matéria
11/10/2020	*Congresso próximo da proibição do castigo físico de crianças. Falta apenas um debate no projeto de lei: a proibição dos castigos físicos como método de criação*	Uma nova tentativa de erradicar o abuso físico contra crianças está prestes a ver a luz do dia no Congresso colombiano: um projeto de lei que proíbe expressamente punições cruéis contra menores.
15/10/2020	*Os monstros e as crueldades que ameaçam nossas meninas*	Elas são as principais vítimas das piores infâmias que se cometem no país. De espancamentos, agressões sexuais e recrutamento forçado [de crianças nos conflitos armados colombianos] a feminicídios. E muito poucas são capazes de contar a história de seus horrores. Reportagem.
17/10/2020	*Planos de desenvolvimento, sem 'dentes' para proteger as crianças*	Relatório da aliança *Niñez YA*[1] alerta prefeitos e governadores sobre a necessidade de fortalecer suas estratégias e de dispor recursos para enfrentar as ameaças contra a infância.
17/10/2020	*O que acontece com outros direitos dos menores de idade?*	O conflito armado continua sendo uma ameaça para as crianças do país, assim como a falta de uma cobertura completa de saúde e de alimentação. A pandemia de Covid-19 também evidenciou as dificuldades que as crianças em áreas rurais têm em se manter conectadas ao sistema educacional.
18/10/2020	*Casamento infantil: o drama de um problema invisível*	Na Colômbia, mais de 400 meninas menores de 14 anos estão em vida conjugal apesar de ser ilegal; uma em cada dez adolescentes nas cidades e uma em cada cinco no interior estão em união livre ou casadas.
19/10/2020	*Impunidade em casos de exploração sexual de menores ultrapassa 95%*	A pornografia é um dos crimes com maior incidência, segundo o Ministério Público colombiano. Desde 2014, o Instituto Colombiano de Bem-Estar Familiar (ICBF) acolheu 72.543 menores vítimas de violência sexual.

Continua

[1] N. do E.: *Infância JÁ*, em tradução livre.

Continuação

Data	Título	Lide da matéria
20/10/2020	*Há 288 policiais e militares investigados por abuso infantil*	Em documento enviado ao Congresso colombiano, o Ministério da Defesa revela dados de 2014. Segundo a entidade, 51% dos processados receberam sanções.
20/10/2020	*Gianni Rodari, o grande revolucionário da Literatura Infantil*	Esta sexta-feira (23/10/2020) marca o centenário do escritor italiano, um visionário inovador das histórias infantis, que rompeu fronteiras e estimulou a imaginação.
27/10/2020	*A cada 12 horas, um abusador de crianças condenado é libertado*	De acordo com o Inpec (Instituto Penitenciário Nacional da Colômbia), 599 presos foram libertados da prisão este ano por essa conduta, a maioria deles por terem cumprido suas sentenças. Os congressistas alertam sobre possíveis reincidências.
5/11/2020	*Na pandemia, 15,5% das crianças tiveram alimentação insuficiente*	A pesquisa *Mi Voz, mi Ciudad*[2] dos programas *Cómo Vamos*, realizada em quatro capitais, constatou que 65,4% dos lares não tinham alimentos suficientes.
7/11/2020	*A desnutrição infantil, Editorial*	Essa deficiência, revelada pelo relatório dos programas *Cómo Vamos* e *Fundación Éxito*, mostra lacunas que exigem políticas urgentes.
9/11/2020	*Baixo peso ao nascer e desnutrição no vermelho, e pode piorar após a pandemia*	Um relatório da *Fundación Éxito* e *Bogotá Cómo Vamos* revela que os bairros Santa Fe, Rafael Uribe, San Cristóbal, Usme e Ciudad Bolívar, em Bogotá, têm as piores condições nutricionais da Primeira Infância.
10/11/2020	*É assim que a pandemia vai agravar os casamentos forçados*	O fechamento da escola, que obriga as meninas a ficarem em casa, cria um clima no qual a pobreza pode ser resolvida por meio de sua instrumentalização econômica.
17/12/2020	*Saúde mental nas escolas públicas, um "vírus" que preocupa*	A Secretaria de Educação de Bogotá, capital da Colômbia, realizou um estudo para avaliar as condições mentais de estudantes e docentes durante o tempo em que estiveram na virtualidade.

Fonte: adaptado de *El Tiempo* (2020).

[2] N. do E.: Minha voz, minha cidade, em tradução livre.

É evidente que parte significativa da relação temática jornalística exposta pode ser explicada ou compreendida no âmbito das evoluções locais e internacionais da "Convenção Internacional dos Direitos da Criança" adotada por unanimidade em novembro de 1989 pelas Nações Unidas (FNUI, 1989).[3] Ao contrário de uma declaração que tem poucos efeitos concretos, uma convenção obriga os Estados signatários (uma vez que a retificação ocorra nas instâncias legislativas do país) a integrar os artigos da convenção nas leis nacionais.

Como se sabe, essa convenção, juntamente com os artigos sobre a proteção da criança, propõe outros artigos relativos à participação que destacam uma criança responsável, autônoma no nível das suas escolhas. Uma nova imagem da criança emerge da convenção, um novo estatuto que pode estar um pouco fora de sintonia com a realidade das crianças e adultos, ao menos em alguns países, como o caso colombiano. Alguns artigos, aliás, estão sujeitos a controvérsias contraditórias com o direito nacional e o estatuto (ou, sobretudo, o não estatuto) que é conferido aos membros do grupo social da *infância*, na sua qualidade de menores. Subjacente à lei, está a imagem que a sociedade elabora da infância, uma imagem que deve ser questionada em termos de sua relação com o mito romântico burguês ocidental original mencionado anteriormente.

Levanta-se a questão de se, nesse caso, a lei segue a evolução das representações ou se ela as precede em certos pontos. Pode-se dizer que a convenção poderia ser um suporte interessante para confrontar as imagens e as práticas sobre a infância que geram reações individuais, a depender do que implica a natureza das relações entre crianças e adultos. Também surge outro problema: o da relação entre um texto de lei com pretensões universais, ou seja, transcultural, e a diversidade de construções culturais locais ou nacionais da infância. Haveria espaço para a diversidade? Qual é o estatuto de um texto de direito internacional em relação

[3] N. do E.: Fondo de las Naciones Unidas para la Infancia (FNUI) é a tradução de Fundo das Nações Unidas para a Infância, ou United Nations International Children's Emergency Fund (Unicef), para o espanhol.

a essa diversidade? Esses são pontos que devem ser explorados em contextos nacionais atuais, como os da América Latina.

Em que âmbito podemos entender essa diversidade e esse novo *status*? A representação da infância associada ao romantismo da criança tende – claro, de forma desigual, segundo as mídias sociais e os países – a ser preservada no mundo da produção para além do mundo social; qualquer relação com o exterior pressupõe a mediação da família. A criança exaltada, valorizada pelo pensamento romântico, talvez seja, sobretudo, a criança destacada, cujas peculiaridades, originalidade, mas também inocência e vocação para atividades triviais, são evidentes.

Entretanto, em geral, a criança não participa do cenário econômico como produtora, mas, sim, como consumidora (talvez em menor nível em países como os nossos, em comparação com os países desenvolvidos). O muro erguido pela família está rachado. Pelos diversos meios, especialmente a televisão, em virtude de seu modo de vida, a criança tem acesso direto à informação, descobre a sociedade de acordo com as circunstâncias mais próximas de seus pais e parece dominar, cada vez mais, suas escolhas quanto aos produtos que lhe são destinados.

A relação da criança com o brinquedo não é apenas uma relação de uso, mas também de consumo. Trata-se de um espaço para essas transformações. Essas relações, às vezes, envolvem conflitos quando as escolhas ou as seleções das crianças não correspondem àquelas desejadas pelos adultos (brinquedos bélicos, de monstros ou sexistas, por exemplo). Ademais, a relação da criança com a televisão e o controle que os adultos podem ou não querer exercer diretamente é objeto de intenso debate, o que nos remete ao mesmo problema do estatuto da criança no contexto de uma sociedade cada vez mais estruturada em termos de modos de consumo. A relação com o consumo, embora muito desigual de acordo com a origem social e familiar da criança, parece ser, ao menos, tão decisiva quanto a relação com a produção.

Há outro aspecto que tem a ver com a forma como a convenção relacionou a questão mais clássica, concernente à infância, e mais consensual, da proteção de crianças maltratadas, castigadas e abusadas, que, na Colômbia, deu origem a diversos artigos de imprensa, como se evidencia no Quadro 3.1. O debate contemporâneo evocou a banalidade das agressões infligidas pelos educadores em nome de uma concepção amplamente difundida da educação, que considera as agressões não apenas normais, mas legítimas e úteis na socialização. A ideia de que não há uma diferença fundamental, mas, sim, de nível, entre uma palmada e maus-tratos graves (que, na Colômbia, como em outros países, mesmo desenvolvidos, deveria ter iniciado um debate sobre um texto de lei que sancionasse qualquer recurso à violência – incluindo todas as formas culturalmente aceitas de palmadas e outras formas comuns de bater em crianças) é interessante por si, se contrastada com países de referência em Direitos Humanos, como a França, que só recentemente abordou a questão (Vallat, 2019). Tudo isso indica que, dentro de uma mesma forma tradicional de proteção à criança, podem coexistir diferentes visões, não da infância, mas, sobretudo nesse caso, das relações entre adultos e crianças e dos respectivos direitos de uns e outros.

Questionar as representações sobre a infância

Os argumentos expostos fazem parte da análise e da perspectiva da Sociologia da Infância, visão que nos permite considerá-la de outra forma. Segundo James e Prout (1990) e Gaitán Muñoz (2006), essa abordagem da infância se caracteriza pelos seguintes fatores:

- A infância é uma construção social. Trata-se de um quadro interpretativo para situar os primeiros anos de vida.
- A infância é uma variável de análise social que deve estar relacionada com as demais variáveis (classe, sexo, cultura).
- A criança deve ser estudada do seu ponto de vista, independentemente da perspectiva dos adultos, tanto quanto possível.
- A criança deve ser considerada ativa na determinação e na construção de sua vida social. A criança não é o sujeito passivo das estruturas sociais.

- O estudo da infância não pode ser feito isolado das relações com os atuais processos de reconstrução de seu lugar em nossas sociedades.

Nessas condições, para tentar estudar a infância, é importante levar em consideração a distância entre a criança e os adultos, o que é difícil por vários motivos. A primeira situação é a de dominação social que caracteriza a infância. Ao pensar em sua legitimidade, ela deve ser considerada como uma construção social. Ora, muitos argumentos sobre essa situação de dominação têm sido usados em várias ocasiões. Aliás, são os mesmos que, muitas vezes, são usados em outras situações que implicam dominação: os colonizados ou os "selvagens", as mulheres etc. Ressalta-se que a infância é o protótipo e a metáfora da dominação. Dominar alguém é reduzi-lo, metaforicamente, a uma criança, considerá-lo como não crescido, que não é capaz de compartilhar ou exercer poder. No melhor dos casos, propõe-se uma educação para que saia dessa minoria e divida prerrogativas com aqueles que o dominam. A mesma concepção infantilizante pode ser encontrada, hoje, em relação aos idosos, mas os dominados podem tomar a palavra, eles próprios fazerem a sociologia de sua situação, o que é muito difícil quando se trata de crianças. Há, portanto, um limite para a comparação que pode ser feita entre os estudos sobre as mulheres e os estudos sobre a infância. Se os estudos feministas são possíveis, seu equivalente por parte das crianças parece difícil, em razão da necessidade de passar por um mediador adulto.

Assim, alguns se estabelecem como representantes da criança, naquilo que sabem que é do seu interesse e de que têm necessidades. Seria, talvez, uma nova forma de exploração da infância? David Oldman (1994), em um texto provocativo, destaca o número de atividades dos adultos que se baseiam na vontade de responsabilizar-se pelas crianças, de fazer-lhes bem, sem que estas participem da definição desse bem.

Decorre dessas diferentes análises que a noção de dependência pode ser considerada central na definição social da infância. Isso estrutura a relação da criança com os outros, com os adultos em geral, pais, educadores, mesmo que as formas de dependência variem de acordo com as instituições, os contextos, as culturas, a experiência dos indivíduos, o gênero e a idade das crianças. Resta ou permanece um elemento em comum com a minoria jurídica – e, sem dúvida, além da ausência de independência financeira –, que é essa experiência de dependência socialmente construída.

No entanto, de acordo com os estudos de Brougère (1992, p. 38-44) sobre a experiência na dialética da dependência e da independência da relação da criança com os adultos, em particular, no acesso aos brinquedos, derivam duas considerações.

A primeira consideração: não é uma consequência direta do desenvolvimento biológico, da prematuridade, mas de sua tradução, sua interpretação em seu contexto social que organiza a distribuição do poder. A dependência social não significa dependência biológica, como evidenciado pela diversidade das formas de ser das crianças de acordo com o tempo e o lugar.

Por sua vez, a segunda: trata-se de transformações no nível social de uma característica biológica que se enfraquece como tal quanto mais contribui para produções sociais singulares na distribuição do poder entre crianças e adultos. Para dar um exemplo, um rei de 5 ou 13 anos não é dependente da mesma forma que um súdito da mesma idade. Há uma distribuição de poder. Se essa relação com o poder é, muitas vezes, analisada em termos de relações sociais, de relações de gênero, vê-se, em níveis mais complexos, de distribuição desigual do capital financeiro, social e cultural (Bourdieu, 1979), a distribuição desigual do poder de acordo com o ciclo da vida é pouco levada em conta. O fato de crianças – e pessoas mais velhas – estarem mais distantes do poder do que adultos ativos é pouco levado em consideração em dois aspectos: a dimensão temporal desses fenômenos (a criança se torna um adulto e adquire a independência e o poder associados a essa situação) e a naturalização da situação de dependência que leva a ignorar sua dimensão social.

Aqui é importante recorrer a outro argumento de Brougère (1995) a respeito das relações estabelecidas por crianças e adultos. Com frequência, observa o autor, quando a Biologia e a Psicologia analisam a transformação de uma criança em adulto, deixam de lado a dimensão social do processo. Portanto, a cada momento de seu desenvolvimento, a criança é um ser social que utiliza as possibilidades adquiridas para construir uma relação com o mundo, com os outros. E, de maneira recíproca, pode-se perguntar por que uma visão estática do amadurecimento leva ao abandono da análise psicológica da evolução das habilidades adultas. Essa distribuição de abordagens legítimas aumenta superficialmente a diferença entre crianças e adultos. É, então, importante reintroduzir a criança no social, no complexo sistema de interação e de interdependência ao qual ela pertence, pois essa interdependência a coloca na distribuição desigual do poder. A representação da criança baseada nas imagens tradicionais da criança e/ou nos resultados popularizados da Psicologia justifica a situação social de dependência da criança, que é conhecida por variar muito de acordo com o tempo e a cultura.

É importante considerar que a dependência não é uma qualidade intrínseca, uma propriedade dos indivíduos, mas uma relação social ligada ao exercício do poder (Hockey e James, 1993). A experiência social das crianças é estruturada por essa dependência, que elas aceitam como evidência da natureza, que contesta ou organiza a situação para torná-la suportável.

> A vida da criança, em geral, parece-me estruturada por uma dialética entre dependência e interdependência relativa. O adulto constrói, em grande parte, a estrutura para o exercício dessa autonomia (seja na família, seja na escola) como resultado desse movimento. A autonomia socialmente instituída da criança é, então, a relativa independência acordada no âmbito de uma dependência estrutural! A verdadeira independência é sempre uma forma (não necessariamente violenta!) de derrocada do exercício do poder. A cultura infantil, como é produzida socialmente entre os pares, permite o acesso ao modo como a criança organiza a situação que é representada, tenta exercer controle sobre sua vida com ou contra os adultos. (Corsaro, 1997, p. 45)

Considerações finais

Uma questão fundamental que merece a atenção de pesquisadores e de estudiosos da infância em nossos países poderia derivar dos argumentos apresentados: A Convenção Internacional sobre os Direitos da Criança (FNUI, 1989) pode fazer algo diferente de organizar a ambiguidade entre a situação de dependência (o maior interesse da criança, o poder do adulto que define a estrutura do desenvolvimento infantil) e a abertura a certas práticas chamadas de participação que limitam o exercício do poder adulto? Contudo, a limitação de um poder próprio da ordem jurídica é a oportunidade de reduzir a dependência. Progredir, no sentido de aplicação da convenção, é dar à criança a possibilidade de limitar certas formas de dependência.

Como mostrou Brougère (1995), o consumo, o entretenimento midiático pode ser um espaço original no qual a criança, fora do projeto educativo que expressa sua dependência do adulto por excelência, pode ter atividades que não a distinguem necessariamente deste último. De fato, considerar que, em certos casos, não há diferença entre adultos e crianças é limitar a situação específica de dependência da infância, é rejeitar a ideia de uma diferença natural. Apresentar um projeto educativo em atividades de lazer é o oposto de destacar a especificidade da criança, que está ligada à dependência, à submissão ao poder do adulto, antes de qualquer possibilidade oferecida às crianças para classificar, dizer o que é bom e o que não é. O desenvolvimento no mundo contemporâneo, com as desigualdades evidentes de vários tipos entre países e regiões, de lazer, entretenimento e consumo, transforma a infância, destruindo certas diferenças com os adultos (Postman, 1983; Narodowski, 1999). Essas questões são frequentemente levantadas pela exposição de crianças a conteúdos violentos ou associados à sexualidade. Essas críticas, que podem ser legítimas, também podem não levar em conta que um efeito, na ausência de análise do fenômeno social, de indiferenciação, em termos de público infantil e adulto, é uma das chaves para a evolução contemporânea da infância no mundo ocidental.

A autonomia, como conceito educacional, parece adequada em relação ao de dependência, de apelar à dependência para alcançar a independência da criança (destaca-se que a autonomia de um território é o que lhe confere, automaticamente, a independência!). Não se trata de criticar as pedagogias que desenvolvem essa concepção, mas, sim, de mostrar que elas fazem parte de uma mesma distribuição de poder. Elas, sem dúvida, ignoram a dinâmica do acesso do indivíduo à independência, que não envolve apenas a atribuição de autonomia. A criança, sem dúvida, é pouco considerada como ator social capaz de construir seus próprios caminhos de crescente autonomia. O que parece interessante é saber como a criança constrói uma distância da dependência. Há práticas que, muitas vezes, são sigilosas, porque são realizadas contra quem está no poder. Por fim, a educação pré-escolar ilustra a diferença de concepção, desde o início da escolarização, na construção de um espaço educativo. As relações entre crianças, pais e instituições variam consideravelmente entre as culturas. A estrutura de dependência é diferente. Surge, então, a dimensão cultural da construção do espaço social da criança.

Quanto à libertação radical das crianças, trata-se de tirar novas consequências, as quais devem ser interpretadas à luz da estrutura social que subjaz a relação adulto/criança. Sobretudo, trata-se de convidar os diferentes atores sociais envolvidos com a infância a levar em consideração, sem ilusões ingênuas, a situação da criança em sua dimensão social. Daí a importância, prévia e necessária, de um trabalho sobre as representações (a construção social da infância). O risco seria acreditar que o que diz respeito à criança é externo à lógica cultural e diferencial.

Levar em conta a situação intercultural específica de cada país ou região indicaria que a dependência e a autonomia não têm o mesmo valor ou as mesmas referências, e isso permite romper a ilusão naturalista ou romântica da infância. Dessa forma, seria dado um passo fundamental para a análise de situações específicas da infância em nossos países, feita pelas Ciências Humanas e Sociais praticadas em nossos contextos.

Referências

ARISTIZÁBAL GARCÍA, D. M. El carácter material de la infancia: perspectivas teóricas para el estudio del consumo infantil. *In*: ALZATE-PIEDRAHÍTA, M. V.; GÓMEZ-MENDOZA, M. A. (ed.). *Pensar la infancia I*. Pereira: Editorial Universidad Tecnológica de Pereira, 2020. p. 191-215.

ARISTIZÁBAL GARCÍA, D. M. *Juguetes e infancia*: la consolidación de una sensibilidad moderna sobre los niños en Colombia (1840-1950). 2015. 124 p. Dissertação (Mestrado em Estudos Culturais) – Universidad de los Andes, Bogotá, 2015. Disponível em: https://repositorio.uniandes.edu.co/bitstream/handle/1992/12345/u671815.pdf?sequence=1&isAllowed=y. Acesso em: 10 out. 2022.

BOURDIEU, P. Les trois états du capital culturel. *Actes de la Recherche en Sciences Sociales*, Paris, n. 30, p. 3-6, nov. 1979.

BROUGÈRE, G. *Jeu et éducation*. Paris: L'Harmattan, 1995.

BROUGÈRE, G. Le marché du jouet: choix des enfants et rôle de la famille. *Education et Pédagogies*, n. 13, p. 38-45, mars 1992.

CORSARO, W. *The sociology of childhood*. California: Pine Forge Press, 1997.

EL TIEMPO. Bogotá, 2020. Disponível em: https://www.eltiempo.com/. Acesso em: 11 out. 2022.

FONDO DE LAS NACIONES UNIDAS PARA LA INFANCIA (FNUI). *Convención sobre los derechos del niño*. UN: FNUI, 1989. Disponível em: https://www.un.org/es/events/childrenday/pdf/derechos.pdf. Acesso em: 30 nov. 2022.

GAITÁN MUÑOZ, L. *Sociología de la infancia*: nuevas perspectivas. Madrid: Síntesis, 2006.

GÓMEZ-MENDOZA, M. Á.; ALZATE-PIEDRAHÍTA, M.V. La infancia contemporánea. *Revista Latinoamericana de Ciencias Sociales, Niñez y Juventud*, v. 12, n. 1, p. 77-89, 2014. Disponível em: https://revistaumanizales.cinde.org.co/rlcsnj/index.php/Revista-Latinoamericana/article/view/1113/479. Acesso em: 10 out. 2022.

HOCKEY, J.; JAMES, A. *Growing up and growing old*: ageing and dependency in the life course. London: Sage, 1993.

JAMES, A.; PROUT, A. (ed.). *Constructing and reconstructing childhood*: contemporary issues in the sociological study of childhood. London: Routledge Falmer, 1990.

JIMÉNEZ BECERRA, A. *Emergencia de la infancia contemporánea (1968-2006)*. Bogotá: Universidad Distrital Francisco José de Caldas, 2012a.

JIMÉNEZ BECERRA, A. *Infancia*: ruptura y discontinuidades de su historia en Colombia. Bogotá: Ecoe, 2012b.

JIMÉNEZ BECERRA, A.; INFANTE, R. *Infancia y ciudad en Bogotá*: una mirada desde las narrativas populares urbanas. Bogotá: Universidad Distrital Francisco José de Caldas, 2008.

OLDMAN, D. Childhood as a mode of production. *In*: MAYALL, B. (ed.). *Children's childhoods*: observed and experienced. London: Routledge Falmer, 1994.

NARODOWSKI, M. *Después de clase*: desencantos y desafíos de la escuela actual. Buenos Aires: Novedades Educativas, 1999.

PACHÓN, X. La infancia y la antropología colombiana: una aproximación. *In*: DÍAZ, M.; CAVIEDES, M. (ed.). *Infancia y educación*: análisis desde la antropología. Bogotá: Pontificia Universidad Javeriana, 2016. p. 21-52.

POSTMAN, N. La desaparición de la infancia. *Témpora*, Madrid, n. 3-6, p. 107-10, 1983.

SALDARRIAGA, O.; SÁENZ, J. La construcción escolar de la infancia: pedagogía, raza y moral en Colombia, siglos XVI-XX. *In*: RODRÍGUEZ, P.; MANARELLI, M. E. (coord.). *Historia de la infancia en América Latina*. Bogotá: Universidad Externado de Colombia, 2007. p. 391-415.

VALLAT, T. Loi relative à l'interdiction des violences éducatives ordinaires: la fessée pour les châtiments corporels interdits par le code civil. *La Grande Bibliothèque du Droit*, Paris, 2 juil. 2019. Disponível em: https://www.lagbd.org/Loi_relative_%C3%A0_l%E2%80%99interdiction_des_violences_%C3%A9ducatives_ordinaires:_la_fess%C3%A9e_pour_les_ch%C3%A2timents_corporels_interdits_par_le_code_civil_(fr). Acesso em: 13 out. 2022.

4

Infância migrante e saúde no Chile: experiências, barreiras e novos cenários[1]

Iskra Pavez-Soto | Daniela Poblete-Godoy

No Chile, nos últimos anos, a população migrante em geral aumentou, mas, sobretudo, a infantil. Como esperado, isso trouxe consigo uma revisão das políticas públicas que garantem os direitos humanos a esses grupos sociais, entre os quais o direito à saúde e aos cuidados médicos são primordiais. Evidentemente, exercer esse direito se relaciona a leis, planos e programas existentes, que garantem ou dificultam seu acesso. A chegada de meninas e meninos migrantes nos traz o desafio de analisar as

[1] Este capítulo mostra resultados parciais do Projeto FONDECYT (Regular nº 1170947), *Múltiplas formas de violência que afetam crianças migrantes no Chile. Direitos, intervenções sociais e políticas públicas*, coordenado pela professora doutora Iskra Pavez-Soto.

políticas públicas de saúde e nos perguntar se elas são realmente delineadas e se são executadas com foco nos direitos humanos, nas perspectivas universais e garantidoras, ou, ao contrário, se são estratégias altamente focalizadas e localizadas no espaço-tempo de um território delimitado pelo Estado-nação, que discrimina e exclui desse direito as pessoas que se encontram em situação de vulnerabilidade social.

Neste capítulo, em primeiro lugar, revisaremos, de maneira breve, as normativas atuais, a fim de analisar as principais barreiras às quais as crianças migrantes estão expostas quando exercem seu direito à saúde no Chile. Em segundo lugar, apresentaremos algumas ideias teóricas a respeito das barreiras que elas enfrentam em razão de sua dupla condição de crianças e de migrantes. Em seguida, o texto apresenta informações sobre pesquisas anteriores e analisa algumas das experiências que as crianças tiveram no acesso ao sistema nacional de saúde, fornecendo dados sobre os determinantes sociais que podem afetar sua saúde. Por fim, este capítulo termina com algumas reflexões e considerações a respeito das barreiras interculturais que suas famílias experimentaram (identificadas em pesquisas anteriores) e como essas barreiras podem afetá-las em particular.

Normativas sobre saúde e crianças migrantes no Chile

Nesta seção, revisaremos brevemente alguns instrumentos legais que garantem o exercício do direito à saúde para meninos e meninas migrantes que estão no Chile.

Lei nacional

Como é sabido, o Decreto-Lei sobre Estrangeiros nº 1.094, em vigor no Chile desde 1975, não contempla o acesso à saúde para migrantes. Dado o contexto histórico de ditadura em que essa lei foi elaborada, ela se baseia no princípio da segurança nacional e não na garantia dos direitos humanos (Stefoni, 2011).

Tratados internacionais

Em 1990, o Chile ratificou a Convenção sobre os Direitos da Criança, cujos Artigos nº 24 e nº 39 estipulam que todas as meninas e todos os meninos residentes em determinado Estado têm direito ao mais alto nível de saúde e têm acesso a serviços médicos e de reabilitação, independentemente de seu sistema previdenciário ou da condição socioeconômica de suas famílias. Em 2005, foi ratificada a Convenção Internacional sobre a Proteção dos Direitos de Todos os Trabalhadores Migrantes e Membros de Suas Famílias, cujos Artigos nº 28 e nº 45 garantem o acesso a cuidados médicos de emergência e a serviços de saúde.

Instrumentos administrativos

Em 2007, foi aprovado um convênio de colaboração técnica entre o Ministério do Interior e o Fundo Nacional de Saúde[2] (Fonasa), que especifica que as pessoas cujo pedido de refúgio esteja em andamento terão direito ao Regime de Benefícios se cumprirem os requisitos exigidos aos chilenos.

Em 2007, o Ministério da Saúde emitiu a Circular (A14, nº 3.229), intitulada *Cuidados de saúde para a população imigrante em situação de risco social e de permanência não regular*, que garante o direito à saúde da população infantil migrante, independentemente da situação administrativa de seus pais. Também em 2008, foi promulgada a Resolução Isenta nº 1.914, e, em 2009, a Resolução Isenta nº 10.654, que garantiram atendimento médico, psicossocial e jurídico caso crianças migrantes tivessem sido vítimas de qualquer tipo de violência, além do acesso ao sistema público de saúde e à Rede de Proteção à Infância (Chile, 2007, 2008, 2009).

Em 2014, o Ministério do Interior chileno e o Fonasa assinaram um Convênio (Decreto Isento nº 6.410, de 1º de dezembro de 2014) que permite o acesso aos serviços de saúde para todos os migrantes que tenham sua situação migratória administrativa regular (visto de residência

[2] N. do E.: no original em espanhol, Fondo Nacional de Salud.

temporária ou definitiva) e, também, para aqueles que estão em processo de regularização administrativa (Chile, 2014).

Em 2015, foi feita uma modificação no Decreto Supremo nº 110, de 2004, do Ministério da Saúde, pelo Decreto Supremo nº 67 (Chile, 2016), que possibilita a integração de migrantes sem documentos ou autorização de residência como beneficiários carentes de recursos no Regime de Benefícios de Saúde (Chile, 2006). O Decreto Supremo nº 110 é o que estabelece as circunstâncias e os mecanismos para credenciar as pessoas como carentes de recursos e indigentes. A modificação do Decreto Supremo nº 67 acrescenta uma quarta circunstância ao Artigo nº 2: "tratar-se de um imigrante que carece de documentos ou autorizações de residência, que subscreve um documento declarando sua falta de recursos". Por meio da Circular A15 nº 6, de 2015, substitui-se a Circular A14, nº 3.229, que havia sido promulgada em 2008 e amplamente divulgada nas comunidades migrantes (Chile, 2007).

Em 2016, por meio da Circular A15 (de 13 de junho de 2016), o Decreto Supremo nº 67 estabelece que toda pessoa migrante em situação administrativa irregular será categorizada na seção "A" do Fonasa, que corresponde às pessoas "sem recursos", e, portanto, têm acesso a benefícios de saúde pública.

Em 2017, foi divulgada a Política de Saúde para Migrantes Internacionais do Chile,[3] que declara o princípio da universalidade, baseia-se em normas constitucionais e alude, explicitamente, à universalidade e à inclusão das pessoas migrantes e suas filhas e seus filhos (Chile, 2017c).

Em 2019, é emitido o Parecer 1G nº 3/2019 do Ministério Público do Fundo Nacional de Saúde (Fonasa, 2020), que reconhece o acesso à cobertura para estrangeiros carentes de recursos, garantindo atendimento em estabelecimentos de saúde, mas uma nova cláusula foi introduzida de acordo com o novo tipo de vistos. A categoria *turista* é introduzida, para diferenciar dos *migrantes* elegíveis ao benefício de cobertura, omitindo a situação das crianças. A decisão reconhece apenas as pessoas "cujo

[3] N. do E.: no original em espanhol, Política de Salud de Migrantes Internacionales de Chile.

objetivo é se estabelecer no país" como *imigrantes*, incluindo, em sua cobertura, pessoas na *qualidade de refugiados*, mas excluindo como beneficiários de cobertura aquelas pessoas na categoria *turística*, com uma exceção: "a menos que expresse sua intenção positiva de permanecer no Chile, seja porque expirou o prazo para ser considerado turista ou porque iniciou os trâmites para obter o visto de permanência".

Dessa forma, o parecer deixou margem para interpretação, pois não estabelece documentação específica para manifestar a vontade de se estabelecer no país. Tampouco oferecia especificações para aquelas pessoas que migram de forma circular, como é usual nas fronteiras do norte do país, nem para *os que solicitam refúgio*, e, o que é mais grave, não estabelece distinções para crianças e adolescentes *acompanhados, desacompanhados ou em trânsito*, nem os mecanismos para manifestar sua intenção de se estabelecer. São cláusulas que, aplicadas sem indução nos prazos adequados, podem gerar confusão, desencadeando o retorno da pessoa migrante e de suas filhas e seus filhos nas diferentes instituições envolvidas. Esta última normativa gera situações em que podem ocorrer casos de discriminação arbitrária por parte dos funcionários do serviço público, pois apresenta dilemas operacionais de difícil resolução. Deve-se ter em mente que as emendas à lei de imigração resultaram numa hierarquização das "categorias" de imigrantes, por tempo de residência, nacionalidade e tipos de visto, o que condiciona as possibilidades de ação e de acesso à vida cotidiana (Chile, 2017c).

É possível afirmar que, antes da modificação do Decreto Supremo nº 110, houve um avanço gradual no direito à saúde das famílias migrantes a partir de 2008, pois a Circular A14, nº 3.229, publicada naquele ano, assegurava o cuidado dos filhos dos migrantes, independentemente da situação administrativa das mães e dos pais, no entanto, o acesso e o uso não eram efetivos. Por exemplo, uma análise de três meses revelou que, durante 2017, 24,5% das pessoas migrantes que tentaram marcar uma consulta no sistema de saúde não tiveram sucesso (Cabieses, Oyarte e Delgado, 2017).

Como pode ser visto neste breve panorama cronológico, a ausência de um marco legal sobre questões migratórias impossibilita a garantia do direito à saúde das pessoas migrantes no Chile. Apesar disso, criou-se uma série de instrumentos administrativos para facilitar o acesso à saúde e, assim, cumprir os tratados internacionais firmados sobre o assunto. Deve-se reconhecer que, em parte, essa série de instrumentos administrativos permitiu certo acesso à saúde. No entanto, esse mesmo percurso histórico permite constatar que os instrumentos legais podem ser modificados, cancelados ou descartados, a depender da visão do atual governo, portanto, mostram-se insuficientes para garantir um verdadeiro exercício do direito à saúde para meninas e meninos migrantes.

Exposição do problema

Originalmente, a Lei de Estrangeiros de 1975 não considerava os direitos dos filhos migrantes, embora, de acordo com o princípio de *jus soli*,[4] os filhos de estrangeiros nascidos no Chile sejam chilenos. Também não considerou o impacto da migração sobre as crianças que, de fato, nasceram em outro país. Embora o acesso aos direitos tenha sido parcialmente alcançado por meio de disposições posteriores à lei, o exercício efetivo desses direitos é condicionado pelo fato de que a valorização ou o reconhecimento social não está em igualdade de condições, pois eles continuam a ser considerados como uma alteridade. Além disso, sabe-se que as famílias migrantes se instalam em espaços mais precários (Vásquez, Cabieses e Tunstall, 2017) e têm acesso a serviços de menor qualidade e menos equipados (Pavez-Soto e Galaz Valderrama, 2018). De fato, a Pesquisa de Caracterização Socioeconômica, de 2017, indica que as crianças entre 0 e 17 anos nascidas no exterior têm 8,5% mais pobreza multidimensional do que as nascidas no Chile (um número que deixa de fora

[4] N. do E.: princípio que determina a cidadania de um indivíduo de acordo com o país onde nasceu, também conhecido como *regra de solo* (em oposição à *regra de sangue*, ou *jus sanguinis*, segundo a qual a cidadania é atribuída pela ascendência).

o nível de pobreza das crianças nascidas no Chile, mas cujos pais têm nacionalidade estrangeira) (Chile, 2017b,c).

Para uma análise das condições de saúde das crianças migrantes, é necessário conhecer as condições de bem-estar de suas famílias e, sobretudo, de suas mães durante o período de gestação. É importante considerar as condições de vulnerabilidade econômica, os efeitos emocionais da distância e da falta de redes de apoio, o estresse gerado pelo período de adaptação, o trabalho precário, a discriminação e as dificuldades administrativas que dificultam o acesso conforme o *status* migratório. É necessário refletir sobre como esses fatores podem afetar a saúde física e mental das pessoas migrantes e de seus filhos.

Em geral, os estudos sobre imigração não reconhecem a capacidade de agência infantil, sem considerar que meninas e meninos participam de processos de mobilidade com base em sua estrutura de oportunidades, fruto da intersecção de relações de poder baseadas em classe, gênero, idade e etnia em suas localidades, tal qual ocorre com os adultos (White *et al.*, 2011).

Novas abordagens sociais da infância investigam a participação das crianças na globalidade dos processos migratórios e, em particular, nas experiências de violência que elas sofrem nos locais de destino, como resultado do racismo, da violência simbólica e da dominação colonial, e as estratégias que elas empregam para enfrentá-la. Todos esses processos são uma expressão das relações de poder das quais eles participam, tanto em suas famílias e nos processos migratórios globais, quanto como atores sociais (Pavez-Soto, 2012).

Desenvolvimento

Como dissemos, neste capítulo, apresentamos resultados preliminares de um projeto de pesquisa realizado com crianças migrantes. Esta seção apresenta a abordagem metodológica e os resultados do estudo.

Metodologia

O método utilizado para a pesquisa foi o qualitativo, o escopo foi o descritivo, e a entrevista utilizada para obter os dados foi a semiestruturada em profundidade. A amostra de pessoas entrevistadas foi obtida por meio do contato com três instituições (públicas e organizações não governamentais – ONGs) que têm Programas de Assistência Infantil (geral e migrante), localizadas em comunas da região norte da cidade de Santiago, lugares onde famílias e comunidades migrantes começaram a se estabelecer nos últimos anos. Foi composta por 31 crianças e adolescentes, de 6 a 17 anos, nascidos no exterior ou no Chile (mas com pais estrangeiros). A entrevista semiestruturada foi do tipo opinativo-estratégico (Valles, 1997), e os dados coletados foram categorizados por meio do programa computacional Atlas Ti, posteriormente, tabulados e codificados para aplicação da técnica Análise Crítica do Discurso (Valles, 1997).

Além disso, a pesquisa foi realizada utilizando a metodologia centrada na criança (*child-focused*), que garante o anonimato e o respeito aos direitos da criança durante o estudo (James e James, 2012). Para isso, foi aplicado um protocolo ético, por meio da assinatura do Termo de Consentimento Livre e Esclarecido infantil e do Termo de Consentimento Livre e Esclarecido do adulto, seguindo as recomendações da Lei nº 19.628, sobre proteção de dados, e da Lei nº 20.120, sobre pesquisa científica com seres humanos (de acordo com esses protocolos, postula-se que todos os nomes das pessoas entrevistadas são pseudônimos autosselecionados).

As perguntas da entrevista foram apropriadas à idade e conduzidas em duplas, para equilibrar a relação de poder com a equipe de pesquisa adulta. Durante a entrevista, foram incluídos jogos e intervalos, além de materiais (folhas de papel, lápis de cor etc.), a fim de que desenhassem as situações sobre as quais não podiam ou não queriam falar. O fato de solicitar diretamente a opinião de meninos e meninas durante a investigação é uma afirmação de seu direito de opinar sobre assuntos que as afetam, contemplado no Artigo 12 da Convenção sobre os Direitos da Criança (ONU, 1990).

Resultados e discussão

O panorama que comentamos anteriormente é agravado, entre outros fatores, pelo desconhecimento por parte das próprias pessoas migrantes acerca de seus direitos à saúde no novo contexto. Um estudo realizado por Becerra e Altimir (2012, p. 205) constatou que as crianças migrantes no Chile, em geral, desconhecem os procedimentos de acesso às instituições de saúde locais. Podemos ver isso nas seguintes citações de meninas e meninos entrevistados nesta pesquisa:

> *Não, eu não adoeço aqui, eu não tenho adoecido, porque meu pai diz que não devemos adoecer aqui, porque aqui é... Aqui, não podemos ir ao médico; lá, podemos, porque nascemos lá, estamos registrados no hospital... Não sei se estamos registrados no consultório médico [aqui].* (Damián, 10 anos de idade, equatoriano – ONG)

> *Tive uma febre alta, não sei o que me deixou doente. Eles me levaram para uma consulta à noite, e não iam atender porque minha carteira de identidade estava expirada, mas ainda assim me receberam e me examinaram. Recebi inalação, e me receitaram remédio, e eu tive broncopneumonia. O médico me examinou bem, me passou inalação.* (Alejandra, 10 anos, nascida no Chile com mãe estrangeira – ONG)

> *Não sei que tipo de seguro-saúde eu tenho.* (Daniela, 14 anos, peruana – instituição infantil pública)

Em contrapartida, como já mencionamos, há, também, uma falta de conhecimento por parte dos funcionários públicos sobre as diversas modificações administrativas e leis que garantem o acesso aos cuidados de saúde. O estudo de Cabieses, Oyarte e Delgado (2017), quanto à atenção secundária, relatou maior resistência da equipe da Saúde em atender a esse público, falta de conhecimento sobre como atender à população não inscrita no sistema e atos de discriminação. Tudo isso em um contexto em que a articulação entre as várias instituições envolvidas (Polícia de Investigações, Imigração, serviços de assistência à saúde) é complexa, e, por isso, o acesso à saúde para a população infantil migrante se dificulta. Por exemplo, podemos observar as consequências da adaptação no depoimento de uma menina de 17 anos:

> *Sim, no ano passado, fiquei internada por dois meses em uma clínica para a mente, algo assim... porque eu tinha depressão. Não me ajudou, não sei, é que eu me sinto igual, assim, me deu quando cheguei aqui. É que antes estava com... Igual, só que eu não ficava mal, como agora, como eu fico mal, é como se eu me ferisse, me batesse, me cortasse... Agora, eu não me corto mais. Eu estava fazendo tratamento, mas me deram alta, porque eu sempre chegava atrasada para as consultas, porque minha mãe trabalha, e eu sempre saio tarde [...]. Uma psicóloga, a chefe dela... a chefe da minha mãe, conseguiu a vaga.* (Sofia, 17 anos, peruana – instituição infantil pública)

Os resultados de pesquisas anteriores sugerem a presença de fatores de risco biopsicossociais (Cabieses *et al.*, 2017a, 2017b; Ramírez-Santana, Rivera Humeres e Bernales Silva, 2019), o que é importante considerar, pois é sabido que a admissão hospitalar pode ser diferenciada. Por exemplo, Cabieses *et al.* (2017a) conduziram uma análise das altas hospitalares de pessoas migrantes. Eles confirmam que mais de 50% das crianças migrantes entre 1 e 6 anos de idade que deixaram o sistema hospitalar vêm de lares com pobreza multidimensional – ou seja, lares com 25% ou mais indicadores de privação de bem-estar, e uma alta porcentagem dessas crianças não têm assistência médica (12,7% das crianças com menos de 1 ano de idade, 19,5% dos adolescentes entre 15 e 18 anos de idade). Mais de um quarto de todas as admissões hospitalares de crianças migrantes de 1-6 anos de idade ocorrem por traumatismos. Os pesquisadores apontam para a necessidade de olhar para dados como esses de uma perspectiva social. As condições de moradia e o acesso a outros direitos devem influenciar esses resultados. O estudo de Cabieses *et al.* (2017a) mostra que, na faixa etária entre 15 e 18 anos, os adolescentes migrantes tendem a deixar inconclusos seus estudos.

Nas falas a seguir, é possível antecipar que um dos fatores que afetam as condições de exercício do direito à educação e ao descanso é a proximidade com o mundo do trabalho de seus pais desde a infância:

> *Eu caí no sono. Opa! Tipo, essas horas, cedo, sim. É que, às vezes, fico com sono, quero dormir. Às vezes, vou para o trabalho do meu pai. Às vezes, eu durmo, porque ele trabalha à noite, de madrugada, e ele trabalha até tarde e tem muito o que fazer, vende banana, tudo isso.* (Verónica, 7 anos, equatoriana – ONG)

> *Aqui, vou para a cama por volta das 10 ou 11 horas da noite, às vezes, porque não vou à escola, e acordo por volta das 7... Me sinto bem, de verdade.* (Begoña, 14 anos, boliviana – ONG)

> *Às 2 da manhã eu vou para a cama. Às vezes, ajudo meu pai no trabalho... Acordo às 7.* (Damián, 10 anos, equatoriano – ONG)

A classificação dos determinantes sociais da saúde das crianças migrantes feita por Bernales *et al.* (2018) sugere elementos específicos que afetam o bem-estar. Em nível estrutural, identificam-se, por um lado, as limitações das políticas sociais para atender às crianças transitórias (filhos de pais em situação irregular) com relação à sua integração escolar, e, por outro lado, os estilos de criação ligados à autoridade e uma alta valorização do sacrifício, a formação de famílias a distância e a necessidade de enviar remessas de dinheiro para suas famílias no país de origem (Bernales *et al.*, 2018). Além disso, os autores apontam que, em um nível intermediário, de acordo com Pavez-Soto (2017), existem condições de pobreza e de superlotação que favorecem situações de violência, de adoecimento e de acidentes. Assim, também são identificados riscos na estabilidade psicossocial dos cuidadores de origem migrante, condição que repercute diretamente em meninos e meninas, relatando, por exemplo, maiores taxas de retardo psicomotor. Outros aspectos com necessidade de análise são as escassas informações sobre os hábitos alimentares dessas crianças em seus lares de origem e como a transição do processo migratório levaria a mudanças epidemiológicas em um contexto no qual a obesidade infantil aumentou (Pavez-Soto, Durán-Agüero e Valladares, 2017).

Os centros de cuidados primários à saúde do sistema de proteção infantil, denominados Chile Crece Contigo,[5] são a primeira face visível do sistema de saúde voltado para as crianças. Nesse setor, a pesquisa de Guerra Zúñiga e Ríos Hidalgo (2017) já havia revelado um bloqueio à prestação de atendimentos relacionados à maternidade pelo *status* migratório, e, o que é alarmante, a existência de discursos contra o grupo migrante.

Isso reafirma as conclusões de Pavez-Soto e Galaz Valderrama (2018) sobre o acesso relativo, ou seja, a falta de reconhecimento dos direitos e a baixa valorização social do *outro* imigrante. Nesse nível de assistência médica, é mais evidente detectar barreiras de natureza cultural e de gestão de fatores sociais por parte das equipes de trabalho. Um exemplo disso é o trabalho de Guerra Zúñiga e Ríos Hidalgo (2017), no qual constataram que os profissionais da área da Saúde percebem a gravidez de mulheres migrantes como uma estratégia para regularizar sua situação administrativa.

Dadas essas evidências, Liberona Concha (2015) adverte que as barreiras ao acesso são explicadas pelas práticas discriminatórias dos funcionários dos serviços de saúde, levando a desigualdades no acesso aos cuidados e a maus-tratos. Além disso, as práticas discriminatórias dos funcionários podem reforçar a etnicidade dos imigrantes e provocar o surgimento de novas práticas como estratégias para o exercício de seus direitos (Pavez-Soto, 2017).

Há, portanto, uma necessidade urgente de que os trabalhadores da Saúde tenham um conhecimento prático das normativas em vigor e de que as equipes sejam conscientizadas acerca da necessidade de respeitar

---

[5] N. do E.: Chile Cresce Contigo, em tradução livre.

essas normativas, o que exige que tenham familiaridade com as experiências de vida dos usuários (Bernales *et al.*, 2017).

Em relação às barreiras de acesso, meninas e meninos entrevistados em Santiago, capital do Chile, não identificaram práticas discriminatórias, porém, não reconhecem o direito de acesso à saúde como um direito público que lhes pertence:

> *A única ajuda que eu vi foi para encontrar uma escola secundária para estudar se você é menor, porque, sobre serviço de saúde, eu não sei, eu acho que não tem. Quer dizer, não sei se são públicos [...] porque na Venezuela sempre tem um posto de saúde para ir e é completamente gratuito.* (Teresa, 16 anos, venezuelana)

Estudos no Chile encontraram tensões relacionadas à coexistência intercultural na relação profissional da saúde-paciente, que é favorecida por preconceitos e barreiras linguísticas (Urrutia-Arroyo, 2018). Considerando que a situação irregular de alguns imigrantes dificulta o acesso e favorece ainda mais a falta de assistência do sistema de saúde chileno (Ramírez-Santana, Rivera Humeres e Bernales Silva, 2019), são necessários esforços extras para proteger as pessoas e prevenir problemas de ordem pública. De acordo com Cabieses, Bernales e McIntyre (2017), um dos desafios mais urgentes diante das violações brutais dos direitos à saúde é uma abordagem de competência cultural à saúde, associada a uma abordagem de direitos humanos. A abordagem da competência cultural propõe uma adaptação dos profissionais da área da Saúde às crenças, às experiências e às necessidades de cada indivíduo como forma de alcançar o bem-estar e a adesão às estratégias de prevenção e de tratamento de saúde (Bernales *et al.*, 2017). Isso implica, também, uma adaptação dos protocolos de diagnóstico e de tratamento, embora não seja suficiente.

Abarca (2018) chama a atenção para o alcance e as implicações éticas do modelo de competência cultural. Uma das principais preocupações dos críticos desse modelo é a posição ocupada pelos trabalhadores da Saúde, que também construíram sua própria diferença cultural na validação do conhecimento especializado. O risco do modelo é homogeneizar as diferenças entre os migrantes e entendê-los como a *alteridade*, sob o rótulo único de "imigrante", favorecendo uma redução da diferença cultural que leva à estigmatização. O pesquisador também argumenta que apenas a abordagem teórica do apego, sem considerar fatores sociais e culturais, tende a descontextualizar as práticas, "psicopatologizando" as subjetividades, o que poderia facilmente se transformar em julgamentos e em violência nas práticas médicas.

Os riscos mencionados levam a questionar até que ponto os dispositivos de intervenção social (inclusive os de saúde) permitem ou não a inclusão das pessoas migrantes (Galaz *et al.*, 2016). Supondo que, como sugerem as percepções dos trabalhadores da área da Saúde, são os imigrantes que devem se adaptar à cultura do país e assimilá-la, surgem duas questões decisivas, pois condicionam qualquer experiência de exercício dos direitos pretendidos pela comunidade internacional.

A primeira questão é se as pessoas migrantes têm sido reconhecidas como cidadãs, com igualdade de condições. A segunda é se, 20 anos após a ratificação dos direitos das crianças, os meninos e as meninas migrantes estão sendo reconhecidos como sujeitos de direito efetivo à saúde, independentemente da situação administrativa de seus pais.

Os resultados da pesquisa parecem responder a essas perguntas de forma negativa. Além do aparato normativo, os migrantes enfrentam a baixa valorização social de sua contribuição à sociedade chilena, o que parece arbitrar seu acesso a direitos que não são reconhecidos como seus. Seria ainda mais difícil discutir o *status* de cidadania das crianças quando a própria convenção estabelece como prioridade seu bem superior, que, visto exclusivamente do ponto de vista do conhecimento especializado, não reconhece as condições de diferença enfrentadas por uma família de origem migrante em uma sociedade que se apresenta como alheia a eles.

Considerações finais

Como se pode constatar nas páginas anteriores, o acesso ao exercício do direito à saúde das crianças migrantes é mediado pelas leis e pelas normativas, que devem garanti-lo. Como vimos, embora vários instrumentos administrativos tenham sido criados para garantir o acesso à saúde da população infantil migrante no Chile (Circulares, Decretos etc.), eles não parecem ser suficientes, pois podem ser – e foram – modificados. Sem dúvida, é necessária uma verdadeira política pública (com marcos legais) que estabeleça a saúde como direito, e não como bem de consumo, porque, na prática, dependendo do nível socioeconômico, os serviços serão pagos, e o acesso será concedido (ou não).

Outro âmbito relevante a ser considerado concerne à formação, à capacitação e ao treinamento profissional dos profissionais da área da Saúde, não apenas em termos de uma abordagem culturalmente relevante, que, decerto, é necessária, mas também em termos de atualização dos paradigmas nos quais suas práticas se baseiam. A predominância da abordagem biomédica significa que as crianças migrantes são vistas como seres incapazes em termos evolutivos ou apenas como organismos responsivos. Evidentemente, é necessário avançar para abordagens "amigáveis" com a infância migrante, que vejam meninos e meninas migrantes como protagonistas das experiências que estão vivendo e como organismos integrais, nos quais doenças ou sintomas fazem parte de processos migratórios integrais.

Para isso, devem ser considerados os determinantes sociais que podem afetar particularmente sua saúde, por exemplo:

- as trajetórias ou as dinâmicas migratórias (assentamentos prolongados, por etapas ou migração circular), as consequências que elas têm nas possibilidades de planejamento e como isso afeta a saúde do grupo familiar e seu acesso aos serviços médicos;

- os mecanismos pelos quais meninos e meninas participam das decisões migratórias de suas mães e de seus pais ou, se, pelo contrário, são excluídos delas, quais são as consequências em termos de saúde mental, e como isso se reflete em outras áreas, tais quais relacionamento com colegas ou desempenho escolar;
- as condições de moradia como variáveis que afetam a possibilidade de proteção de sua privacidade, de descanso ou de recreação ante as condições de trabalho de suas mães e de seus pais, e como isso afeta o cotidiano de meninos e meninas;
- por último, as barreiras interculturais que podem desencorajar a proximidade dos pais aos serviços de saúde e, portanto, dificultar o direito das crianças que, em geral, para se vincularem aos serviços, necessitam da companhia de seus responsáveis.

Por fim, é preciso questionar os fundamentos das políticas públicas de saúde, com a finalidade de prestar cuidados preventivos e de promover os direitos da população infantil migrante, ajustando e tratando o que é necessário. Para isso, é crucial prestar atenção à trajetória migratória dos meninos e das meninas, desde o momento em que são deixadas em seus países de origem, aos cuidados e na companhia de outros familiares ou de vizinhos, até mais tarde, quando fazem a viagem e, finalmente, chegam ao seu destino, neste caso, o Chile. Neste momento, em que a questão migratória se instala na agenda pública, é necessário desenvolver e delinear políticas públicas abrangentes que garantam o exercício dos direitos, mas também que sigam além, que não apenas permaneçam no acesso, mas também apontem para verdadeiros processos de integração e de inclusão social das novas gerações de migrantes nesse país.

Referências

ABARCA, G. "¡Promueva el apego!": sobre la maternidad de mujeres haitianas como objeto de Gobierno en Chile. *Bricolaje*, n. 3, p. 12-21, nov. 2018. Disponível em: https://revistabricolaje.uchile.cl/index.php/RB/article/view/51589. Acesso em: 10 maio 2019.

BECERRA, M.; ALTIMIR, L. Características y necesidades de las personas migrantes que consultan en salud mental: la emergencia del fenómeno de encuentro intersubjetivo de negociación intercultural. *De familias y Terapia*, n. 35, p. 101-18, 2012.

BERNALES, M. *et al.* Desafíos en la atención sanitaria de migrantes internacionales en Chile. *Revista Peruana de Medicina Experimental y Salud Publica*, v. 34, n. 2, p. 167-75, jun. 2017. Disponível em: https://www.scielosp.org/pdf/rpmesp/2017.v34n2/167-175/es. Acesso em: 18 out. 2022.

BERNALES, M. *et al.* Determinantes sociales de la salud de niños migrantes internacionales en Chile: evidencia cualitativa. *Salud Pública de México*, v. 60, n. 5, 566-78, sep./oct. 2018. Disponível em: https://www.saludpublica.mx/index.php/spm/article/view/9033/11643. Acesso em: 18 out. 2022.

CABIESES, B.; BERNALES, M.; MCINTYRE, A. M. *La migración internacional como determinante de la salud social en Chile*: evidencia y propuesta para políticas públicas. Santiago: Universidad de Desarrollo, 2017. Disponível em: https://www.udd.cl/dircom/pdfs/Libro_La_migracion_internacional.pdf. Acesso em: 18 out. 2022.

CABIESES, B.; OYARTE, M.; DELGADO, I. Uso efectivo de servicios de salud por parte de migrantes internacionales y población local en Chile. *In*: CABIESES, B.; BERNALES, M.; MCINTYRE, A. M. *La migración internacional como determinante de la salud social en Chile*: evidencia y propuesta para políticas públicas. Santiago: Universidad de Desarrollo, 2017. p. 147-212. Disponível em: https://www.udd.cl/dircom/pdfs/Libro_La_migracion_internacional.pdf. Acesso em: 18 out. 2022.

CABIESES, B. *et al.* Brechas de desigualdad en salud en niños migrantes versus locales en Chile. *Andes Pediatrica*: Revista Chilena de Pediatría, v. 88, n. 6, p. 707-716, 2017a. Disponível em: https://www.revistachilenadepediatria.cl/index.php/rchped/article/view/71/378. Acesso em: 18 out. 2022.

Cabieses, B. *et al.* Nacer y crecer en Chile: identificando brechas entre niños migrantes internacionales y niños chilenos. *In*: Cabieses, B.; Bernales, M.; McIntyre, A. M. *La migración internacional como determinante de la salud social en Chile*: evidencia y propuesta para políticas públicas. Santiago: Universidad de Desarrollo, 2017b. p. 225-48. Disponível em: https://www.udd.cl/dircom/pdfs/Libro_La_migracion_internacional.pdf. Acesso em: 18 out. 2022.

Chile. Ministerio del Interior. *Circular A15, de 9 jun. 2015.* Atención de Salud de Personas Migrantes. Extranjería del Ministerio del Interior. Santiago: Ministerio del Interior, 2015.

Chile. Ministerio de Salud. Departamento de Extranjería y Migración. *Circular nº 7, A14 nº 3.229, de octubre del año 2007.* Santiago: Ministerio de Salud, 2007.

Chile. Ministerio de Salud. *Decreto 67, de 10 mar. 2016.* Modifica Decreto nº 110 de 2004, del Ministerio de Salud, que fija circunstancias y mecanismos para acreditar a las personas como carentes de recursos o indigentes. Santiago: Biblioteca del Congreso Nacional, 2016. Disponível em: https://www.leychile.cl/Navegar?idNorma=1088253. Acesso em: 18 out. 2022.

Chile. Ministerio del Interior y Seguridad Pública. Subsecretaría del Interior. *Decreto Exento nº 6.410, de 1 dic. 2014.* Aprueba Convenio de Colaboración entre el Ministerio del Interior y Seguridad Pública y el Fondo Nacional de Salud. Santiago: Ministerio del Interior, 2014.

Chile. Ministerio de Salud. Subsecretaría de Salud Pública. *DFL-1, de 24 abr. 2006.* Fija texto refundido, coordinado y sistematizado del Decreto Ley nº 2.763, de 1979 y de las leyes nº 18.933 y nº 18.469. Santiago: Biblioteca del Congreso Nacional, 2006. Disponível em: https://www.leychile.cl/Navegar?idNorma=249177. Acesso em: 18 out. 2022.

Chile. Ministerio de Desarrollo Social. Encuesta CASEN 2015. *Grupos prioritarios*: inmigrantes (versión extendida) Santiago: Ministerio de Desarrollo Social, 2017a. Disponível em: http://observatorio.ministeriodesarrollosocial.gob.cl/casen-multidimensional/casen/docs/CASEN_2015_INMIGRANTES_21122016_EXTENDIDA_publicada.pdf. Acesso em: 17 nov. 2017.

Chile. Ministerio de Desarrollo Social. Subsecretaría de Evaluación Social. *Inmigrantes síntesis de resultados CASEN 2017.* Santiago: Ministerio de Desarrollo Social, 2017b. Disponível em: http://observatorio.ministeriodesarrollosocial.gob.cl/casen-multidimensional/casen/docs/Resultados_Inmigrantes_casen_2017.pdf. Acesso em: 20 dez. 2017.

Chile. Ministerio Secretaría General de la Presidencia. *Ley 19.628, de 28 ago. 1999.* Sobre protección de la vida privada. Santiago: Biblioteca del Congreso Nacional, 1999. Disponível em: https://www.bcn.cl/leychile/navegar?idNorma=141599. Acesso em: 30 nov. 2022.

Chile. Equipo Asesor Sectorial de Salud de Migrantes. Ministerio de Salud. Fonasa. Superintendencia de Salud. *Política de salud de migrantes internacionales.* Santiago: Ministerio de Salud, 2017c. Disponível em: https://www.minsal.cl/wp-content/uploads/2015/09/2018.01.22.POLITICA-DE-SALUD-DE-MIGRANTES.pdf. Acesso em: 18 out. 2022.

Chile. Ministerio de Transportes y Telecomunicaciones. Subsecretaría de Telecomunicaciones. *Resolución 1.914 Exenta. Modifica Resolución nº 1.534, de 2008.* Santiago: Biblioteca del Congreso Nacional, *2008. Disponível em*: https://www.bcn.cl/leychile/navegar?i=1063334&f=2014-06-14. Acesso em: 30 nov. 2022.

Chile. Ministerio del Interior. Gabinete del Subsecretario. *Resolución Exenta nº 10.654, 28 dic. 2009. Aprueba Convenio de Colaboración entre el Ministerio del Interior y el Servicio Nacional de Menores.* Santiago: Sename, 2009. Disponível em: https://www.sename.cl/tactiva/RES-10654.pdf. Acesso em: 30 nov. 2022.

Fondo Nacional de Salud (Fonasa). *Cuenta pública participativa.* Santiago: Fonasa, 2020. Disponível em: https://www.fonasa.cl/sites/fonasa/adjuntos/CPPFONASA20202905. Acesso em: 30 nov. 2022.

Galaz, C. *et al.* Intervención social con mujeres inmigradas en Chile: ¿asistencialismo y/o promoción social? *Rumbos TS*, año 11, n. 14, p. 55-75, dic. 2016. Disponível em: https://revistafacso.ucentral.cl/index.php/rumbos/article/view/35/30. Acesso em: 18 out. 2022.

Guerra Zúñiga, M. E.; Ríos Hidalgo, M. Embarazo como estrategia de regularización del estatus migratorio. Discursos de los trabajadores en salud en atención primaria. *In*: Cabieses, B.; Bernales, M.; McIntyre, A. M. *La migración internacional como determinante de la salud social en Chile*: evidencia y propuesta para políticas públicas. Santiago: Universidad de Desarrollo, 2017. p. 213-24. Disponível em: https://www.udd.cl/dircom/pdfs/Libro_La_migracion_internacional.pdf. Acesso em: 18 out. 2022.

James, Alisson; James, Adrian. *Key concepts in childhood studies.* 2nd. ed. London: Sage, 2012.

LIBERONA CONCHA, N. Poder, contrapoder y relaciones de complicidad entre inmigrantes sudamericanos y funcionarios del sistema público de salud chileno. *Si Somos Americanos*: Revista de Estudios Transfonterizos, v. 5, n. 2, p. 15-40, jul./dic. 2015. Disponível em: https://scielo.conicyt.cl/pdf/ssa/v15n2/art02.pdf. Acesso em: 18 out. 2022.

ORGANIZAÇÃO DAS NAÇÕES UNIDAS (ONU). *Convenção internacional sobre a proteção dos direitos de todos os trabalhadores migrantes e dos membros das suas famílias*. Genebra: ONU, 2005.

ORGANIZAÇÃO DAS NAÇÕES UNIDAS (ONU). *Convenção sobre os direitos da criança*. Genebra: ONU, 1990.

PAVEZ-SOTO, I. Integración sociocultural y derechos de las niñas y los niños migrantes en el contexto local. El caso de Recoleta (Región Metropolitana, Chile). *Chungará*: Revista de Antopología Chilena, v. 49, n. 4, p. 613-22, 2017. Disponível em: https://scielo.conicyt.cl/pdf/chungara/v49n4/0717-7356-chungara-00105.pdf. Acesso em: 18 out. 2022.

PAVEZ-SOTO, I. Sociología de la infancia: las niñas y los niños como actores sociales. *Revista de Sociología*, n. 27, p. 81-102, 2012. Disponível em: https://revistadesociologia.uchile.cl/index.php/RDS/article/download/27479/29152/92289. Acesso em: 18 out. 2022.

PAVEZ-SOTO, I.; DURÁN-AGÜERO, S.; VALLADARES, M. Infancia migrante y alimentación: desafios culturales y sanitarios. Revista Médica de Chile, v. 145, n. 1, p. 135-6, ene. 2017. Disponível em: https://www.scielo.cl/pdf/rmc/v145n1/art19.pdf. Acesso em: 18 out. 2022.

PAVEZ-SOTO, I.; GALAZ VALDERRAMA, C. Hijas e hijos de migrantes en chile: derechos desde una perspectiva de inclusión social. *Diálogo Andino*, n. 57, p. 73-86, dic. 2018. Disponível em: https://scielo.conicyt.cl/pdf/rda/n57/0719-2681-rda-57-00073.pdf. Acesso em: 18 out. 2022.

RAMÍREZ-SANTANA, M.; RIVERA HUMERES, J.; BERNALES SILVA, M. Vulnerabilidad social y necesidades de salud de población inmigrante en el norte de Chile. *Migraciones Internacionales*, Tijuana, v. 10, 2019. Disponível em: https://www.scielo.org.mx/scielo.php?script=sci_arttext&pid=S1665-89062019000100001. Acesso em: 18 out. 2022.

STEFONI, C. Ley y politica migratoria en Chile: la ambivalencia en la comprensión del migrante. *In*: FELDMAN-BIANCO, B. (coord.). *La construcción social del sujeto migrante en América Latina*: prácticas, representaciones y categorías. Quito, Ecuador: FLASCO-Ecuador, 2011. p. 79-110. (ForoColección Cátedra Iberoamericana de Estudios sobre Migraciones). Disponível em: https://biblio.flacsoandes.edu.ec/libros/digital/39537.pdf. Acesso em: 18 out. 2022.

URRUTIA-ARROYO, R. H. Percepciones sobre la educación intercultural y relación médico-paciente inmigrante en médicos de Chile. *Revista Peruana de Medicina Experimental y Salud Publica*, v. 35, n. 2, p. 205-13, jun. 2018. Disponível em: https://www.scielosp.org/pdf/rpmesp/2018.v35n2/205-213/es. Acesso em: 18 out. 2022.

VALLES, M. S. *Técnicas cualitativas de investigación social*: reflexión metodológica y práctica profesional. Madrid: Síntesis, 1997.

VÁSQUEZ, A.; CABIESES, B.; TUNSTALL, H. Vulnerabilidad territorial de migrantes internacionales en Chile: análisis de Censos 1992-2012. *In*: CABIESES, B.; BERNALES, M.; MCINTYRE, A. M. *La migración internacional como determinante de la salud social en Chile*: evidencia y propuesta para políticas públicas. Santiago: Universidad de Desarrollo, 2017. p. 225-48. Disponível em: https://www.udd.cl/dircom/pdfs/Libro_La_migracion_internacional.pdf. Acesso em: 18 out. 2022.

WHITE, A. *et al.* Children's roles in transnational migration. *Journal of Ethnic and Migration Studies*, v. 37, n. 8, p. 1159-70, 2011. Disponível em: https://doi.org/10.1080/1369183X.2011.590635. Acesso em: 18 out. 2022.

5

"Minha mãe não cuidava de mim. Ela tinha que trabalhar o dia inteiro": estratégias de cuidado infantil familiar em famílias vulneráveis no Peru

Vanessa Rojas Arangoitia

As medidas tomadas para lidar com a emergência sanitária da Covid-19 no Peru, bem como em muitos outros países da região e do mundo, destacaram as tensões preexistentes entre a vida profissional e a vida familiar. A multiplicação dos cuidados domiciliares (auxílio às crianças em atividades pedagógicas, familiares doentes com o vírus, membros da família vulneráveis ao vírus etc.) reafirmou que a responsabilidade pelos cuidados domiciliares continua sendo majoritariamente feminina

(Organização Mundial do Trabalho – OIT – e Programa das Nações Unidas para o Desenvolvimento – PNUD) e evidenciou que, apesar do crescimento econômico dos últimos anos, no Peru, ainda não conseguimos romper o ciclo de reprodução das desigualdades, sobretudo econômicas e de gênero (Jaramillo e Ñopo, 2020a, 2020b).

Leddy Mozombite, secretária-geral da Federação Nacional de Trabalhadoras Domésticas do Peru[1] (Fenttrahop), destacou, em uma conferência virtual, que, embora seja necessário formalizar o trabalho doméstico, é urgente um olhar geral sobre o cuidado infantil: "*Vamos olhar para trás. A pandemia nos colocou cara a cara com a nossa situação. [...] Quem cuida dos nossos filhos? [...] Quando meus filhos eram pequenos, muitas vezes, eu os deixei trancados em um quarto [para ir trabalhar]. Essa é a verdade*".[2]

As palavras de Mozombite nos convidam a sinalizar exatamente isso: Como as famílias vulneráveis cuidam de seus filhos? Que ferramentas têm, em nível familiar e comunitário (se houver), para exercer essa função? Como as limitações que essas famílias enfrentam no exercício do cuidado impactam o bem-estar de meninos e meninas? Que redes de apoio, em nível familiar e comunitário, elas têm para isso?

Com base nas informações coletadas graças ao estudo qualitativo longitudinal Crianças do Milênio[3] no Peru, queremos tratar de algumas das estratégias das famílias em ambientes rurais e urbanos para exercer o cuidado com meninas e meninos. O estudo qualitativo coletou informações dessas crianças e de suas famílias em cinco momentos diferentes de sua infância, de 2007, quando tinham entre 5 e 6 anos, a 2018, quando já tinham entre 15 e 16 anos. É importante notar que, embora o objetivo do estudo não fosse obter informações sobre estratégias de cuidado,

---

[1] N. do E.: no original em espanhol, Federación Nacional de Trabajadoras y Trabajadores del Hogar del Perú.

[2] Webinar: Economia Feminista e Pandemia; Reflexões do Cuidado, Dívida e Justiça Fiscal. 19 de agosto de 2020. Organizado por: Mestrado em Gênero e Desenvolvimento - Universidade Nacional de San Marcos e Rede Latino-Americana de Justiça Econômica e Social, Latinidade.

[3] N. do E.: no original em espanhol, Niños del Milenio.

coletamos dados sobre suas percepções de bem-estar e inter-relações familiares, os quais utilizamos para este texto.

Cenários familiares atuais e o trabalho de cuidar

As famílias na América Latina são um capital social altamente valioso, dada a limitada cobertura estatal em relação aos cuidados (OIT, 2019). Sobre elas, recaem as funções de apoio e de proteção de crianças, de idosos e de pessoas com deficiência. Entretanto, como mencionado, são as mulheres, em maioria, que exercem essa função. No Peru, segundo dados da Pesquisa Nacional de Uso do Tempo[4] (INEI, 2011), elas dedicam praticamente o dobro do tempo ao trabalho doméstico não remunerado em casa (o que inclui atividades como cuidar de outrem, lavar, cozinhar, limpar), em comparação com os homens. E, em específico, quanto aos cuidados com bebês, meninas e adolescentes, os homens dedicam até menos da metade do tempo, se comparados com as mulheres: 5h49min e 12h14min, respectivamente. Nessa linha, Beltrán e Lavado (2019) apontam que, em razão de as mulheres peruanas dedicarem muito mais tempo ao trabalho reprodutivo do que os homens, elas teriam menos dedicação ao seu desenvolvimento profissional e cuidado.

Em geral, o cuidado é dado em contextos de mudança em que coexistem as várias configurações de família, o aumento do divórcio, o fato de não ser casado, a entrada das mulheres no mundo assalariado e a precarização do emprego para todos (Fraser, 2015). O Peru não é estranho a esse contexto: de acordo com Jaramillo e Ñopo (2020b), nos últimos 20 anos, as famílias chefiadas por mulheres cresceram 127% (e são, em maioria, monoparentais), ao passo que as famílias chefiadas por homens aumentaram apenas 35%. Trata-se de lares que, como observam Blofield e Martínez (2019), devem lidar com uma dupla tarefa: a de prover cuidado e renda, situação que acaba por agravar as consequências negativas da informalidade e da falta de proteção social.

---

[4] N. do E.: no original em espanhol, Encuesta Nacional de Uso del Tiempo (ENUT).

Em relação ao conceito de cuidado, entendemos que este se refere às ações de ajudar uma criança ou pessoa dependente no desenvolvimento e no bem-estar em sua vida cotidiana. Fisher e Tronto (1990) apontam o cuidado como algo essencial, que transcende o ambiente doméstico, entendendo-o como uma atividade específica que inclui tudo o que fazemos para viver o melhor possível, ou seja, tudo o que contribui para a sustentação da vida. Em outras palavras, Batthayáni Dighiero (2019, p. 150) define como "se encarregar do cuidado material, que implica um trabalho de cuidado econômico, que implica um custo econômico, e um cuidado psicológico que implica um vínculo afetivo, emocional, sentimental". Razavi (2007) e Offenhenden (2017) mencionam que a questão do cuidado exige entrelaçar vários campos de pesquisa, como a família, o Estado, o setor privado e a sociedade civil.

A seguir, analisaremos o cuidado, considerando a diversidade das famílias (monoparentais e biparentais), o trabalho dos cuidadores primários, o papel da família estendida no cuidado, a visão das próprias e dos próprios adolescentes sobre o cuidado e seu bem-estar, assim como as políticas públicas que facilitariam o trabalho de cuidado na sociedade.

Metodologia e participantes

Os dados qualitativos pertencem a uma amostra qualitativa do estudo longitudinal Crianças do Milênio. As informações examinadas neste capítulo correspondem à análise das entrevistas realizadas com as crianças e seus cuidadores em quatro pontos de coleta de dados ao longo dos anos: 2007, 2008, 2011, 2014, quando tinham 6, 7, 10, 13 anos, respectivamente. O estudo coletou diversas informações sobre como crescem os meninos e as meninas que vivem em contexto de pobreza no Peru, abordando, em particular, questões relacionadas com suas transições educacionais, seu bem-estar e seu acesso a serviços. No entanto, a questão do cuidado envolve esses temas e tem sido posta em diferentes momentos de coleta de dados.

Com base em informações qualitativas longitudinais do estudo Crianças do Milênio, tentaremos entender: Como é que as famílias de baixa renda cuidam de seus filhos? Para isso, descreveremos a situação de 11 famílias (6 urbanas e 5 rurais) com as quais pudemos conversar em um novo momento de coleta de informações em 2017, quando as meninas e os meninos tinham cerca de 16 anos. Os participantes são oriundos de um bairro urbano da região de Lima, capital do Peru, e de povoado rural da região de Andahuaylas, capital da província Apurímac. Ao final e para melhor compreender o contexto em que essas famílias se encontram, refletiremos sobre a estrutura das políticas públicas em relação ao cuidado para, por fim, apresentar as conclusões.

Com a finalidade de salvaguardar a identidade dos participantes e de respeitar o princípio da confidencialidade estabelecido durante a coleta da informação, todos os nomes utilizados neste documento foram alterados para pseudônimos. Os nomes das cidades correspondem ao distrito em que vivem; não é mencionado o nome do bairro ou da comunidade em que cresceram.

Famílias diferentes, ambientes diferentes

Uma das vantagens de ter informações longitudinais é poder observar a natureza dinâmica das famílias. Quando, em 2007, visitamos pela primeira vez as 11 famílias que analisaremos neste capítulo, constatamos que 10 eram famílias tradicionais, ou seja, compostas principalmente por mãe, pai e filhos, e apenas uma delas era monoparental (uma mãe solo urbana). Apesar de essas famílias que chamamos de "tradicionais" serem compostas por pais e filhos, é necessário notar que, em quatro casos (Lupe, Eva, Diego e Daniela), compartilhavam a mesma propriedade com outros membros da família, como avós ou tios. Com o passar do tempo, alguns se separaram; outros enfrentaram morte e mudanças ou migração de um ou mais membros. Essas mudanças trouxeram como consequência novas dinâmicas familiares em relação ao cuidado dos filhos e das filhas.

No período de 11 anos de acompanhamento do estudo qualitativo longitudinal (2007 a 2018), as crianças tinham 5 ou 6 anos e cresciam de acordo com a dinâmica da própria família, adquiriam mais responsabilidades no ambiente doméstico até os 16 ou 17 anos, que foi o último momento da visita. Publicações anteriores (Rojas Arangoitia e Cussianovich Zevallos, 2014) mostram que meninos e meninas participam e desenvolvem habilidades em conformidade com o contexto em que crescem, constatando, por exemplo, que as crianças que vivem em áreas rurais participam das atividades domésticas e econômicas da família em uma idade mais precoce, e que a incorporação das crianças urbanas nas atividades econômicas da família ocorre em menor proporção do que nas áreas rurais, porque os pais trabalham fora do ambiente familiar, a que as crianças não têm acesso.

Em relação a isso, também constatamos que, de acordo com os locais em que residiam, as dinâmicas nas famílias para o cuidado de meninos e meninas também eram diferentes. Nas áreas urbanas, nos casos em que a mãe tinha de ir trabalhar, o cuidado dos menores ficava para uma rede de apoio familiar próxima, ao passo que, nas áreas rurais, as mães podiam levar seus filhos para a fazenda e cuidar deles enquanto trabalhavam. No entanto, é necessário mencionar que, no meio rural, eram sobretudo as filhas mais velhas que se encarregavam de cuidar das crianças mais novas da família enquanto os pais trabalhavam na fazenda ou quando um deles precisava sair temporariamente da comunidade para o trabalho.

Com base nas informações coletadas, constatamos que os diversos impactos vivenciados pela família produziram mudanças quanto às estratégias de cuidado que vinham exercendo. Essas mudanças estavam associadas à separação do casal, à morte de um familiar ou à migração, como vemos no Quadro 5.1.

Quadro 5.1 – Resumo das mudanças na situação familiar

Área de residência	Estudo de caso	Idade em 2007	Situação familiar em 2007	Mudanças na situação familiar – 2018			
				Separação dos pais	Morte de familiar próximo	Migração/mudança de familiar próximo	Mudança
Urbano	Andrés[5]	5	Morava com os pais e os irmãos em casa própria.	Não	Não	Não	Não
	Lupe	6	Morava com os pais e a irmã na casa dos avós maternos.	Sim	Sim	Não	Não
	Esmeralda	5	Morava com os pais e os irmãos em casa própria.	Sim	Sim	Sim	Não
	Cristian	5	Morava com sua mãe e seus tios na casa de seus avós maternos.	Não	Sim	Sim	Não
	Eva	6	Morava com a mãe e a irmã na casa dos avós maternos. O pai não morava com elas, mas mantinha uma relação próxima com a esposa e as filhas.	Não	Não	Sim	Sim
	Diego	6	Morava com os pais na casa de seus avós maternos.	Sim	Sim	Sim	Não
Rural	Héctor	5	Morava com os pais e os irmãos no terreno da família paterna.	Sim	Não	Sim	Não
	Daniela	5	Morava com os pais e as irmãs no terreno de seus avós maternos.	Não	Não	Sim	Sim
	Rosa	5	Morava com os pais e os irmãos em casa própria.	Não	Não	Sim	Não
	Fabricio	6	Morava com os pais e os irmãos em casa própria.	Não	Não	Sim	Sim
	Felipe	5	Morava com os pais e os irmãos em casa própria.	Não	Sim	Sim	Não

[5] N. do E.: ressalta-se que se trata de nomes fictícios.

No ano de 2018, data em que realizamos a última coleta de dados, houve mais famílias em que a renda domiciliar recaiu sobre apenas um dos pais (quatro delas) em decorrência da separação ocorrida entre a primeira visita do estudo e a última. Dessas famílias, em três (duas urbanas – a de Diego e a de Esmeralda – e outra rural – a de Héctor), a mãe tinha que se encarregar das finanças da família e do cuidado dos filhos. A mãe de Esmeralda e a de Héctor precisaram deixar os filhos aos cuidados das filhas mais velhas enquanto trabalhavam. Também responsável pelo filho, a mãe de Diego não podia arcar sozinha com as despesas para sustentá-lo e recorreu ao apoio econômico e aos cuidados de seus pais, avós do menino, enquanto trabalhava. A outra família urbana que enfrentou a separação dos pais foi a de Lupe, mas foi o pai quem ficou com as filhas e assumiu a responsabilidade financeira pelas meninas. No entanto, ele recorreu à família materna (com quem partilhava uma casa) para ajudá-lo no seu trabalho de cuidados, a avó e a tia materna.

No caso das famílias não separadas (sete delas), as mães eram as principais responsáveis pelo cuidado dos filhos menores em casa, e o pai se dedicava exclusivamente ao trabalho, com exceção de um caso, o de Eva, no qual a mãe trabalhava fora do bairro, e as filhas ficavam aos cuidados da avó e da tia materna. Na situação de Cristian, nenhuma separação foi relatada desde a primeira visita do estudo qualitativo em 2007, porém, a mãe relatou que ela e o pai terminaram o relacionamento antes mesmo de Cristian nascer. Ela se autodenomina "mãe solo", então, é quem sustenta financeiramente o filho. A avó ajudava a mãe de Cristian na criação do menino enquanto esta trabalhava. Nos cinco casos restantes (Andrés, Daniela, Rosa, Fabricio e Felipe), as mães, embora fossem as principais responsáveis pelos filhos, também estavam envolvidas na atividade econômica da família e, embora não dedicassem o mesmo tempo que o pai a essa atividade (agricultura, no caso das famílias em áreas rurais, e costura, nas urbanas), também contavam com redes de cuidado familiar quando necessário, incluindo avós, tias e filhas mais velhas. Majoritariamente, mulheres.

Mães, avós, tias e irmãs mais velhas como principais agentes de cuidado

Não há serviços públicos ou privados de cuidado infantil no país para crianças em idade escolar, período em que conhecemos as crianças da amostra em 2007, quando elas tinham cerca de 6 anos de idade. Assim, o cuidado é prestado principalmente pelas famílias e, dentro das famílias, pelas mulheres da família ou por pessoas contratadas (babás ou empregadas domésticas) (De La Cuesta, 2009; Pérez, 2019, 2021). Dados os recursos econômicos limitados das famílias que compuseram esta amostra, a contratação de serviços para o cuidado de filhos menores, sobretudo em áreas urbanas, não era uma opção, em especial, porque a maioria delas contava com familiares para sustentá-los. E, embora na comunidade rural onde realizamos o estudo houvesse um serviço público de atendimento (Wawa Wasi primeiro, Cuna Más depois),[6] estes se destinavam apenas à Primeira Infância, e não a meninos e meninas da idade dos que faziam parte da subamostra.

[6] Programa nacional focalizado em Cuna Más/Wawa Wasi do Ministério do Desenvolvimento e Inclusão Social (Peru, 2012; Programa..., 2017). Seu objetivo é melhorar o desenvolvimento infantil de meninas e meninos até os 3 anos de idade. Tem dois serviços: o serviço de creche e o de apoio à família. No primeiro, é prestada atenção integral à criança, levando em consideração suas necessidades nutricionais, de brincadeiras, de aprendizagem e de desenvolvimento de habilidades. Já no segundo serviço, são prestadas orientações sobre os cuidados às famílias com gestantes e crianças de até 3 anos (Anderson, 2016).

Quadro 5.2 – Principais cuidadores e rede de apoio ao cuidado

Área de residência	Estudo de caso	Principal cuidador (declarado)	Ocupação do cuidador principal em 2018	Recebeu apoio para o cuidado de:
Urbano	Andrés	Mãe	Dona de casa e costureira em oficina de costura	Organização religiosa
	Lupe	Pai	Funcionário em companhia de gás	Avó materna e tia materna
	Esmeralda	Mãe	Empregada doméstica	Avó materna e filhas mais velhas
	Cristian	Mãe	Funcionária de serviço de limpeza	Avó materna
	Eva	Mãe	Funcionária de serviço de limpeza	Avó materna e tias maternas
	Diego	Mãe	Vendedora	Avó materna
Rural	Héctor	Mãe	Diarista e agricultora	Filha mais velha e tias maternas
	Daniela	Mãe	Dona de casa e tem uma loja em casa	Avó materna e filha mais velha
	Rosa	Mãe	Dona de casa e agricultora	Filha mais velha
	Fabricio	Mãe	Dona de casa e agricultora	Filha mais velha
	Felipe	Mãe	Dona de casa e agricultora	Avó materna e filha mais velha

Então, como essas famílias conseguiram cuidar de seus filhos conforme cresciam? As mães que enfrentaram a separação de seu parceiro (3 urbanas e 1 rural) tiveram que procurar trabalho e delegar o cuidado dos filhos a outras mulheres da família, e aquelas que não se separaram buscaram o apoio de suas redes familiares, a maioria mulheres: como mostra o Quadro 5.2, as avós e algumas tias desempenhavam um papel importante no fornecimento de alimentos e, também, no cuidado na ausência das mães. Evidências apresentadas por Pérez (2021) indicam que mulheres de baixa renda que precisam sair para trabalhar deixam seus filhos aos cuidados de outras mulheres ou adolescentes que não estão sendo remuneradas. Neste texto, destacamos que cuidar dos filhos acaba sendo, de fato, uma tarefa familiar feminina, que, efetivamente, recai sobre outras mulheres adultas, mas, também, e sobretudo no meio rural, sobre as filhas (menores de idade) da família. O papel dessas mulheres, por não ser uma atividade remunerada, contribui, de certa forma, para classificar a atividade doméstica como pouco valorizada.

Como mencionamos, ao longo dos mais de 10 anos em que pudemos acompanhar esses meninos, essas meninas e suas famílias, vimos que, embora os cuidados fossem modificados de acordo com a dinâmica familiar, recaiam majoritariamente sobre a mãe e eram complementados por outras mulheres da família. Por exemplo, na área urbana, o papel das avós era importante, entretanto, diante dos impactos que afetaram sua presença como cuidadoras (doença ou morte), meninas e/ou meninos eram deixados aos cuidados de suas irmãs mais velhas (que também eram menores de idade) ou outros parentes, como nos casos de Diego e Esmeralda, descritos a seguir:

- A mãe de Esmeralda (uma menina da área urbana) se separou do marido quando a menina tinha 7 anos. O pai saiu de casa, e a mãe conseguiu um emprego como empregada doméstica, pois se encontrava como a única fonte de renda da família. Para fazer seu trabalho, a mãe de Esmeralda se ausentava das 6 horas às 21 horas, e levava entre 1h30 e 2 horas para chegar ao seu trabalho.

Os cuidados de Esmeralda, a filha mais nova da família, eram divididos entre a avó e as irmãs mais velhas (de 15 e de 13 anos). A avó, que morava ali perto, ficou encarregada de receber Esmeralda e suas irmãs depois da escola e de dar-lhes o almoço. Depois, ela e suas irmãs iam para casa, onde faziam a lição de casa, limpavam a casa e lavavam a roupa. Esmeralda, embora participasse dessas tarefas, destacou que, por ser a mais nova, era a que menos trabalhava. A avó de Esmeralda faleceu quando ela tinha cerca de 10 anos, e a menina, então, ficou aos cuidados de sua irmã de 16 anos, já que a mais velha já havia saído de casa. Aos 14 anos, Esmeralda cuidava de si própria e ficava sozinha em casa na maior parte do tempo. Ela cozinhava para si mesma e limpava sua casa depois de ir à escola todos os dias. A irmã do meio, que cuidava dela, mudou-se com o companheiro quando engravidou, e a mãe da menina continuou trabalhando como empregada doméstica longe de casa.

- No caso de Diego (um menino da área urbana), a mãe era a principal cuidadora até a separação dos pais, quando Diego tinha em torno de 8 anos. Quando o pai deixou de arcar com as despesas do filho, o avô materno passou a arcar com as despesas de alimentação, de moradia e de vestuário. A mãe de Diego conseguiu um emprego como vendedora, mas muito longe de casa, a três horas de transporte público. Para minimizar os custos diários de deslocamento, a mãe alugou um quarto próximo do trabalho, deixando os cuidados do filho de segunda a sexta-feira sob responsabilidade de seus pais, sobretudo da avó de Diego, que faleceu quando o menino tinha cerca de 11 anos. Desde então, Diego ficou praticamente sozinho em casa, porque seu avô precisava sair para trabalhar. O menino aprendeu a cozinhar e a preparar comida para si e para o avô, embora este também cozinhasse para os dois. O avô ficava sempre atento para que Diego fizesse seus deveres escolares. No fim de semana, a mãe ia lavar as roupas e limpar a casa onde o menino e o avô moravam.

Nos casos rurais de Daniela, Rosa, Felipe e Fabricio, as mães conseguiram conciliar, de certa forma, sua participação na atividade econômica familiar (agricultura) e o cuidado dos filhos menores. Filhos e filhas acompanhavam os pais em atividades na fazenda depois da escola, principalmente quando tinham entre 6 e 8 anos. Aos 9 anos, embora acompanhassem os pais nas atividades agrícolas, dedicavam-se, também, ao pastoreio, por vezes, indo sozinhos na companhia dos irmãos mais velhos. Embora, na área rural, as mães fossem as principais cuidadoras de seus filhos e filhas, às vezes, outras mulheres da família eram quem assumiam o cuidado.

Coloca-se, também, que algumas mães tiveram que sair de casa para vender produtos (o que significava sair da comunidade) ou para realizar trabalhos sazonais em outras terras.

A maioria das famílias rurais recorreu às filhas mais velhas como parte importante da rede de cuidados com os menores da casa; elas cozinhavam, limpavam, encarregavam-se de alimentar os irmãos mais novos e de ajudá-los com os estudos. Nas entrevistas realizadas, os pais de áreas rurais relataram que cuidavam dos filhos quando as esposas precisavam sair de casa, porém, de acordo com as entrevistas realizadas com os meninos e as meninas, eram as filhas mais velhas que assumiam majoritariamente o trabalho, porque o pai trabalhava. O fato de o cuidado ficar nas mãos de menores levanta uma importante questão apontada por Perez (2019): entre as famílias pobres, o cuidado recai sobre outras mulheres, que estão em condição de maior vulnerabilidade, pois, nesse caso, estamos falando de menores de idade cuidando de outros menores ainda mais jovens. O caso de Héctor, cujos pais se separaram, mostra o importante papel que as irmãs mais velhas podem desempenhar no cuidado no meio rural:

- Quando Héctor tinha 8 anos de idade, seus pais se separaram e, como resultado, ele, seus irmãos e sua mãe se mudaram para sua comunidade de origem. Após a mudança, o pai não assumiu a responsabilidade do cuidado e do sustento de seus filhos, então, a mãe tinha que trabalhar na terra de outras pessoas, o que

> significava passar longas horas longe de casa. Embora a família de sua mãe lhe tivesse dado um terreno para viver, eles não tinham terra para trabalhar ou animais para se sustentarem. Héctor e seus irmãos (um mais velho e outro mais novo) ficaram aos cuidados de sua irmã mais velha (15 anos). Ela ficava encarregada de cozinhar, de lavar e de garantir que as crianças fizessem a lição de casa até que a mãe voltasse do trabalho. Quando Héctor tinha cerca de 12 anos, sua irmã mais velha migrou para Lima (após terminar o ensino médio) para trabalhar com vendas e economizar, pois queria continuar os estudos e ajudar financeiramente a mãe com o sustento dos irmãos mais novos. Naquela época, a mãe de Héctor já tinha gado, que servia para sustentar a família. Héctor e seu irmão ajudavam a mãe no trabalho de pastoreio e, às vezes, quando a mãe precisava de mais dinheiro e tinha que trabalhar como diarista para outros, cuidavam da irmã mais nova. Nessas ocasiões, a mãe também recorria à sua irmã (tia de Héctor) para cuidar deles e atendê-los em sua ausência. Esta última morava em terras vizinhas com sua família.

Mães pobres que precisam trabalhar fora de casa, seja porque são as únicas que sustentam a família, seja porque é necessário para a economia familiar, sempre se voltam para outras mulheres para cuidarem de seus filhos mais novos. Esse cuidado, por não ser remunerado, reforça a ideia de cuidado associado à natureza feminina (Anderson, 2007), que acaba reproduzindo normas sociais de gênero e reforçando as desigualdades no espaço doméstico. São as mulheres que sempre acabarão assumindo que o cuidado é parte de sua condição de mulheres e, como resultado, suas decisões futuras podem ser limitadas. A irmã de Héctor, por exemplo, não migrou para seus estudos, mas para ajudar financeiramente seus irmãos mais novos, pois essa é sua responsabilidade como a filha mais velha.

Em contrapartida, as estratégias descritas em relação aos cuidados nos falam de um sistema de cuidado privado que se desenvolve no ambiente familiar e, como tal, é um sistema frágil e mutável diante de certas eventualidades, como a morte ou a mudança das pessoas que cumprem uma função de cuidado complementar.

O que meninas e meninos dizem sobre os cuidados recebidos?

As meninas e os meninos nos estudos de caso identificaram, desde pequenos, que seus pais (quando moravam com ambos os pais) são seus cuidadores. No entanto, a mãe é sempre a primeira resposta que todas as crianças mencionam ao ouvir a pergunta "*Quem cuida de você?*". Além disso, as meninas e os meninos identificaram que outras mulheres de sua família também cuidam deles, e que estas são, em última análise, uma fonte de apoio, pessoas em quem podem confiar.

> – *Quem cuida de você?*
> – *Minha mãe.*
> – *É sempre ela ou outras pessoas também cuidam de você?*
> – *Sempre [...]. Às vezes, minha mãe não está aqui, então, meu pai cuida de mim.*
> – *Como o seu pai cuida de você?*
> – *Ele fica com a gente [...], mais com a minha irmã. [Nome da irmã mais velha] nos dá comida, cozinhamos com ela, brincamos com ela também.*
> – *E seu pai está lá com você?*
> – *Ele trabalha [na fazenda]. Nós ficamos com minha irmã.*
> (Rosa, 9 anos de idade, caso rural)

Com base em suas próprias experiências, meninas e meninos percebem que o cuidado não é apenas uma relação automática entre mães e filhos, mas, também, e em razão de fatores relacionados sobretudo à atividade econômica ou à falta de recursos, pode ser uma tarefa complexa para suas mães. Foram principalmente os filhos de famílias de baixa renda cujas mães estiveram longe de casa por muito tempo que expressaram como se sentiam em relação à ausência da mãe.

> *Quando meu pai foi embora, já estávamos sossegados, mas minha mãe trabalhava o dia todo [...]. Eu ia sozinha almoçar com a minha vozinha, lá embaixo, mas só por um tempo. Ela tinha as coisas dela para fazer, e, logo, eu subia [refere-se à sua casa que fica no alto de um morro] [...]. Depois [aos 12 anos], minha irmã trabalhava o dia todo, e eu ficava sozinha. Ninguém ficava comigo. Às vezes, eu ia falar com a vizinha, e ela me abraçava [...]. Agora [com 15 anos], é como se a minha outra irmã [diz o nome] fosse a minha mãe, mas eu tenho mãe, e ela não tem estado presente. Minha mãe não cuidava de mim. Ela tinha que trabalhar o dia inteiro [...].*
> (Esmeralda, 15 anos, caso urbano)

Embora reconheçam que, na ausência da mãe, outras pessoas cuidam deles, percebem que o cuidado que recebem é variável ou instável, e isso parece interferir em sua sensação de bem-estar. As meninas e os meninos deste estudo reconhecem a relevância do trabalho de suas mães para o sustento da família, mas também questionam os limites de sua rede de cuidado, já que, apesar de o receberem, percebem-se sozinhos ou desprotegidos.

Ademais, constatamos que, quando as famílias se deparam com a migração ou a morte de um dos membros que compunham a rede de cuidado à criança, esse evento foi desestabilizador. Percebe-se a perda de apoio para o seu cuidado e a necessidade de assumir um papel mais ativo no seu próprio cuidado e no de outros membros menores, se houver. No caso das famílias rurais, pudemos observar que a migração das irmãs mais velhas que cuidavam das crianças marcou momentos importantes em suas vidas.

> *– Quando minha irmã foi embora...*
> *– O que aconteceu?*
> *– Não gostei. Senti falta dela. Eu só fiquei com meu irmão.*
> *– Mas seu irmão cuidava de você?*
> *– Não é a mesma coisa, com meu irmão a gente discutia muito. Ele é malvado. Ela me fazia entender com carinho.*
> *– O que aconteceu quando ela partiu?*

> *– Estávamos por nossa conta, mas tínhamos que fazer. Cozinhávamos algumas coisas para ir adiantando e ajudar minha mãe [...]. Nós cozinhávamos batatas, não sabíamos fazer mais nada. [Risos.]*
> (Héctor, 15 anos, caso rural)

Durante toda a infância, meninos e meninas reconhecem o cuidado como uma prática principalmente feminina, o que marcaria de alguma forma as aspirações femininas das meninas. Em um estudo anterior sobre a trajetória educacional de dois estudos de caso que coletamos (Rojas Arangoitia, 2019), essas meninas percebem sua identidade como mulheres intimamente ligadas ao cuidado e já como um adiamento de seu desenvolvimento pessoal e profissional.

> *Tenho medo de ter filhos! [Risos.] Teria que trabalhar mais em casa. Como vai ser, né? Eu vou ter que ficar com eles até crescerem e, aí, depois, eu volto a trabalhar [...]. A vida é assim, porque [suspira] todos nós chegamos até aquele momento em que temos que cuidar dos filhos e do marido.*
> (Daniela, 16 anos, caso rural)

No caso específico de jovens urbanos, principalmente jovens de condições socioeconômicas mais precárias, a ausência de uma figura de cuidado também parece interferir em suas próprias aspirações futuras sobre o cuidado. Em virtude de serem filhos e filhas de mães responsáveis pela economia familiar, que trabalham fora do seu ambiente durante grande parte do dia por terem empregos precários, eles esperam não repetir o padrão com seus filhos e, assim, garantir seu bem-estar.

> *– Eu cuidaria do meu filho de forma diferente, passaria mais tempo com ele. Não faria o que aconteceu comigo. Eu gostaria de brincar com ele, aconselhar o meu filho, fazer que ele se sinta mais acompanhado.*
> *– E como você vai fazer com o seu trabalho?*
> *– Sim, bem, eu não sei.*
> (Diego, 15 anos, caso urbano)

As vozes das crianças que fizeram parte do estudo nos permitem refletir acerca de três questões importantes: a necessidade de ter redes de apoio para além do ambiente familiar; as políticas públicas em relação à conciliação da vida profissional e familiar em um contexto marcado pela informalidade laboral; e, por último, mas não menos importante, a urgência de abordar as normas sociais de gênero quanto ao cuidado, pois é com base nelas que as iniquidades se reproduzem e se enraízam no âmbito doméstico.

Considerações finais

Como mencionamos, as famílias são dinâmicas ao longo do tempo. Sua configuração varia e seus papéis se adaptam à nova ordem de acordo com as mudanças, entretanto, o que permanece estável é que o cuidado das crianças se mantém enraizado na esfera feminina (De La Cuesta, 2009; Pérez, 2019) e dentro das mesmas famílias de escassos recursos econômicos. Assim, apesar de enfrentarem mudanças relacionadas ao envelhecimento de seus membros (e, como consequência, migração, mudança e/ou falecimento) ou separação dos pais, elas têm redes de apoio limitadas ou escassas para o cuidado das crianças em nível comunitário e público.

Independentemente de a separação da família ter ocorrido ou não, a rede de apoio familiar para o cuidado é sempre feminina, como descrito nas seções anteriores. As avós, principalmente em ambientes urbanos, desempenham um papel importante no cuidado, ao passo que as irmãs mais velhas o fazem em ambientes rurais. Não contar com fontes de apoio fora do ambiente familiar gera maior pressão sobre as famílias em relação ao exercício do cuidado. As famílias monoparentais que fizeram parte deste estudo são economicamente vulneráveis (mulheres com empregos precarizados, com horário estendido e longe de casa) e não têm outra opção a não ser delegar o cuidado a quem pode fazê-lo conforme suas possibilidades. Essa situação, muitas vezes, implica deixar os filhos sozinhos, sob os cuidados de outros filhos menores de idade ou com parentes que não têm tempo para cuidar deles, porque também têm outras responsabilidades a assumir no próprio círculo familiar.

As vozes das crianças sobre como percebem o cuidado dispensado a elas nos mostram, em primeiro lugar, que, desde a infância, vemos e aprendemos que o trabalho de cuidar corresponde sobretudo às mulheres. Em segundo lugar, aproxima-nos da compreensão de como o cuidado está relacionado com a sua sensação de bem-estar (mudanças que afetam o seu desempenho educativo, a sua sensação de segurança etc.), e, ao mesmo tempo, reconhecem que não há muito o que fazer para mudar a situação.

Nesse contexto de diversas famílias que se desenvolvem, em sua maioria, no setor informal de trabalho, o papel do Estado na prestação de cuidados torna-se urgente. Isso significa, em consonância com o que já foi afirmado por Razavi (2007), mudar as diretrizes da política vigente em um país onde o cuidado não é apenas responsabilidade da família, mas no qual o Estado, o mercado e a sociedade civil assumam um papel importante. São necessárias leis e políticas claras, que, de fato, apontem para a desconstrução do cuidado como responsabilidade puramente feminina. Assim, as políticas devem ter base no pressuposto de que aquilo que, hoje, é responsabilidade das mulheres (o cuidado) também deve ser responsabilidade dos homens, garantindo que o trabalho de sustento da família possa ser algo que corresponda tanto a homens quanto a mulheres.

As famílias que vimos neste capítulo requerem redes além de seu ambiente familiar. É necessário investir em comunidades seguras, para que meninos e meninas possam se desenvolver, mas também em serviços de cuidado que tenham qualidade. Os programas atuais que visam direta ou indiretamente ao cuidado e ao fortalecimento da família no país propõem a democratização do cuidado no lar, mas, em sua implementação, não mudam o papel das mulheres como cuidadoras, por exemplo, quando designam principalmente mulheres para serem as cuidadoras das crianças. Além disso, é necessário rever as leis que fomentam a corresponsabilização do cuidado entre homens e mulheres e encontrar estratégias em nível comunitário para responder às necessidades das famílias que estão fora de um sistema formal de emprego, mas que, como qualquer família, precisam cuidar de seus membros, para não ficarem presas em um ciclo de reprodução de cuidados precários, tais quais os apontados por Perez (2019).

Em um contexto de desigualdades sociais como o peruano, é preciso colocar o cuidado como parte importante da sustentação da vida. A redistribuição do cuidado proposta pelas discussões feministas (Fraser, 2015) aponta para isso ao incorporar uma maior proteção social do Estado sem prejudicar a independência econômica conquistada. Assim, a descentralização do cuidado em diferentes níveis (individual, comunitário, estrutural) é fundamental no caminho para a justiça social.

Referências

ANDERSON, J. (coord.). *Invertir en la familia*: estudio sobre factores preventivos y de vulnerabilidad al trabajo infantil doméstico en familias rurales y urbanas de Colombia, Paraguay y Perú. Lima: Oficina Internacional del Trabajo, 2007. Disponível em: https://repositorio.minedu.gob.pe/bitstream/handle/20.500.12799/574/337.%20Invertir%20en%20la%20familia%20Estudio%20sobre%20factores%20preventivos%20y%20de%20vulnerabilidad%20al%20trabajo%20infantil%20dom%C3%A9stico%20en%20familias%20rurales%20y%20urbanas%20de%20Colombia,%20Paraguay%20y%20Per%C3%BA..pdf?sequence=1. Acesso em: 5 dez. 2022.

ANDERSON, J. *Sistematización del Programa Nacional Cuna Más*: informe de evaluación. Lima: MIDIS, 2016. Disponível em: https://siteal.iiep.unesco.org/sites/default/files/sit_accion_files/informe_de_evaluacion._sistematizacion_del_programa_nacional_cuna_mas.pdf. Acesso em: 24 out. 2022.

BATTHAYÁNI DIGHIERO, K. Las políticas de cuidado en América latina. Una mirada a las experiencias regionales. *In*: PÉREZ, L. M. *La economía del cuidado, mujeres y desarrollo*: perspectivas desde el mundo y América Latina. Lima: Fondo, 2019.

BELTRÁN, A.; LAVADO, P. El impacto del uso del tiempo de las mujeres en el Perú. Un recurso escaso y poco valorado en la economía nacional. *In*: PÉREZ, L. M. *La economía del cuidado, mujeres y desarrollo*: perspectivas desde el mundo y América Latina. Lima: Fondo, 2019.

Blofield, M.; Martínez, J. Trabajo, familia y cambios en la política pública en América Latina. *In*: Pérez, L. M. *La economía del cuidado, mujeres y desarrollo*: perspectivas desde el mundo y América Latina. Lima: Fondo, 2019.

Fisher, B.; Tronto, J. Toward a feminist theory of caring. *In*: Abel, E. K.; Nelson, M. K. (ed.). *Circles of care*: work and identity in women's lives. New York: Suny Press, 1990. p. 35-62.

Fraser, N. *Fortunas del feminismo*: del capitalismo gestionado por el estado a la crisis neoliberal. Quito: IAEN, 2015.

De La Cuesta, C. El cuidado familiar: una revisión crítica. *Investigación y Educación en Enfermería*, v. 27, n. 1, p. 96-102, 2009. Disponível em: https://www.redalyc.org/pdf/1052/105213198010.pdf. Acesso em: 24 out. 2022.

Instituto Nacional de Estadística e Informática (INEI). *Encuesta nacional del uso del tiempo 2010*: principales resultados. Lima: INEI, 2011.

Jaramillo, M.; Ñopo, H. *COVID-19 y shock externo*: impactos económicos y opciones de política en el Perú. Lima: GRADE, 2020a. (Documento de Investigación, 107). Disponível em: https://www.grade.org.pe/wp-content/uploads/GRADEdi107-1.pdf. Acesso em: 24 out. 2022.

Jaramillo, M.; Ñopo, H. *Impactos de la epidemia del coronavirus en el trabajo de las mujeres en el Perú*. Lima: GRADE, 2020b. (Documento de Investigación, 106). https://www.grade.org.pe/wp-content/uploads/GRADEdi106.pdf.Acesso em: 24 out. 2022.

Offenhenden, M. La Antropología en los debates actuales sobre el cuidado. *Quaderns-e*, v. 22, n. 2, p. 1-16, 2017. Disponível em: https://raco.cat/index.php/QuadernseICA/article/view/333105/424002. Acesso em: 24 out. 2022.

Organización Internacional del Trabajo (OIT). *Panorama Laboral Temático 5*: mujeres en el mundo del trabajo. Retos pendientes hacia una efectiva equidad en América Latina y el Caribe. Lima: OIT/Oficina Regional para América Latina y el Caribe, 2019. Disponível em: https://www.ilo.org/wcmsp5/groups/public/---americas/---ro-lima/documents/publication/wcms_715183.pdf. Acesso em: 24 out. 2022.

Pérez, L. M. *La economía del cuidado, mujeres y desarrollo*: perspectivas desde el mundo y América Latina. Lima: Fondo. 2019.

PÉREZ, L. M. On her shoulders: unpacking domestic work, neo-kinship and social authoritarianism in Peru. *Gender, Place and Culture*, v. 28, n. 1, p. 1-21, 2021.

PERU. Desarrollo e Inclusión. *Decreto supremo Nº 003-2012-MIDIS*. Crean el Programa Nacional Cuna Más. 23 mar. 2012. Disponível em: https://siteal.iiep.unesco.org/sites/default/files/sit_accion_files/siteal_peru_0121.pdf. Acesso em: 25 out. 2022.

PROGRAMA Nacional Cuna Más. Lima: Unesco, 2017. Disponível em: https://siteal.iiep.unesco.org/sites/default/files/sit_accion_files/peru_organizacion_del_programa_nacional_cuna_mas.pdf. Acesso em: 25 out. 2022.

RAZAVI, S. *The political and social economy of care in a development context*: conceptual issues, research questions and policy options. Geneva: UNRISD, 2007.

ROJAS ARANGOITIA, V. *"Cualquier cosa nos puede pasar"*: dos estudios de caso sobre experiencias de violencia contra niñas durante el curso de sus vidas. Lima: GRADE, 2019. (Documento de Investigación, 97). Disponível em: https://ninosdelmilenio.org/wp-content/uploads/2020/02/GRADEdi97.pdf. Acesso em: 24 out. 2022.

ROJAS ARANGOITIA, V; CUSSIANOVICH ZEVALLOS, A. *Creciendo en el Perú*: una mirada longitudinal al uso del tiempo de los niños y las niñas en el campo y la ciudad. Lima: GRADE, Niños del Milenio, 2014. (Avances de Investigación, 14).

Bibliografia consultada

COMAS D' ARGEMIR, D. La crisis de los cuidados como crisis de reproducción social. Las políticas públicas y más allá. *In*: CONGRESO DE ANTROPOLOGÍA DE LA FEDERACIÓN DE ASOCIACIONES DE ANTROPOLOGÍA DEL ESTADO ESPAÑOL: Periferias, fronteras y diálogos, 13., 2014. Tarragona. *Actas* [...] Tarragona: Universitat Rovira y Virgili, 2014. p. 329-49. Disponível em: https://www.antropologiainuit.com/wp-content/uploads/2018/07/actas-del-xiii-congreso-de-antropologia-de-la-faaee.pdf. Acesso em: 24 out. 2022.

CRUZ-SACO, M. A.; PÉREZ, L. Gender equality and early childhood care in Peru: two sides, one sustainable development model. *A contracorriente*: una revista de estudios latinoamericanos, v. 17, n. 2, p. 89-113, 2020. Disponível em: https://acontracorriente.chass.ncsu.edu/index.php/acontracorriente/article/view/2022/3363. Acesso em: 24 out. 2022.

JOSEPHSON, K.; GUERRERO, G.; CODDINGTON, C. *Supporting the early childhood workforce at scale*: the Cuna Más home visiting program in Peru. Washington, D.C.: Results for Development Institute, 2017.

PÉREZ, L. M.; LLANOS, P. M. Vulnerable women in a thriving country: an analysis of twenty-first-century domestic workers in Peru and recommendations for future research. *Latin American Research Review*, v. 52, n. 4, p. 552-70, 2017. Disponível em: https://www.cambridge.org/core/services/aop-cambridge-core/content/view/532963BC8ABE1D6211276A6B32208894/S0023879100004015a.pdf/vulnerable-women-in-a-thriving-country-an-analysis-of-twenty-first-century-domestic-workers-in-peru-and-recommendations-for-future-research.pdf. Acesso em: 24 out. 2022.

6

Quando se muda para o "Sul": ajustes nas relações familiares entre crianças e pais nos processos de retorno ao México

Sarah Gallo | Joanna Dreby | Florencia Silveira | Mario A. Martínez-García

Em sua maioria, as pesquisas sobre migração e infância tendem a se concentrar em movimentos do Sul para o Norte. Entretanto, nos últimos 15 anos, houve um aumento da imigração dos Estados Unidos para o México, e estima-se que, hoje, existam, pelo menos, 600 mil crianças nascidas nos Estados Unidos vivendo no México (Jacob e Jensen, 2018). Em geral, pouco se sabe sobre as vivências dessas crianças, uma vez que as pesquisas existentes se concentram sobretudo nas experiências escolares, contexto em que tendem a se sentir deslocados (Bybee *et al.*, 2020; Jacob e Jensen, 2018; Kleyn, 2017).

Neste capítulo, procuramos compreender as experiências das crianças além de seus papéis como estudantes. Em outras palavras, consideramos suas infâncias de forma mais ampla, como algo mutável, que está ligado às experiências de seus familiares no México e que, ao mesmo tempo, independe das perspectivas de seus familiares que retornaram ao seu país de origem. Mostramos que uma atenção analítica às crianças como produtoras e participantes ativas da família nos ajuda a compreender não apenas suas realidades pós-migratórias, mas, também, os aspectos positivos de suas infâncias relacionados ao evento emigratório.

Na primeira seção, apresentamos estudos anteriores da literatura sobre migração de retorno de crianças e a estrutura teórica dos estudos críticos da infância. Seguimos com uma descrição da metodologia e do delineamento da pesquisa, uma descrição detalhada da amostra de crianças entrevistadas em 2016 e 2017, além de trazermos o caso da família Hernández, cujas experiências exemplificam os principais temas que emergiram da análise. Em seguida, apresentamos os resultados organizados nos três seguintes temas:

- tempo em família;
- trabalho;
- liberdade de circulação.

Cada seção levanta a questão com base nos depoimentos das crianças que participaram da pesquisa e, também, fornece um panorama etnográfico com base nas experiências das crianças da família Hernández: Alejandra (10 anos), Jorge (8 anos), Greggy (6 anos) e Isabella (3 anos).[1] Na última seção, destacamos as implicações desta pesquisa.

[1] Todos os nomes dos entrevistados são fictícios.

A migração de retorno infantil

O México e os Estados Unidos têm uma longa história de movimentos migratórios multidirecionais, entretanto, quase todas as análises são sobre o fluxo de cidadãos mexicanos para os Estados Unidos. Sem dúvida, durante os anos 1990 e início dos anos 2000, a migração mexicana atingiu seu auge, mas, a partir de 2009, a migração líquida do México caiu para zero; em grande parte, em virtude do aumento da migração de retorno para este país. Cidadãos mexicanos retornam por vários motivos, incluindo as deportações sem precedentes que ocorreram sob as administrações de Obama e de Trump, as relações transnacionais em que os migrantes decidiram voltar para cuidar de seus idosos no México, a falta de trabalho pela recessão econômica estadunidense e o desejo de escapar do estresse da discriminação racial nos Estados Unidos (Gonzalez-Barrera, 2015).

Até o momento, a maioria das pesquisas sobre migração de retorno, focalizada nas crianças, identifica os desafios encontrados no mundo escolar e demonstra que os alunos retornados representam uma população predominantemente invisível (Zúñiga, Hamann e Sánchez García, 2008). Essa população enfrenta vários desafios relacionados ao acesso à escola e às pedagogias adequadas (Gallo, 2020; Jacobo e Jensen, 2018), aos espaços limitados para formação de identidade (Bybee *et al.*, 2020; Kleyn, 2017) e à necessidade de mudanças estruturais para ser mais bem atendida. Embora tais pesquisas busquem voltar a atenção para essa população oculta, a fim de obter uma melhor compreensão de seu ambiente educativo, ainda há muito o que não sabemos sobre a vida das crianças em seus lares e em suas comunidades. Portanto, a abordagem analítica aqui adotada visa captar as perspectivas das crianças sobre a vida do lado de fora dos muros da escola.

Para compreender a realidade de meninos e meninas quando se mudam para o país de origem de seus pais – neste caso, o México –, utilizamos como ponto de partida o arcabouço dos estudos críticos da infância (Soto, 2012; Thorne, 1987). Essa perspectiva teórica implica dois pressupostos essenciais. O primeiro é que a infância é uma construção social, portanto, existem variações históricas e culturais em vários níveis da sociedade que influenciam como ela é definida e em que consiste (James e Prout, 1990; Qvortrup, 1999; Voltarelli, Gaitán Muñoz e Leyra Fatou, 2017). Por sua vez, o segundo diz respeito ao fato de que as crianças são atores independentes dos adultos, que exercem sua própria agência na navegação da infância, que são produtoras sociais que definem o conceito de infância e as relações familiares e sociais (Thorne, 1987; Voltarelli, Gaitán Muñoz e Leyra Fatou, 2017).

Em termos da aplicação dos estudos migratórios aos estudos de infância, as contribuições são profundas. Em primeiro lugar, os estudos sobre a migração tendem a considerar as decisões migratórias em nível familiar e assumir que os pais são os principais atores em tais decisões (Massey *et al.*, 1993), tanto, que um ato migratório é tido como um ato estratégico da família e que, empiricamente, em geral, é estudado por meio da aplicação de questionários ou de entrevistas com um único membro da família (Massey, Goldring e Durand, 1994), assumindo algum tipo de união familiar nos processos de migração.

Assim como as pesquisas de gênero questionam a falta de atenção aos conflitos de poder dentro da família e aos processos migratórios como eventos que podem interromper as relações de gênero dentro do lar (Hondagneu-Sotelo, 1994, 1999; Mahler e Pessar, 2006), os estudos sobre a infância reconhecem que as crianças não necessariamente compartilham as perspectivas dos adultos e, muitas vezes, exercem seus interesses de forma que moldam o processo de migração, influenciando as decisões e os sentimentos dos adultos (Dreby, 2010; Soto, 2010; Voltarelli, Gaitán Muñoz e Leyra Fatou, 2017). No caso do fluxo migratório dos Estados Unidos para o México, a perspectiva da infância é extremamente importante, pois, para os adultos, a migração é um ato de "retorno", ao passo que, para os filhos nascidos nos Estados Unidos, é um ato migratório inicial.

Em segundo lugar, os estudos de migração que se concentram nas experiências de meninos e meninas como unidades empíricas tendem a se preocupar mais com as implicações das experiências da infância para o desenvolvimento adulto. Isso significa que ressaltam que fatores como idioma, experiências escolares, discriminação racial, capital social, desenvolvimento de uma identidade transnacional e oportunidades econômicas e profissionais podem influenciar tanto o sucesso do projeto migratório quanto a integração da segunda geração (Kasinitz *et al.*, 2008; Portes e Rumbaut, 2001; Portes e Zhou, 1993).

Isso ignora o fato de que as experiências das crianças têm sua própria validade como foco de pesquisa, e que as perspectivas durante a infância são únicas e compostas de uma dicotomia de participação na sociedade e protagonismo nas decisões e nas experiências (Voltarelli, Gaitán Muñoz e Leyra Fatou, 2017). Nossa perspectiva, baseada em estudos críticos da infância, orienta a abordagem analítica para entender melhor como as crianças navegam no mundo social e influenciam as experiências dos adultos. Nesse quadro, as crianças são entendidas como atores sociais que influenciam os ambientes, para si e para os outros, como nas casas, nas escolas e nas fronteiras geopolíticas (Orellana, 2009). Argumentamos que um foco analítico nas perspectivas de meninos e meninas como membros de suas famílias possibilita uma perspectiva mais equilibrada sobre esse novo fluxo migratório.

A pesquisa

Este capítulo se baseia em uma pesquisa etnográfica realizada entre 2016 e 2017, focalizada na vida cotidiana das crianças nascidas nos Estados Unidos e que, agora, vivem em áreas rurais no estado de Puebla, México, de onde seus pais haviam migrado. Os quatro povoados, todos localizados na região central do México, têm altos níveis de transnacionalidade. A maior parte da migração de Puebla começou nos anos 1980 e se acelerou nos anos 1990 (Durand e Massey, 2009). A maioria das famílias nessas áreas tinha familiares que já haviam vivido em várias partes dos Estados Unidos, inclusive em grandes áreas metropolitanas – como Nova York –, assim como em destinos rurais e subúrbios, considerados "novos destinos" nos Estados Unidos (Lichter e Johnson, 2009).

A pesquisa se concentrou em 10 crianças recém-chegadas. Por meio de um método de observação participante nos espaços da casa, da comunidade e da escola, a vida de meninos e meninas foi estudada por um período de um ano. Para melhor interpretar as observações etnográficas, foram realizadas 34 entrevistas com crianças e adolescentes com idades entre 6 e 14 anos que já haviam residido nos Estados Unidos. Os entrevistados incluíram as 10 crianças recém-chegadas, nosso foco, e todos os seus pares que também viveram nos Estados Unidos. Além disso, foram realizadas entrevistas em profundidade com 14 pais e mães de família, no entanto, esses depoimentos não fazem parte da análise principal deste capítulo. As entrevistas com as crianças foram realizadas por Sarah Gallo (N = 27)[2] e por Andrea Ortiz[3] (N = 7), sua auxiliar de pesquisa, dentro das residências das famílias ou em sala de aula.

Para contrariar a dinâmica de poder entre os participantes e a pesquisadora, além de reduzir a probabilidade de respostas complacentes, as crianças escolheram a hora e o local de sua entrevista e selecionaram o(s) idioma(s) de sua preferência. Antes de começar, os pesquisadores garantiram aos participantes que não havia respostas certas ou erradas e que eles poderiam pular qualquer pergunta que quisessem. Para compensar ainda mais a dinâmica de poder entre adultos e crianças, os pesquisadores convidaram as crianças a participarem com um amigo, se preferissem. As entrevistas duraram entre 7 e 90 minutos, e a maioria durou entre 30 e 45 minutos.

As perguntas da entrevista se concentraram em temas relacionados à composição da família, às rotinas diárias, ao uso de idiomas, às experiências escolares, aos grupos de amigos, à história familiar de migração, às memórias dos Estados Unidos, aos empregos formais dos familiares, ao trabalho familiar das crianças e às suas preferências sobre suas identidades étnicas. O processo de análise iniciou-se com as perspectivas dos entrevistados com base nos depoimentos e nos pontos de vista expressos verbalmente. Em

---

[2] N. do E.: os valores entre parênteses indicam a quantidade de entrevistas realizadas individualmente pelas pesquisadoras.

[3] Gostaríamos de agradecer a Andrea Ortiz por sua imprescindível contribuição nesta pesquisa.

seguida, foram utilizados dados etnográficos e, por vezes, testemunhos de pais, para confirmar ou contestar nossa interpretação de suas perspectivas.

Algumas características dos membros da família Hernández são típicas dos participantes da pesquisa e, também, de outras famílias migrantes da região. Depois de quase uma década nos Estados Unidos, em dezembro de 2016, todos os membros da família Hernández se mudaram da Carolina do Norte para um pequeno povoado de 4 mil habitantes, que chamaremos aqui de San José Tonali. Ambos os pais, Ángela e Eduardo, cresceram em San José, ao passo que seus quatro filhos nasceram na Carolina do Norte. Nesse estado, tanto Ángela quanto Eduardo trabalhavam no setor de serviços de um clube de golfe. Como eles não estavam oficialmente em situação legal durante seu tempo nos Estados Unidos, eles não haviam levado seus filhos para conhecer sua cidade natal, portanto, a mudança para o México foi a primeira vez que as quatro crianças foram a San José. A decisão de se mudar para San José foi tomada por vários motivos. Segundo Ángela, eles decidiram voltar para melhorar os laços familiares e, também, porque:

> *Quando em novembro lá [nos Estados Unidos] teria eleições, em dezembro, nós já íamos vir para cá. E eu dizia: "Bem, se ele [Trump] ganhar, imagine! Não, é melhor a gente ir embora! É melhor irmos por vontade própria do que sermos expulsos assim, sem nada".*

Alejandra, de 10 anos, em inglês, explicou sua mudança para o México:[4]

> *Porque ela [a mãe] disse que, se o Donald Trump, tipo – fosse o presidente, nós teríamos que nos mudar, porque não queríamos ser tratados daquela maneira. Porque, daí, nós não teríamos as nossas roupas, os nossos brinquedos, o nosso dinheiro. Ela disse que nós íamos ter que ser ligeiros – rápidos, tipo, sair [dos Estados Unidos], e que todas as nossas coisas estariam lá [no México], porque enviaríamos.*

[4] N. do E.: no original, algumas falas das crianças estavam dispostas em inglês, mas se optou por traduzi-las para o português, conforme o restante do texto.

Como se pode ver, as crianças estavam cientes do motivo do retorno a San José pela perspectiva de suas mães e de seus pais. A seguir, damos mais peso analítico às perspectivas de meninos e meninas, como Alejandra, para lançar luz sobre como eles entendem suas infâncias em mudança ao se deslocarem dos Estados Unidos para o México – e como eles participam dessas mudanças.

Resultados

Três constatações que emergiram das entrevistas são:

- o aprofundamento das relações familiares, em razão de passarem mais tempo como família;
- os ajustes nas responsabilidades de meninas e meninos no que diz respeito ao trabalho familiar, marcado pelo tipo de contribuição prestada por estarem no México;
- as mudanças que as crianças sentiram na liberdade de circulação.

Apresentamos cada tema destacando os depoimentos das crianças, e, também, fornecemos um retrato de como a família Hernández experimentou essas mudanças durante seu primeiro ano no México.

Tempo em família

Nos Estados Unidos, a maioria das crianças relatou que ambos os pais trabalhavam muito tempo fora de casa, exigindo soluções criativas de cuidados infantis. Por isso, meninos e meninas lembram o envolvimento de vários membros da família estendida na vida cotidiana antes de chegar a Puebla, incluindo tios, tias, primos e, às vezes, até madrinhas e padrinhos.

Embora desfrutassem de laços familiares bastante extensos, o tempo em família nos Estados Unidos não era aquele em que todos ficavam juntos, mas, sim, aquele em que conviviam com parentes quando suas mães e pais estavam trabalhando e, portanto, precisavam de alguém de confiança para cuidar de seus filhos. Como comentou uma menina de 11 anos que se mudou de Nova York para o México havia cinco anos,

> *Eu não via muito os dois [sua mãe e seu pai], porque eles trabalhavam, exceto aos domingos... Bem, eu gosto mais daqui porque posso ver mais os meus pais, e, lá, mais ou menos. Nós ficávamos com o meu tio.*

Samuel, por sua vez, ficava até tarde depois da escola, porque, com frequência, seu pai não podia pegá-lo.

Muitas crianças explicaram que passavam uma parte do tempo sozinhos e outra com seus parentes, por causa das longas horas de trabalho de seus pais. Por exemplo, um menino de 9 anos lembrou como ele e seus irmãos não saíam de casa à noite sozinhos, a menos que uma de suas tias pudesse acompanhá-los. Por causa dos horários de trabalho de seus pais, ele tinha que ir a pé da escola para casa: "*Às vezes, a escola acaba, e eu vou para casa sozinho*".

No México, a família estendida também desempenha um papel importante na vida das crianças, mas com camadas muito diferentes. A maioria das crianças não tinha avós vivendo nos Estados Unidos, e a primeira vez que os encontraram pessoalmente coincidiu com sua chegada ao México. Na zona rural de Puebla, muitas famílias vivem muito perto (ou na mesma casa) de seus avós e, para muitos, os avós são figuras constantes em suas vidas diárias. Para Mariana, os avós, que moram com ela, preparam a comida com a mesma frequência que os pais e são os que mais fazem as demais tarefas domésticas. Relatando, ainda, o papel dos avós, Sara diz: "*Quando saímos da escola, vamos para a casa da minha vó, e, lá, fazemos as tarefas da escola, comemos e vamos para casa*". Samuel comenta que a avó e a tia preparam-lhe a refeição depois da escola. A presença da avó para Alejandra (A) é ilustrada da seguinte maneira em uma entrevista com a pesquisadora Sarah (S):

> S: *Quem cozinha na sua casa?*
> A: *Minha mãe e minha avó.*
> S: *Quem lava a roupa?*
> A: *Minha mamãe e minha avó.*
> S: *Quem limpa a casa?*
> A: *Minha mãe e minha avó.*

Esse arranjo não é incomum: Daniela também conta que sua avó e sua mãe cozinham para a família. Apesar disso, meninos e meninas passam mais tempo com seus pais do que com qualquer outra pessoa. Em outras palavras, os avós não são substitutos nos cuidados, como costumavam ser os membros da família estendida nos Estados Unidos, eles estão, simplesmente, mais presentes. Brian, por exemplo, relata que sua mãe prepara os alimentos, mas "*Quando ela trabalha, então, eu como o que a minha vovó me mandar*". Isso sugere um fortalecimento da relação intergeracional após o retorno às áreas rurais, sem prejudicar as relações entre pais e filhos(as).

A diferença de suas vidas nos Estados Unidos, onde mães e pais tiveram oportunidades de emprego equivalentes nos setores de serviços (restaurantes e hotéis para muitas mulheres; paisagismo, restaurantes e construção para muitos homens), nos pequenos povoados mexicanos, há relativamente poucas oportunidades de emprego para as mulheres – sobretudo para as que migraram e não exerceram nenhuma ocupação no México. Portanto, apesar de um maior número de crianças relatarem que, nos Estados Unidos, ambos os pais contribuíam para as responsabilidades da casa, uma vez em seus locais de origem, no México, muitas mães assumem a maior parte das responsabilidades domésticas, ao passo que os pais são responsáveis por encontrar trabalho fora de casa. Por exemplo, para Mariana, que conta que, nos Estados Unidos, sua mãe trabalhava longas horas e, portanto, deixava comida já preparada, a experiência no México é diferente: os homens da casa – seu pai, seu avô e seu irmão – "*trabalham nas montanhas*", e as mulheres fazem o trabalho doméstico.

A mudança nas relações de gênero parece ter muito a ver com oportunidades locais de emprego, e não um resultado direto de se chegar a uma "cultura tradicional" com expectativas baseadas em papéis de gênero. Por exemplo, algumas crianças comentaram que, no México, seus pais continuaram a contribuir para as tarefas domésticas. Tomás mencionou que ambos os pais cozinham e limpam. Um menino de 9 anos explicou que "*Só ele [o pai] cuida de mim e do meu irmão. De qualquer forma, ele também trabalha*". E uma menina de 9 anos explicou que, embora sua mãe faça a maior parte do trabalho doméstico, seu pai cozinha quando a mãe está fora de casa, algo que ele não conseguia fazer quando trabalhava das 4 às 20 horas nos Estados Unidos.

Uma reflexão consistente nos depoimentos das crianças foi o sentimento de gratidão por ter mais tempo com suas mães e pais após a migração. Conforme explicou uma menina de 10 anos que se mudara de Nova York havia poucos meses, nos Estados Unidos, o pai saia às 6 horas e chegava às 20 horas, mas, agora, ela passa mais tempo com ele e gosta disso. Outra aluna comentou como passar mais tempo com a mãe facilitou o aprofundamento da relação entre elas:

> *Eu acho que minha mãe e eu conversamos mais aqui. Nos Estados Unidos, nós não conversávamos muito, porque ela trabalhava a maior parte do dia. Ela trabalhava muito, e eu não via tanto a minha mãe.*

Muitas crianças comentaram como a mudança para o México criou oportunidades para se aproximarem dos pais e, embora tenham menos bens materiais em virtude das restrições da economia local, apreciam o tempo que podem passar juntos em família. Comparando sua vida familiar no Brooklyn, bairro de Nova York, com a do México, Verónica menciona que, apesar de terem mais dinheiro nos Estados Unidos, ela, agora, passa o tempo brincando com os pais, o que não podia fazer no Brooklyn.

Na Carolina do Norte, a família Hernández organizava seus horários para que Ángela e Eduardo pudessem trabalhar longas horas, dividiam as responsabilidades domésticas e cuidavam dos filhos com o apoio da família estendida. Alejandra, de 10 anos, explicou que, nos Estados Unidos, sua mãe e seu pai trabalhavam "*MUITO!*" e que "*Às vezes, quando chegava da escola, ela [a mãe] já estava trabalhando... Às vezes, quando ela não tinha tempo para buscar a gente no ponto de ônibus, a gente ia para casa com a minha tia. Nós íamos correndo sozinhos*". Jorge, de 8 anos, acrescentou que, nos Estados Unidos, sua mãe trabalhava e "*nos deixava sozinhos*". Ele explica que seu pai deixava um celular para eles ligarem, caso precisassem de alguma coisa. Alejandra também lembrou como seu pai ajudava em casa nos Estados Unidos: "*Quando a minha mãe ia para o trabalho, ele [o pai] não ia, porque ele tinha folga de dois dias, e, aí, ele cozinhava e fazia suco para nós e trocava as camas*". Ángela, sua mãe, lembrou sobre Eduardo:

> *Ele me ajudava muito... Quando podia, ele ficava com as crianças aos domingos. Ele fazia o café da manhã [para as crianças] todo domingo, dava banho, enxugava... porque eu saía do trabalho, e íamos dar um passeio. Agora, ele não faz mais isso.*

Como explicou Ángela, quando foram para o México, isso mudou. Eduardo teve que aprender a trabalhar na terra que compraram quando ainda estavam nos Estados Unidos, o que significava longas horas de trabalho sob o sol intenso, que o deixava exausto no final do dia. Como explicou Alejandra, seu pai não ajudava mais nas tarefas domésticas "*porque ele chega [em casa] muito tarde da noite... Ele se cansa, vai para a cama e dorme*". Já sua mãe, Ángela, não ingressou no mercado de trabalho formal porque há poucas oportunidades para mulheres nessa região. Além disso, ela acha que as demandas do lar consomem muito mais tempo no povoado, pois a maior parte da comida é preparada com ingredientes básicos (há poucas refeições prontas para comprar), as crianças têm uma jornada escolar mais curta (das 8 às 13 horas), que exige mais horas de cuidado infantil, e é preciso acompanhá-las à escola, porque não há transporte.

Entretanto, após a migração para o México, os membros da família Hernández passam muito tempo juntos. Eles construíram um espaçoso sobrado conectado à casa dos pais de Eduardo, e a avó ajuda com algumas das tarefas domésticas e no preparo dos alimentos. Além das muitas refeições compartilhadas e do convívio com a família estendida, pais, avós e, às vezes, crianças sentam-se juntos no grande pátio compartilhado para debulhar o milho (retirar as sementes da espiga), usar um utensílio para fazer tortilhas e preparar outras colheitas para o consumo ou a venda. Há diversas oportunidades para os meninos e as meninas aprenderem coisas, e colocarem em prática, com seus pais e outros parentes, algo que era menos frequente nos Estados Unidos. Apesar de sentirem falta do tempo mais prolongado com o pai nos fins de semana, Alejandra e Jorge apreciam o tempo que passam com Ángela e outros familiares.

O trabalho

A responsabilidade de as crianças contribuírem com suas famílias também muda no contexto dos Estados Unidos e no do México. De fato, a literatura sobre a segunda geração nos Estados Unidos descreve uma participação bastante forte no funcionamento do lar, tanto, que, às vezes, eles sentem que a dinâmica de poder entre pais e filhos se inverte (Dreby, 2015; Katz, 2014; Menjivar, 2000; Orellana, 2009). Os filhos – sobretudo as filhas – ajudam nas tarefas domésticas e no cuidado dos irmãos mais novos e, graças aos recursos em inglês que aprenderam nas escolas, conseguiram traduzir e interpretar para familiares e membros de suas comunidades (Katz, 2014; Orellana, 2009). De acordo com essa literatura sobre infância e migração, Jocelyn, de 10 anos, explicou seu hábito de traduzir quando morava nos Estados Unidos: "*Na minha casa, porque minha mãe trabalhava, e sua chefe falava inglês... Ela mandou uma mensagem, minha mãe não sabia o que significava e me perguntou*".

Na chegada ao México, a contribuição de meninos e meninas para suas famílias mudou. Eles não estavam mais em uma situação de mediação entre seus parentes nascidos no México e a cultura dos Estados Unidos, mas, sim, passaram a depender mais de seus pais e suas mães – que cresceram nos povoados onde foram morar –, para ensiná-los como agir nas feiras, nas comunidades e nas escolas em um espanhol autêntico e de maneira significativa. Com a migração para o México, as crianças veem seus pais como especialistas, algo que era menos possível quando tinham *status* de imigrantes nos Estados Unidos. Andrea conta que seus pais a ajudam com a lição de casa, demonstrando que o contexto mexicano facilita uma nova dinâmica de dependência entre muitas crianças e suas mães e seus pais.

A literatura sobre a participação formal no trabalho de filhos e filhas demonstra que, em determinados contextos, como nas ruas de comunidades de imigrantes em Los Angeles, a infância dos filhos de imigrantes pode envolver responsabilidades formais de trabalho (Estrada, 2019). Da mesma forma, os depoimentos de meninos e meninas migrantes na zona rural de

Puebla, no México, sugerem que eles têm um papel mais importante na economia formal e que muitos contribuem para o aumento da renda familiar. Como explicou um menino de 11 anos, "*Nós nos dedicamos bastante ao campo, onde moramos. Colhemos, vendemos, ou seja, o que plantamos, nós mesmos não comemos*". Alguns, como Simon, de 8 anos, adoram ajudar os pais no campo ao longo do fim de semana, e outros, como Brittany, de 10 anos, viajam a feiras aos fins de semana para ajudar a vender sapatos no negócio de sua família.

Várias famílias puderam utilizar suas economias ou remessas dos Estados Unidos para iniciar um negócio domiciliar. Carmen, de 12 anos, cujo pai ainda vive nesse país, ajuda sua mãe a administrar sua mercearia no horário em que não está na escola. Operar de um negócio em casa, muitas vezes, envolvendo crianças preparando tortilhas ou trabalhando em fins de semana, permite às mães aumentarem sua renda (embora isso não fosse o suficiente para cobrir as despesas familiares em nenhum dos quatro povoados), completarem as tarefas domésticas e cuidarem das crianças. Muitas crianças relataram que gostavam de contribuir para a estabilidade econômica de sua família, de passar tempo com seus parentes e, às vezes, de ganhar um pouco de dinheiro para si próprias.

Para a família Hernández, as responsabilidades dos filhos se modificaram quando se transladaram ao México. Na Carolina do Norte, Alejandra se lembra de fazer algumas tarefas domésticas e de traduzir para a família:

> *Quando ela [a mãe] não entendia as palavras, que "this" significa "isso". Ou o meu pai. Quando ele mandava uma mensagem em inglês para o chefe dele, eu falava para ele. Ele me dizia: "Como se escreve isso?", e eu: "Me dá aqui o seu celular!". E e eu escrevia, e ele só enviava".*

Embora nem todos concordem em avaliar a experiência positivamente, a literatura documenta uma série de reações ambivalentes por parte das crianças, sentindo-se felizes em ajudar a família e, também, ressentidas por terem mais responsabilidades do que amigos em famílias não migrantes. Alejandra explicou: "*Eu me sentia superfeliz, porque eu estava ajudando alguém, porque precisavam da minha ajuda*".

Depois de se mudarem para o México, os papéis na família Hernández se inverteram, e os quatro filhos recorreram aos pais para saber como dizer algumas coisas em espanhol e como agir no cotidiano nesse novo contexto. Por exemplo, ao comprarem alimentos na feira quando recém-chegados, Jorge e Greggy não conheciam os diferentes valores das moedas mexicanas, e, nesses ambientes informais, onde os preços são comunicados verbalmente em vez de por escrito, eles simplesmente entregavam um punhado de moedas para a vendedora e esperavam receber o troco correto. A mãe logo os ensinou a determinar o valor das moedas, a pedir o preço em espanhol e sobre a importância de sempre contar o troco. Os três filhos mais velhos também passaram a contar mais com o apoio de Ángela para concluir as tarefas em espanhol, porque sua formação anterior havia sido em inglês, e eles não sabiam escrever nem ler em espanhol.

No México, seus pais e parentes mais velhos atuam como especialistas que os ajudam a navegar em seu novo ambiente. Cerca de um ano depois de chegar a San José, a família Hernández conseguiu abrir uma pequena loja de doces em sua casa, que Ángela poderia administrar em conjunto com as responsabilidades domésticas enquanto Eduardo trabalhava longas horas no campo. As quatro crianças, depois da escola e nos fins de semana, começaram a passar um tempo na loja para contribuir para as finanças da família (e, de vez em quando, para desfrutar de um doce). A migração para o México provocou uma inversão da situação nos Estados Unidos, em que Ángela e Eduardo dependiam de Alejandra: agora, eram os filhos que dependiam sobretudo da mãe, mas também dos outros adultos da família. De fato, as contribuições da casa ficavam totalmente sob a supervisão de sua mãe, seja para realizar os afazeres domésticos, seja para auxiliar na loja.

Liberdade de circulação

Depender mais dos adultos ao chegar ao povoado dos pais não significava necessariamente falta de autonomia, mas, sim, uma mudança nos espaços onde as crianças exercem essa autonomia. Seus depoimentos indicam que, antes de emigrar ao México, meninos e meninas passavam mais tempo sozinhos e tinham mais responsabilidades e autonomia na gestão da casa, em decorrência do trabalho formal de seus pais e suas mães e pela condição migrante destes, mas, ao chegarem às áreas rurais, as crianças encontraram mais liberdade de circulação fora de casa.

Antes da migração, os meninos e as meninas lembram-se de uma rotina de ir de casa para a escola e da escola para casa, com pouca liberdade pessoal para explorar seus bairros ou passar o tempo "na rua". Verónica, falando sobre sua área de residência nos Estados Unidos (no bairro do Brooklyn, em Nova York), contou que "*Quase não há praças [...] na rua, porque tem muito trânsito, e um carro pode te atropelar*". Similarmente, Toni disse que as ruas dos Estados Unidos são muito diferentes das do México: "*Lá, passam mais carros*".

Isso se deve a vários fatores. A maioria das crianças vivia em áreas urbanas (ou suburbanas) dos Estados Unidos, onde a norma era a de que os adultos supervisionassem as crianças enquanto elas estivessem na rua, o que era difícil de conseguir, em razão das longas jornadas de trabalho. Da mesma forma, os pais expressam que temiam a intervenção dos serviços de proteção à criança dos Estados Unidos se as crianças saíssem sem a presença de um adulto.

Além disso, a maioria das famílias tinha alguns membros indocumentados, que corriam o risco de ser detidos ou deportados. Esta situação foi agravada pelos contextos de vigilância intensificada e deportações que começaram por volta de 2008 com novos programas governamentais, que deram permissão à polícia para atuar como agentes de imigração. O resultado disso foi que infrações menores, como dirigir sem carteira nos Estados Unidos (note-se que os imigrantes sem documentos não podem obter uma licença na maioria dos estados), seriam motivo suficiente para a deportação de um imigrante (Hernández-León, Zúñiga e Lakhani, 2020). As longas jornadas de trabalho, o medo de enfrentar a polícia ou de ser denunciado por negligência infantil, como seria o caso se as crianças saíssem sozinhas em público, e a realidade de que muitas famílias neste estudo viviam em bairros com poucos recursos e, muitas vezes, altos níveis de criminalidade – ao menos, tinham essa percepção – significava que as crianças passavam pouco tempo fora de suas escolas ou de suas casas.

No México, pelo contrário, certamente em razão do retorno às áreas rurais onde seus pais e suas mães cresceram, meninos e meninas encontraram uma bem-vinda sensação de liberdade no espaço público. Muitos fizeram comentários, como Santi, de 9 anos, que disse: "*Também gosto, porque podemos sair para brincar na rua, porque não há carros*". De fato, quando a Sarah Gallo, uma das autoras do capítulo, levava seus filhos (de 3 e 5 anos) para as casas de famílias no México, outras crianças do Ensino Fundamental os levavam para parques e para visitar animais em fazendas próximas sem a supervisão de um adulto. Isso é, em parte, um reflexo da segurança do pequeno povoado, onde todos se conhecem e cuidam dos filhos uns dos outros quando estão na rua.

Várias crianças comentaram que caminham sozinhas ou com seus irmãos para a escola. Julisa, que, nos Estados Unidos, ficava com seu tio até os pais terminarem o trabalho, agora, caminha para a escola com a irmã mais nova. A liberdade de circulação também permite que as crianças aproveitem seu tempo livre. Daniela menciona que eles andam de bicicleta à tarde com irmãos ou amigos, ou, até mesmo, sem companhia. Maya diz que gosta mais do México, porque "*posso sair na rua, posso fazer compras*", o que ela não tinha liberdade para fazer nos Estados Unidos. Os pais também reconhecem a liberdade que seus filhos têm no México, como explicou um dos pais:

> *Bem, como muitas famílias de imigrantes, lá, não tínhamos a liberdade que temos aqui no México. Aqui no México, há muita liberdade, especialmente neste povoado. É muito seguro, e as crianças podem andar na rua, nada acontece. Essa foi a razão pela qual minha esposa e eu decidimos trazer meus filhos para o México, para que eles pudessem desfrutar um pouco de liberdade e para que soubessem de onde vêm suas raízes.*

A liberdade de ir e vir é uma das coisas que Alejandra, Jorge, Greggy e, possivelmente, Isabella (embora ela fosse muito jovem para expressar-se verbalmente) gostaram mais de sua nova infância no México. Na Carolina do Norte, uma de suas atividades favoritas era andar de bicicleta, mas era um pouco perigoso, como explicou Greggy, de 6 anos: "*Lá, imagine, lá na Carolina, parece que você vai ser esmagado pelos carros. Sabe por quê? [...] Eles passam muito, muitos carros passam na rua aonde a gente vai*". Essa realidade contrasta com o ar campestre de nossa primeira visita à casa da família Hernández no México:

> *Dirigimos até o mercado na praça principal da cidade, onde decidimos nos encontrar com a família e procurar Ángela, que não estava à vista. Mas, de repente, vi Greggy, de 6 anos, sentado em sua bicicleta de cor laranja brilhante, com o cabelo raspado em ambos os lados da cabeça e um punhado de cachos saltitantes no topo. Ele acenou e olhou para mim. Então, fez um gesto para que eu o seguisse. Ele pedalou a toda velocidade em direção à sua rua e foi nos guiando pelos dois quarteirões até sua casa cor de pêssego. Eu o segui com um sorriso. Sua mãe me confirmou mais tarde que ela o havia enviado ao mercado em sua bicicleta para nos guiar até sua casa.*

Greggy e seus irmãos comentaram bastante sobre o quanto eles gostam de andar de bicicleta ao ar livre com seus irmãos, primos e amigos, ou como eles podem caminhar alguns quarteirões, sozinhos, até uma sorveteria. Embora tenham morado em uma área relativamente segura nos Estados Unidos, tinham pouco tempo fora sem supervisão de um adulto, ao passo que, no México, parecem aproveitar oportunidades para cuidar de si próprios e para aprender com outras crianças em espaços maiores.

Implicações

O movimento do Norte para o Sul (neste caso, dos Estados Unidos para o México) introduz mudanças importantes na experiência da infância para os participantes desta pesquisa. Tomar os estudos infantis como ponto de partida facilita um olhar mais atento às perspectivas das crianças que vai além das experiências dos adultos (ainda que sempre estejam em conexão com estas). Da mesma forma, considerando as experiências de meninos e meninas nascidos nos Estados Unidos que vivem nos povoados de seus pais no México, para além dos desafios que enfrentam no contexto escolar, vemos três áreas de mudança significativa. Em primeiro lugar, do ponto de vista da infância, há mais tempo para a família e mais ênfase nas relações intergeracionais em seu cotidiano nos povoados de origem de seus pais. Especificamente, as crianças desfrutam de mais tempo com suas mães e seus avós. Em segundo lugar, entre meninos e meninas, há mais dependência de pais e mães depois de emigrarem para o México, e a sua participação no trabalho familiar ocorre com mais frequência sob a supervisão direta das mães, tanto nos espaços informais (nos afazeres domésticos) como nos formais (no apoio à economia doméstica). Em terceiro lugar, passam a viver com mais liberdade pessoal fora de casa e podem passar mais tempo em espaços públicos sem a supervisão direta da família.

Juntos, esses três temas apresentam uma perspectiva mais crítica em relação às suposições de que as infâncias no Norte Global são melhores. Como mostramos neste capítulo, após a migração para o Sul, certos aspectos da vida têm benefícios, o que tem alguma ressonância no contexto das relações migratórias entre o México e os Estados Unidos, que pressupõem que um ato migratório para o Norte é um sacrifício em prol da família. Pelo contrário, as perspectivas de meninos e meninas mostram que a migração de retorno ao México pode ser caracterizada como um ato realizado para sustentar a família, (re)definindo os valores da vida cotidiana e, em particular, da vida infantil.

Referências

Bybee, E. R. *et al.* "Estamos aquí pero no soy de aquí": American Mexican youth, belonging and schooling in rural, central Mexico. *Anthropology and Education Quarterly*, v. 51, n. 2, p. 123-45, 2020.

Dreby, J. *Divided by borders*: Mexican migrants and their children. Berkeley: University of California Press, 2010.

Dreby, J. *Everyday illegal*: when policies undermine immigrant families. Berkeley: University of California Press, 2015.

Durand, J.; Massey, D. S. *Clandestinos*: migración México-Estados Unidos en los albores del siglo XXI. Zacatecas: Universidad Autónoma de Zacatecas, 2009.

ESTRADA, E. *Kids at work*: latinx, families, selling food on the streets of Los Angeles. New York: New York University Press, 2019.

GALLO, S. Envisioning asset-based pedagogies for binational students and their teachers in Central Mexico. *In*: GÁNDARA, P.; JENSEN, B. (ed.). *Teachers bridging borders*: fostering opportunities for the students we share between the US and Mexico. New York: Suny, 2020.

GONZALEZ-BARRERA, A. More Mexicans leaving than coming to the U.S. *Pew Research Center*, 19 nov. 2015. Disponível em: http://www.pewhispanic.org/2015/11/19/more-mexicans-leaving-than-coming-to-the-u-s/. Acesso em: 27 out. 2022.

HERNÁNDEZ-LEÓN, R.; ZÚÑIGA, V.; LAKHANI, S. M. An imperfect realignment: the movement of children of immigrants and their families from the United States to Mexico. *Ethnic and Racial Studies*, v. 43, n. 1, p. 80-98, 2020.

HONDAGNEU-SOTELO, P. (ed.). *Gender and US immigration*: contemporary trends. Berkeley: University of California Press, 1999.

HONDAGNEU-SOTELO, P. *Gendered transitions*: Mexican experiences of immigration. Berkeley, CA: University of California Press, 1994.

JACOBO, M.; JENSEN, B. Schooling for US-Citizen Students in Mexico. *In*: UNIVERSITY OF CALIFORNIA, LOS ANGELES (UCLA). *Civil rights project*. Los Angeles: UCLA, 2018. Available at: https://www.civilrightsproject.ucla.edu/research/k-12-education/immigration-immigrant-students/when-families-are-deported-schooling-for-us-citizen-students-in-mexico/Schooling-for-US-Citizens_Jacobo-and-Jensen_June19.pdf. Acesso em: 27 out. 2022.

JAMES, A.; PROUT, A. (ed.). *Constructing and reconstructing childhood*: contemporary issues in the sociological study of childhood. 2. ed. London: Routledge, 1990.

KASINITZ, P. *et al. Inheriting the city*: the children of immigrants come of age. Cambridge, MA: Harvard University Press, 2008.

KATZ, V. S. *Kids in the middle*: how children of immigrants negotiate community interactions for their families. New Brunswick, NJ: Rutgers University Press, 2014.

KLEYN, T. Centering transborder students: perspectives on identity, languaging, and schooling between the U.S. and Mexico. *Multicultural Perspectives*, v. 19, n. 2, p. 76-84, 2017.

LICHTER, D.; JOHNSON, K. Immigrant gateways and hispanic migration to new destinations. *International Migration Review*, v. 43, n. 3, p. 496-518, 2009.

MAHLER, S.; PESSAR, P. Gender matters: ethnographers bring gender from the periphery toward the core of migration studies. *International Migration Review*, v. 40, n. 1, p. 27-63, 2006.

MASSEY, D.; GOLDRING, L.; DURAND, J. Continuities in transnational migration: an analysis of nineteen Mexican communities. *American Journal of Sociology*, v. 99, n. 6, p. 1492-533, 1994.

MASSEY, D. S. *et al.* Theories of international migration: a review and appraisal. *Population and Development Review*, v. 19, n. 3, p. 431-66, 1993. Disponível em: https://isfcolombia.uniandes.edu.co/images/2019-intersemestral/14_de_junio/Theories_of_International_Migration.pdf. Acesso em: 27 out. 2022.

MENJIVAR, C. *Fragmented ties.* Berkeley: University of California Press, 2000.

ORELLANA, M. *Translating childhoods*: immigrant youth, language, and culture. New Brunswick: Rutgers University Press, 2009.

PORTES, A.; RUMBAUT, R. *Legacies*: the story of the immigrant second generation. Berkeley, CA: University of California Press, 2001.

PORTES, A.; ZHOU, M. The new second generation: segmented assimilation and its variants. *The Annals of the American Academy of Political and Social Science*, v. 530, n. 1, p. 74-96, 1993.

QVORTRUP, J. *Childhood and societal macrostructures*: childhood exclusion by default. Odense: Odense University, 1999.

SOTO, I. Peruvian girls and boys as actors of family migration in Barcelona: generational relations and expectations. *Migraciones Internacionales*, v. 5, n. 4, p. 69-99, 2010.

SOTO, I. Sociología de la infancia: las niñas y los niños como actores sociales. *Revista de Sociología*, n. 27, p. 81-102, 2012.

THORNE, B. Re-visioning women and social change: where are the children. *Gender and Society*, v. 1, n. 1, p. 85-109, 1987.

VOLTARELLI, M.; GAITÁN MUÑOZ, L.; LEYRA FATOU, B. La sociología de la infancia y Bourdieu: diálogos sobre el campo en los países hispano-hablantes. *Política y Sociedad*, v. 55, n. 1, p. 283-309, 2017.

ZÚÑIGA, V.; HAMANN, E. T.; SÁNCHEZ GARCÍA, J. (ed.). *Alumnos transnacionales*: las escuelas mexicanas frente a la globalización. México: Secretaría de Educación Pública, 2008.

7

Realidade jurídica das crianças e dos adolescentes estrangeiros desacompanhados ou separados de seus familiares: da teoria à prática

Isaac Ravetllat Ballesté | Claudia P. Sanabria Moudelle

No que concerne à migração, atualmente, no Chile, vigora a chamada Lei de Estrangeiros, que corresponde ao Decreto-Lei nº 1.094, promulgado em 1975, caracterizado por sua natureza restritiva e por sua ênfase na segurança nacional. Essa lei não contém nenhuma referência a questões relacionadas com a proteção dos Direitos Humanos de crianças e adolescentes. Por exemplo, não contempla o conceito legal indeterminado do melhor interesse da criança como critério orientador, nem se refere ao direito da criança de ser ouvida de acordo com sua idade e sua maturidade.

Além disso, se acrescentarmos o fato de que o Chile também não tem uma Lei de Garantias e Proteção Integral dos Direitos da Criança e do Adolescente, que assumiria, em nível nacional, o desenvolvimento dos princípios e direitos decorrentes da Convenção sobre os Direitos da Criança (CDC), o cenário que surge para menores estrangeiros que estão sob a jurisdição do Estado chileno não é, em nossa opinião, particularmente lisonjeiro.

Em consonância com o que foi apontado, não podemos ignorar que falar de crianças e adolescentes migrantes significa automaticamente nos colocarmos em um plano que, *a priori*, comporta um triplo grau de vulnerabilidade: por ser criança, por ser migrante e, no caso chileno, por ostentar – seja seu pai, seja sua mãe, seja ambos ao mesmo tempo – um *status* migratório irregular. Esses fatores limitam a possibilidade de acesso a certos direitos essenciais, bem como dificultam o exercício de outros direitos básicos de natureza econômica, social e cultural, como educação ou saúde (Álvarez Escudero, 2019; Rey Martínez, 2008; Yáñez Espinoza, 2020).

O próprio Comitê dos Direitos da Criança (Comité de los Derechos del Niño, 2015), em suas observações conclusivas sobre o quarto e o quinto relatório periódico, apresentados pelo Estado chileno, pronunciou-se sobre os meninos e as meninas em situação de migração nos seguintes termos:

> O Comitê observa as medidas tomadas pelo Estado parte para aumentar a regularização das crianças em situações de migração e seu acesso aos serviços de saúde e de educação. Entretanto, o Comitê se preocupa que a lei atual sobre migração não faça referência direta aos direitos e às garantias das crianças. Também se inquieta com a existência de procedimentos administrativos que continuam a dificultar o registro de nascimento e o acesso à educação e aos serviços de saúde.

Desse modo, é nesse contexto pouco voltado para os direitos das crianças e dos adolescentes em geral, e para a infância migrante em particular, que se enquadra este estudo, no qual se faz uma análise detalhada da situação dos menores que chegam às fronteiras chilenas desacompanhados de seus pais ou de um adulto responsável. Para tanto, primeiro, descreve-se o alcance do princípio de não devolução quando este afeta crianças e adolescentes migrantes; em seguida, realiza-se um exame do modelo de cuidado e de proteção que existe atualmente no sistema jurídico chileno para dar uma resposta efetiva, com foco nos Direitos Humanos, à realidade vivida por essas crianças e adolescentes migrantes em situação administrativa irregular e que se encontram em circunstâncias particularmente vulneráveis.

Em resumo, quando crianças e adolescentes, incluindo migrantes, adquirem protagonismo e perceptibilidade na construção de seus ambientes de vida diária, esses locais transformam-se, alteram-se, tornando-se mais democráticos, humanos, acessíveis, acolhedores e, até mesmo, amigáveis (Escobar de Morel, 2012).

O princípio da não devolução

O princípio de não devolução, inicialmente destinado às pessoas cujo asilo ou cuja situação de refugiado é reconhecida (Artigo 33.1 da Convenção relativa ao Estatuto de Refugiados, de 1951) (ONU, 1951), foi gradualmente ampliado (Artigo 4 da Lei nº 20.430, de 15 de abril de 2010, sobre proteção aos refugiados). Sem ir mais longe, a Corte Interamericana de Direitos Humanos (2018, p. 60), no caso Família Pacheco Tineo *versus* Bolívia (novembro de 2013), teve a oportunidade de interpretar o artigo 22.8 do Pacto de San José de Costa Rica, chegando à conclusão de que

> [...] é possível considerar que o sistema interamericano reconhece o direito de qualquer pessoa estrangeira, e não apenas asilados e refugiados, à não devolução quando sua vida, integridade e/ou liberdade correm risco de violação, independentemente de sua situação legal ou condição migratória no país em que se encontre. Em suma, o princípio de não devolução deve ser reconhecido para todos os sujeitos estrangeiros, independentemente de sua idade, e não apenas para uma categoria específica da mentalidade humana coletiva, como aqueles que buscam asilo ou refúgio.

Portanto, embora o princípio da não devolução vise proteger a vida e a liberdade dos perseguidos, no caso de crianças e adolescentes, o objeto dessa proibição – que, em si, é um direito – abrange não apenas a proteção do direito intrínseco à vida e à liberdade, mas também a proteção do direito dos menores de sobreviver e de desenvolver suas capacidades evolutivas e, por conseguinte, o dano irreparável que procura prevenir também inclui a violação do conjunto de direitos essenciais para o desenvolvimento integral de crianças e adolescentes, incluindo o direito à identidade (Artigo 8 da CDC), à saúde (Artigo 24 da CDC), à educação (Artigos 28 e 29 do CDC), à integridade (Artigo 19 da CDC) e a ser protegido de todas as formas de exploração econômica, bem como de exploração e abuso sexual (Artigos 32 e 34 da CDC) (Panqueva Otálora, 2018).

Além disso, o Comitê dos Direitos da Criança (Comité de los Derechos del Niño, 2005), em seu Comentário Geral Número 6, determina que, se os requisitos para obtenção da situação de refugiado, previstos na Convenção de 1951, não forem atendidos, os menores separados ou desacompanhados devem desfrutar da proteção complementar disponível na medida determinada por suas necessidades de cuidado. Isso significa, como não pode deixar de ser, que devem ser garantidos, conforme possível, o gozo de todos os Direitos Humanos reconhecidos às crianças e aos adolescentes no Estado de acolhimento, inclusive aqueles que pressupõem permanência regular naquele território.

Nesse sentido, para além das disposições contidas no Projeto de Lei de Migração e Estraneidade que tramita atualmente no Parlamento chileno – o qual regulamenta o retorno assistido de crianças e adolescentes desacompanhados ou separados –, consideramos imprescindível a consagração normativa do princípio de não devolução de crianças e adolescentes, declarando expressamente que deve ser considerada como regra geral, e nunca como exceção. Ademais, deve-se ficar claro que a mencionada obrigação de não devolução de crianças e adolescentes migrantes assumida pelo Estado chileno se aplica independentemente de as graves violações dos direitos dessas pessoas serem imputáveis a atores não estatais ou de as ameaças ou violações em questão serem premeditadas ou uma consequência indireta da ação ou omissão do Estado. É evidente que, à luz da CDC e da Convenção sobre a Proteção dos Direitos de Todos os Trabalhadores Migrantes e Membros de suas Famílias, as expulsões coletivas de crianças/adolescentes e famílias migrantes devem ser expressamente proibidas.

Modelo atual de cuidado e proteção de crianças e adolescentes estrangeiros desacompanhados ou separados

Ideias iniciais

Apesar da existência – ao menos teórica – de uma grande variedade de categorias de crianças e adolescentes desacompanhados ou separados, a maioria está circunscrita a um dos três grupos listados a seguir: aquelas que buscam proteção internacional, incluindo as requerentes da situação de refugiadas; aquelas que foram vítimas de tráfico; e as imigrantes no sentido amplo da palavra, incluindo, nesta última categoria, aquelas que buscam reagrupamento familiar (que, atualmente, representa a maior parcela) ou oportunidades econômicas ou educacionais. Também é importante destacar que essas categorias não se excluem, tais quais departamentos que estão isolados uns dos outros, mas justamente o contrário, pois pode haver concomitância e mobilidade dentro delas.

Nesse sentido, e para dar uma resposta integral às necessidades específicas de crianças e adolescentes, o sistema deve ser dotado de um procedimento claro e de acordo com as normas internacionais vigentes na matéria para tratar, em cada caso específico, das exigências de proteção e da busca de soluções duradouras, sempre tendo como eixo transversal o conceito jurídico indeterminado do melhor interesse da criança, bem como os princípios da não discriminação, da sobrevivência, do desenvolvimento, da participação e da não devolução.

Observado o exposto, e antes de proceder ao exame detalhado do iter procedimental que se segue no Chile desde o momento preciso em que um menor estrangeiro desacompanhado ou separado dos pais é identificado em suas fronteiras, não podemos deixar de sublinhar, mais uma vez, em razão de efeitos limitantes que isso acarreta a falta endêmica de uma norma jurídica que venha a desenvolver essas questões de forma abrangente, transparente e exaustiva (Soler Sánchez e Martín Cubas, 2015).

Com efeito, a mera existência da Circular n. 4, de 2 de março de 2018, do Serviço Nacional de Menores, que informa sobre a política e o procedimento sobre a gestão de casos de crianças e adolescentes cujos direitos sejam violados, estrangeiros ou chilenos que se encontrem no exterior, reafirma nossa convicção de considerar que a prática de desenvolver essas matérias por meio de vários regulamentos de natureza administrativa, sob a fórmula de resoluções, circulares, decretos, acordos de colaboração e outros, implica dotar o sistema de um evidente grau de improvisação e heterogeneidade, bem como a evidência de que estamos perante uma regulação frágil, sem mecanismos adequados de responsabilização, nem de fiscalização, em que o cumprimento do seu conteúdo é atribuído, sem maior controlo, aos seus executores, abrindo, nesse sentido, importantes espaços de discricionariedade (Cepeda Valdés, 2019; Facultad de Ciencias Sociales de la Pontificia Universidad Católica de Chile e Centro de Estudios Justicia y Sociedad, 2020).

Diante dessa situação, e em resposta à deficiente estrutura regulatória que envolve o tema, na prática, foi gerado um *modus operandi* particular para aqueles casos em que as autoridades de fronteira chilenas detectam a presença de um menor desacompanhado ou separado dos pais tentando entrar em seu território. De fato, em tais circunstâncias, a criança estrangeira ou o adolescente estrangeiro são imediatamente encaminhados – via relatórios policiais correspondentes da Polícia de Fronteira ou da Polícia Investigativa – à Vara de Família competente, para que, se considerado apropriado, o caso de proteção adequada possa ser iniciado. Tudo isso é feito de acordo com as disposições contidas na Lei nº 19.968, sobre a criação dos Tribunais de

Família, que atribui a este órgão jurisdicional a proteção do direito à liberdade pessoal e à segurança individual dos menores (Lathrop Gómez, 2014).

Em nenhum caso, antes da determinação de seu melhor interesse e da avaliação de suas necessidades de proteção pelas autoridades competentes – no nosso caso, Vara de Família –, poderão ser impedidos de entrar ou devolvidos "no calor do momento", ou sumariamente, do ponto de fronteira. Tampouco podem ser detidos com base na aplicação de políticas ou práticas migratórias. Sem dúvida, o mais importante, nesse momento inicial, é a adequada determinação da identidade da criança ou do adolescente, de forma a facilitar o seu correto encaminhamento, garantindo, assim, assistência e atenção imediatas (Oficina del Alto Comisionado de las Naciones Unidas para los Refugiados, 1997; Separated Children in Europe Programme, 2010).

Uma vez que o processo tenha sido encaminhado à Vara de Família, há dois cenários possíveis: que se trate de uma criança separada/um adolescente separado ou de uma criança desacompanhada/um adolescente desacompanhado. No primeiro caso, trata-se de um menor separado de ambos os pais (ou de seus responsáveis legais ou habituais), mas não necessariamente de outros parentes ou adultos de referência, portanto, pode ser um menor acompanhado de outras pessoas significativas (um amigo da família, vizinhos, parentes distantes). No segundo caso, encontramo-nos diante de uma criança separada/um adolescente separado de ambos os progenitores e demais parentes e que, além disso, não está sob os cuidados de um adulto que, por lei ou costume, tenha essa responsabilidade (Comité de los Derechos del Niño, 2005). Analisemos cada uma dessas categorias em mais detalhes.

Crianças e adolescentes separados

No caso de crianças e adolescentes separados, o órgão jurisdicional, em regra, costuma-se adotar medida cautelar especial – uma das previstas no Artigo 7 da Lei nº 19.968 – e conceder cuidados pessoais ao adulto de referência, com quem o menor cruzou a fronteira. Em outras palavras, a criança ou o adolescente não são referidos a um recurso residencial, mas, sim, são mantidos, na medida do possível, junto do adulto significativo com quem chegaram ao país. Isso, claro, a menos que seja evidente que tal medida não condiga com seu melhor interesse, por considerar, por exemplo, que sua integridade física e/ou mental corra algum risco, ou porque o vínculo – afetivo, de confiança – que os una ao referido adulto de referência, ou pela constatação de indícios de maus-tratos, de negligência ou de qualquer outro indicador que denote situação de violação de direitos.

Posteriormente, e como consequência do estado de alarme sanitário que vivemos durante a pandemia de Covid-19, a criança ou o adolescente – separados – e o adulto ou o grupo de adultos que os acompanha foram enviados, sob a responsabilidade do Ministério da Saúde, para uma "residência sanitária", para realizar a quarentena obrigatória de 14 dias. Ao mesmo tempo, a Vara de Família iniciava as investigações necessárias para contatar a família da criança ou do adolescente – que, como regra geral, já estava em território chileno – para que, uma vez terminado o período de quarentena, possa ir para a "residência sanitária" e reunir-se com seu filho e/ou sua filha.

A partir desse momento, o sistema não previa nenhum mecanismo oficial que, de forma coordenada, garantisse acompanhamento, apoio ou aconselhamento a crianças e adolescentes em condições migratórias irregulares e suas famílias, com o objetivo de facilitar e agilizar o processamento de vistos temporários, sua correta inscrição em um centro educacional e sua incorporação ao sistema de saúde da previdência social. No máximo, eram-lhes oferecidas informações genéricas sobre as organizações da sociedade civil que oferecem esse tipo de informação e de assistência (Bravo, Santos e Del Valle, 2015).

Crianças e adolescentes desacompanhados

Se estivermos diante de uma criança desacompanhada ou de um adolescente desacompanhado, dada sua evidente situação de vulnerabilidade, a Vara de Família decreta uma medida cautelar (Artigo 71 da Lei nº 19.968) e inicia procedimentos para contatar sua família – pois não é raro que já esteja no Chile. Somente se não houver outra escolha, como *último recurso*, é que se decide colocar a criança ou o adolescente em uma residência do Serviço Nacional de Menores – seja um centro administrado diretamente, seja um que dependa de um órgão colaborador credenciado. Neste último caso, também deve ser assegurado que a criança ou o adolescente passem pelo período de quarentena correspondente, não em uma "residência sanitária", mas nas instalações que o centro residencial instalou para esse fim.

No prazo de cinco dias após a decretação da medida cautelar, a Vara de Família – por força do disposto no Artigo 72 da Lei da Vara de Família (Chile, 2004) – convoca uma audiência preparatória e nomeia um *curador ad litem* (Programa Mi Abogado)[1] para representar legalmente a criança ou o adolescente. Nesse momento, tratando-se de menores estrangeiros não acompanhados, conforme estipulado na Circular nº 4, de 2 de março de 2018, do Serviço Nacional de Menores, o diretor ou um funcionário do centro residencial onde a criança ou o adolescente residem deve instar o Escritório Internacional do Serviço Nacional de Menores para que, de forma célere, inicie as investigações necessárias para contatar os familiares dessa criança ou desse adolescente, seja em território chileno, seja em seu país de origem, seja em um terceiro Estado. Não obstante o exposto, em virtude da demora e da lentidão associadas a essa forma oficial de proceder, as Varas de Família optam, na prática, por tentar ter acesso direto a tais informações, por meio do *curador ad litem* ou das pessoas responsáveis pela residência onde a criança ou o adolescente estão hospedados (Comité de los Derechos del Niño, 2005).

Da mesma forma, a Vara de Família também ordena ao Serviço de Registro e Identificação Civil que forneça às crianças e aos adolescentes estrangeiros em situação irregular e vulnerável – sujeitos à medida de proteção – uma carteira de identidade provisória, que lhes permita terem identificação até obterem um visto do Departamento de Estraneidade e

---

[1] N. do E.: Programa Meu Advogado, em tradução livre. Trata-se de um programa chileno de assistência jurídica para crianças e adolescentes que estão sob a proteção do Serviço Nacional de Menores.

Migração do Ministério do Interior e Segurança Pública, e, também, que lhes facilite o acesso tanto ao sistema educacional quanto aos serviços de saúde. De fato, em virtude da Decreto Isento 119, de 17 de abril de 2017, estabelece-se qual é o procedimento especial a ser seguido para conceder, por ordem da Vara de Família, uma carteira de identidade provisória em benefício dessas crianças e desses adolescentes desacompanhados ou separados em situação migratória irregular.

Esse procedimento não é particularmente complexo e consiste em duas etapas essenciais. Primeiro, o requerente, ou seja, o adulto responsável pela criança/pelo adolescente ou um funcionário da instituição de acolhimento (ou alguém que a Vara ordene) deve acompanhar o pedido com a respectiva decisão judicial que ordena a medida – com a assinatura digital da autoridade judicial –, e, depois, o funcionário do Serviço de Registro Civil e Identificação deve entrar na parte de obtenção referente à documentos do Sistema de Identificação e proceder à atribuição do número de identificação provisório.

Reagrupamento familiar e tramitação do visto temporário para crianças e adolescentes

Sem detrimento do tratamento e da obtenção da carteira de identidade provisória a que nos referimos no tópico anterior, o Serviço Nacional de Menores, via sua Unidade de Relações Internacionais, deve, ao menos em papel, dar início a todos os procedimentos necessários para proceder ao reagrupamento familiar, bem como contactar o Departamento de Estraneidade e Migração do Ministério do Interior para gerir o visto temporário, que substituirá o referido documento de identificação provisório.

Essa fase, que poderíamos classificar como *investigação*, tem como objetivo buscar elementos de julgamento suficientes para adotar uma decisão fundamentada sobre o futuro da criança ou do adolescente migrantes desacompanhados ou separados dos pais, a fim de realizar seu retorno assistido ao país de origem ou ao país onde se encontram seus familiares, ou, na falta destes, facilitar sua permanência em território chileno, seja reunindo-os a seus parentes, se estiverem no Chile, seja concedendo sua tutela ao Estado. De acordo com o princípio do melhor interesse da criança/do adolescente, o retorno ao país de origem, se for considerada a medida mais apropriada, deve ser feito pelo reagrupamento familiar ou colocando o menor à disposição dos serviços sociais de seu país de origem ou residência, desde que, é claro, seja comprovado que ele preenche as condições mínimas para seu cuidado e sua proteção (Ceriani Cernadas, García e Gómez Salas, 2014).

Em suma, uma das principais dificuldades encontradas nessa etapa é a identificação do menor (reunindo todas as informações possíveis) e a avaliação de sua situação atual, ou seja, a presença de um adulto que possa se encarregar de seus cuidados, a investigação sobre o contexto familiar de origem e de outras circunstâncias pessoais e familiares que o cercam. Outro aspecto a destacar, que não pode passar despercebido, é a informação prestada às crianças e aos adolescentes sobre sua situação e seus direitos. Não somente quanto ao seu conteúdo, mas também no que diz respeito às alterações que vão surgindo no tratamento do seu caso e como as decisões adotadas afetam sua vida. Isso significa que crianças e adolescentes desacompanhados e separados devem ser prontamente informados e consultados sobre o processo de busca da família e, uma vez iniciado, sobre seu desenvolvimento. Suas opiniões e seus pontos de vista devem ser levados em consideração ao longo de todo esse processo.

Nos casos em que uma criança/um adolescente não tenha documentos de seu país de origem ou visto de residência no Chile, o centro residencial ou programa do Serviço Nacional de Menores ou da rede de instituições colaboradoras para as quais foi encaminhada pela Vara de Família deve, dentro de 48 horas após sua admissão, informar a Unidade de Relações Internacionais. Isso é feito por *e-mail*, com cópia para o Departamento de Proteção de Direitos e a Direção Regional correspondente. Da mesma forma, essas instituições têm a obrigação de inserir os registros da criança/do adolescente na base de dados Senainfo,[2] e iniciar, com o apoio da Unidade de Relações Internacionais, os trâmites do pedido de visto de residência.

A entrada dos dados de identificação da criança/do adolescente no Senainfo é o primeiro filtro para verificar se um menor tem sua documentação pessoal em ordem e, se aplicável, um visto de residência. O objetivo é assegurar que todas as crianças e os adolescentes incluídos nesse banco de dados tenham sua documentação ou seu visto de residência atualizados e, se este não for o caso, iniciar os passos necessários para obtê-lo.

A pedido das entidades responsáveis pela criança/pelo adolescente, o visto deve ser solicitado, pelas Administrações Regionais do Serviço Nacional de Menores, ao Chefe do Departamento de Estraneidade e Migração do Ministério do Interior, anexando a documentação exigida para esse subtipo de visto temporário, e, caso algum documento não tenha sido anexado, explicando as razões pelas quais isso ocorreu. Esse pedido deve ser enviado com cópia para a Unidade de Relações Internacionais do Sename, para que, se necessário, possam dar suporte a esses processos.

Se a criança ou o adolescente estiver em situação irregular, devem ser tomadas as medidas necessárias para obter certidão de nascimento, carteira de identidade e/ou passaporte, conforme o caso. Para isso, o centro ou o programa responsável pela criança deve entrar em contato no menor tempo possível com o Consulado do país de origem da criança ou do adolescente e solicitar a emissão de seus documentos. Nesse ponto, mais uma vez, pode ser necessário o apoio da Unidade de Relações Internacionais.

Além disso, se a criança/o adolescente entrou no país de forma irregular por meio de uma passagem não autorizada da fronteira, fica claro que não poderá acompanhar seu pedido de visto ao Departamento

---

[2] N. do E.: base de dados do governo chileno, pertencente ao Ministério do Desenvolvimento Social e da Família.

de Estraneidade e Migração com um cartão de turismo válido, uma vez que não o possui. Por essa razão, no ofício dirigido ao Departamento, deve-se indicar expressamente que a criança ou o adolescente entrou no Chile via uma passagem de fronteira não autorizada. Ademais, nesse caso, havendo infração às normas de migração, a decisão de conceder ou não o visto não é do Chefe do Departamento de Estraneidade e Migração, mas, sim, do Subsecretário do Interior. Tal eventualidade faz o tempo de processamento atrasar exponencialmente, o que entendemos não ser adequado aos padrões internacionais de Direitos Humanos assumidos pelo Estado chileno. Isso faz parecer que a condição de migrante irregular dessa pessoa é priorizada, e não seu *status* de criança ou de adolescente.

Informada a concessão do visto, cabe ao adulto responsável pela criança/pelo adolescente, ou aos profissionais do centro, ou ao programa que está realizando a intervenção – ambulatorial ou residencial – realizar as diligências necessárias à realização do carimbo do visto da criança/do adolescente. Esse procedimento é efetuado na Administração competente, ou no Departamento de Estraneidade e Migração, caso resida na Região Metropolitana. Se o menor não tiver passaporte nem a possibilidade de aceder a um, deve ser solicitado que o visto seja carimbado no título de residência.

O título de residência é um documento especial que pode ser concedido em caráter excepcional e de forma restritiva a estrangeiros, independentemente de sua idade, que tenham visto concedido no país e que sejam apátridas, cidadãos de países que não tenham representação consular no Chile ou aqueles que se encontrem impedidos de obter passaporte. O objetivo desse documento é registrar o visto já aprovado em substituição do passaporte, tendo valor apenas dentro do território nacional, e sua data de validade deve ser idêntica à do seu visto.

Uma vez carimbado o visto, deve dirigir-se, juntamente com a criança ou o adolescente, à Polícia de Investigação, para proceder ao registro do visto correspondente. Dessa forma, os vistos são inscritos no *Registro Geral de Estrangeiros*, e a Polícia de Investigação (no final desse procedimento) emite o respectivo certificado de registro de visto. Por fim, com esse documento, o adulto responsável pela criança/pelo adolescente ou o profissional do centro ou o programa deve dirigir-se, com ele, ao serviço de Registro e Identificação Civil, com a finalidade de obter a cédula de identidade para estrangeiros residentes.

Considerações finais

Todas as crianças e todos os adolescentes desacompanhados ou separados devem ser percebidos e tratados prioritariamente como menores e sua situação migratória sempre considerada como elemento secundário ou acessório. As questões migratórias não podem ser a base para que se recuse que uma criança/um adolescente entre ou permaneça no país.

Os princípios de proteção e de bem-estar devem ser a principal consideração no tratamento de todas as crianças e de todos os adolescentes desacompanhados ou separados por funcionários de migração, polícia, Vara de Família e outros atores sociais. Todos eles devem ter acesso a serviços de proteção para menores, educação e serviços de saúde.

Seria altamente recomendável que o Projeto de Lei de Migração e Estraneidade fornecesse uma visão geral simples e clara dos princípios, das políticas e das práticas necessárias para implementar medidas que garantam as verdadeiras promoção e proteção dos direitos dos menores desacompanhados ou separados no Chile.

Faz-se extremamente importante que os profissionais que trabalham com crianças ou adolescentes desacompanhados ou separados (incluindo policiais de fronteira) recebam treinamento adequado e contínuo. Essa capacitação deve ter foco nas necessidades e nos direitos dessas crianças e desses adolescentes, bem como nas questões culturais e no desenvolvimento de ferramentas adequadas para melhorar a comunicação. A formação ministrada deve garantir que os profissionais sejam sensíveis às questões culturais e de gênero e estejam familiarizados com a comunicação intercultural.

Referências

ÁLVAREZ ESCUDERO, R. Vulnerabilidad de niños, niñas y adolescentes migrantes. El caso chileno. *In*: CENTRO DE INVESTIGACIÓN, CAPACITACIÓN Y ASESORÍA JURÍDICA DEL DEPARTAMENT (ed.). *II Congreso Iberoamericano Interdisciplinario de la Familia e Infancia*: violencia contra niños, niñas y adolescentes en colectivos vulnerables – Concurso Internacional de Ponencias. Lima: Pontificia Universidad Católica del Perú, 2019. p. 299-315. Disponível em: https://repositorio.pucp.edu.pe/index/bitstream/handle/123456789/168823/II%20Congreso%20de%20familia%20WEB.pdf?sequence=1. Acesso em: 4 nov. 2022.

BRAVO, A.; SANTOS, I.; DEL VALLE, J. Los derechos y garantías de los menores extranjeros no acompañados. *In*: CABEDO MALLOL, V. (coord.). *Menores no acompañados*: los otros inmigrantes. Actividades, investigaciones y docentes. Valencia: Tirant lo Blanch, 2015. p. 251-70.

CEPEDA VALDÉS, S. ¿Es posible la protección de los derechos humanos de niños, niñas y adolescentes migrantes en el marco de la regulación migratoria actual? Notas a propósito de la vulnerabilidad de la niñez migrante ante la jurisprudencia nacional de acciones de amparo del año 2019. *Señales*, n. 21, p. 116-29, 2019.

CERIANI CERNADAS, P.; García, L.; GÓMEZ SALAS, A. Niñez y adolescencia en el contexto de la migración: principios, avances y desafíos en la protección de sus derechos en América Latina y el Caribe. *Revista Interdisciplinar da Mobilidade Humana*, Brasília, v. 22, n. 42, p. 9-28, 2014. Disponível em: https://www.scielo.br/j/remhu/a/xqF8LGZNCWp7ttTZnDwFFxp/?format=pdf&lang=es. Acesso em: 22 nov. 2022.

CHILE. Ministerio de Justicia y Derechos Humanos. *Circular n. 4, de 2 mar. 2018.* Informa política y procedimiento sobre la Gestión de Casos de Niños, Niñas y Adolescentes vulnerados en sus derechos, extranjeros o chilenos que se encuentren en el exterior o deban ser reunificados con familiares en el extranjero, y deja sin efecto circular nº 10, de 2010, de la Dirección Nacional del Sename. Santiago: Sename, 2018. Disponível em: https://cdn.senainfo.cl/pdf/links/CIRCULAR%20N%C2%B004,%20procedimiento%20NNA%20extranjeros.pdf. Acesso em: 5 fez. 2022.

CHILE. Ministerio de Obras Públicas. Subsecretaría de Obras Públicas. Fiscalía. División Expropiaciones. *Decreto 119 Exento, de 17 abr. 2017.* Extracto. Santiago: Santiago: Biblioteca del Congreso Nacional, 2017. Disponível em: https://www.bcn.cl/leychile/navegar?idNorma=1101907. Acesso em: 5 dez. 2022.

CHILE. Ministerio de Justicia. *Ley núm. 19.968, de 25 ago. 2004.* Crea los Tribunales de Familia. Santiago: Biblioteca del Congreso Nacional, 2004. Disponível em: https://www.bcn.cl/leychile/navegar?idNorma=229557. Acesso em: 5 dez. 2022.

CHILE. Poder Legislativo. Ministerio del Interior. Secretaría del Interior. Ley núm. 20.430. Establece disposiciones sobre protección de refugiados. *Diario Oficial de la Republica de Chile*: Santiago, n. 39.636, p. 8-10, 15 abr. 2010. Disponível em: https://www.acnur.org/5cf995184.pdf. Acesso em: 5 dez. 2022.

COMITÉ DE LOS DERECHOS DEL NIÑO. *Observaciones finales. Examen de los informes periódicos cuarto y quinto presentados por el Estado Chileno, de 30 de octubre de 2015.* Documento CRC/C/CHL/CO/4-5. [*S. l.*]: Unicef, 2015.

COMITÉ DE LOS DERECHOS DEL NIÑO. *Observación general núm. 6, relativa al trato de los menores no acompañados y separados de su familia fuera de su país de origen, de 1 de septiembre de 2005.* Documento CRC/C/GC/6. [*S. l.*]: Unicef, 2005. Disponível em: https://www.acnur.org/fileadmin/Documentos/BDL/2005/3886.pdf. Acesso em: 4 nov. 2022.

CORTE INTERAMERICANA DE DERECHOS HUMANOS. *Opinión Consultiva OC-25/18 de 30 de mayo de 2018, solicitada por la república del Ecuador.* La institución del asilo y su reconocimiento como derecho humano en el sistema interamericano de protección (interpretación y alcance de los artículos 5, 22.7 y 22.8, en relación con el artículo 1.1 de la Convención Americana sobre Derechos Humanos). San José: Corte Interamericana de Derechos Humanos, 2018. Disponível em: https://www.corteidh.or.cr/docs/opiniones/seriea_25_esp.pdf. Acesso em: 5 dez. 2022.

ESCOBAR DE MOREL, M. La participación ciudadana en Paraguay: análisis a partir de la transición democrática *Revista Internacional de Investigación en Ciencias Sociales*, v. 8, n. 1, p. 119-40, 2012. Disponível em: http://scielo.iics.una.py/pdf/riics/v8n1/v8n1a08.pdf. Acesso em: 4 nov. 2022.

FACULTAD DE CIENCIAS SOCIALES DE LA PONTIFICIA UNIVERSIDAD CATÓLICA DE CHILE; CENTRO DE ESTUDIOS JUSTICIA Y SOCIEDAD. (org.). *Estudio exploratorio de caracterización de niños, niñas y adolescentes migrantes de América Latina y el Caribe y sus familias en Chile.* Santiago, Chile: Centro de Estudios Justicia y Sociedad, 2020. Disponível em: https://www.unicef.org/chile/media/4361/file/Estudio%20exploratorio%20de%20caracterizaci%C3%B3n%20de%20ni%C3%B1os,%20ni%C3%B1as%20y%20adolescentes%20migrantes%20de%20Am%C3%A9rica%20Latina%20y%20el%20Caribe%20y%20sus%20familias%20en%20Chile.pdf.. Acesso: 4 nov. 2022.

LATHROP GÓMEZ, F. La protección especial de derechos de niños, niñas y adolescentes en el Derecho chileno. *Revista Chilena de Derecho Privado*, n. 22, p. 197-229, 2014. Disponível em: https://www.scielo.cl/pdf/rchdp/n22/art05.pdf. Acesso em: 4 nov. 2022.

OFICINA DEL ALTO COMISIONADO DE LAS NACIONES UNIDAS PARA LOS REFUGIADOS. *Directrices sobre políticas y procedimientos relativos al tratamiento de niños no acompañados y separados solicitantes de asilo*. Ginebra: ACNUR/Unicef, 1997. Disponível en: https://www.acnur.org/fileadmin/Documentos/BDL/2008/6027.pdf. Acesso em: 4 nov. 2022.

ORGANIZACIÓN DE LAS NACIONES UNIDAS (ONU). *Convención sobre el Estatuto de los Refugiados*. Ginebra: ONU, 1951. Disponível em: https://www.acnur.org/5b0766944.pdf. Acesso em: 5 dez. 2022.

PANQUEVA OTÁLORA, S. *Formas específicas de persecución infantil*. Valencia: Tirant lo Blanch, 2018.

REY MARTÍNEZ, F. La discriminación múltiple, una realidad antigua, un concepto nuevo. *Revista Española de Derecho Constitucional*, n. 84, p. 251-83, sept./dic. 2008. Disponível em: https://dialnet.unirioja.es/descarga/articulo/2775864.pdf. Acesso em: 4 nov. 2022.

SEPARATED CHILDREN IN EUROPE PROGRAMME. *Declaración de buenas prácticas*. 4. ed. [*S. l.*]: ACNUR/Unicef, 2010. Disponível em: https://www.refworld.org.es/docid/4ccac66b2.html. Acesso em: 4 nov. 2022.

SOLER SÁNCHEZ, M.; MARTÍN CUBAS, J. Los derechos y garantías de los menores extranjeros no acompañados. *In*: CABEDO MALLOL, V. (coord.). *Menores no acompañados*: los otros inmigrantes. Valencia: Tirant lo Blanch, 2015. p. 23-51.

YÁÑEZ ESPINOZA, M. Niñez y migración: comentarios a la propuesta de reforma legal en Chile. *Revista sobre la Infancia y la Adolescencia*, n. 19, p. 32-46, 2020. Disponível em: https://polipapers.upv.es/index.php/reinad/issue/download/1005/353. Acesso em: 4 nov. 2022.

8

Primeira Infância: prioridade absoluta na agenda pública brasileira?

Carolina Terra | Irene Rizzini

A partir da Constituição Federal de 1988 e do Estatuto da Criança e do Adolescente, Lei nº 8.069, de 13 de julho de 1990, crianças e adolescentes são reconhecidos legalmente como sujeitos de direitos e devem constituir prioridade absoluta na agenda pública brasileira. Mudanças significativas ocorreram desde então no que tange às concepções de infância, bem como aos seus desdobramentos no campo das políticas públicas. Muito se avançou. As propostas de mudança encontram resistências, e nem sempre acompanhamos reordenamentos institucionais propostos, mas o fato é que muito se avançou.

O reconhecimento da Primeira Infância – período que compreende os primeiros seis anos de vida da criança – como alvo específico de estudos e políticas foi posterior à compreensão mais genérica da criança e do adolescente como sujeitos de direitos. Levou tempo para que se aplicasse o referencial de direitos à criança em seus primeiros anos de vida. Esse movimento, que se intensifica nos últimos anos, faz-nos lembrar do que Ariès (1978) descreve em seu estudo iconográfico *História social da criança e da família*: a criança, gradativamente, deixa de ser vista como um "pequeno adulto" para ser concebida como um "ser em desenvolvimento".

A dimensão social de infância foi se transformando ao longo da História. Reflexo das novas ideias que surgiram em meio a mudanças políticas, econômicas e sociais do século XIX para o XX, o conceito de infância adquiriu novos significados e uma dimensão social sem precedentes até então (Rizzini, 2011). A criança pequena, entretanto, continuou a ser vista como algo reservado ao universo privado da família, e não como objeto de intervenção estatal, com exceção daquelas caracterizadas como órfãs ou abandonadas.

É no contexto contemporâneo de saída da criança pequena do ambiente doméstico, reflexo das transformações da sociedade industrial e do aumento do trabalho feminino, que a Primeira Infância deixa de ser objeto de tutela e preocupação exclusivamente familiar. Como afirma Fúlvia Rosemberg (2009), esse movimento a faz alcançar um novo "*status*", passando a ser objeto de

> [...] normatização científica, de regulamentação e controle estatais e, portanto, um capítulo das políticas públicas, suscitando reivindicações, disputas por concepções e recursos e negociações entre atores sociais. (Rosemberg, 2009, p. 3)

Em 2019, o Governo Federal e o Congresso (mediante o Plano Plurianual) instituíram os anos de 2020 e 2021 como o Biênio da Primeira Infância do Brasil (Lei 13.960). Nesse Biênio, foram previstos seminários com especialistas brasileiros e estrangeiros sobre o tema da Primeira Infância, audiências públicas com famílias e organizações da sociedade civil, publicações sobre boas práticas e outros temas de relevância para as políticas públicas voltadas à Primeira Infância, assim como definição e publicação de parâmetros de atuação intersetorial para a promoção do desenvolvimento na Primeira Infância, premiação de estados e municípios por boas práticas de políticas públicas voltadas a promover o desenvolvimento infantil e recomendações ao Governo Federal de políticas públicas intersetoriais voltadas à Primeira Infância (Brasil, 2019).

São, portanto, múltiplas iniciativas que, em conjunto, marcam uma nova era de atenção à criança no início da vida. Neste texto, as autoras discutem elementos da construção social da Primeira Infância e das políticas públicas, que ajudam a compreender a crescente atenção dedicada à Primeira Infância por parte dos órgãos internacionais, organizações governamentais e não governamentais e das pesquisas acadêmicas. Esperamos que esta discussão contribua para futuras análises sobre a efetivação das políticas propostas no sentido da real priorização das crianças na Primeira Infância na agenda pública do País.

A construção social da Primeira Infância

Referências aos primeiros anos de vida da criança como um "distinto fenômeno social" podem ser encontradas a partir do século XVIII (Tag, 2012, p. 36). Contudo, estudos que abordam a institucionalização do conceito de Primeira Infância apontam o final dos anos de 1990 e início dos anos 2000 como decisivos para uma significativa mudança de paradigmas no que concerne à importância de compreender, estudar e privilegiar os primeiros anos de vida de uma criança (Penn, 2011; Tag, 2012; Wotipka *et al.*, 2017).

Em um artigo sobre a influência dos discursos de organizações não governamentais internacionais e instituições filantrópicas sediadas no Norte Global,[1] em programas voltados para a Primeira Infância em diversos países, Helen Penn (2011) identificou três perspectivas de compreensão da Primeira Infância: do investimento (*investment perspective*), do desenvolvimento (*development perspective*) e do direito (*entitlements perspective*). A autora ressalta que, muitas vezes, essas instituições mesclam as três perspectivas em seus documentos.

A perspectiva do investimento está diretamente relacionada à teoria do capital humano e foi desenvolvida, sobretudo, por economistas que demonstraram em suas pesquisas que programas voltados para a Primeira Infância tendem a gerar impacto econômico e social maior do que em outras fases da vida. James Heckman, da Universidade de Chicago e vencedor do prêmio Nobel de Economia em 2000, foi um dos expoentes na defesa do investimento na Primeira Infância, demonstrando que o investimento nessa faixa etária é uma estratégia eficaz para o crescimento econômico, considerando que há um retorno de 7% a 10% do investimento feito na criança pequena, tendo em vista o aumento da escolaridade e o desempenho profissional, além de redução de custos com saúde e com o sistema judiciário (Heckman, 2008).

Um dos estudos mais famosos, inspirados nessas ideias, foi o Programa da Pré-Escola Perry, realizado nos Estados Unidos, em 1960. O estudo acompanhou 58 crianças negras, de 3 a 4 anos, nascidas em famílias com baixa renda (sorteadas dentro de um grupo de 123 crianças com o mesmo perfil). Elas passavam 2h30 por dia na Pré-Escola Perry, além de receber visitas domiciliares de professoras todas as semanas, por 1h30min, com o propósito de envolver as mães no processo educacional dos filhos.

[1] As terminologias utilizadas para explicar as divisões do mundo geopolítico (que estão além das divisões geográficas) foram sendo alteradas ao longo do tempo. Aqui, adotamos uma perspectiva advinda dos estudos decoloniais. Nas palavras de Santos e Meneses (2010, p. 12-13), "designamos a diversidade epistemológica do mundo por epistemologias do Sul. O Sul é aqui concebido metaforicamente como um campo de desafios epistémicos, que procuram reparar os danos e impactos historicamente causados pelo capitalismo na sua relação colonial com o mundo. Esta concepção do Sul sobrepõe-se em parte com o Sul geográfico, o conjunto de países e regiões do mundo que foram submetidos ao colonialismo europeu e que, com exceção da Austrália e da Nova Zelândia, não atingiram níveis de desenvolvimento econômico semelhantes ao do Norte global (Europa e América do Norte)".

Um currículo piagetiano (Veloso *et al.*, 2009, p. 106) era seguido. Essas crianças foram acompanhadas por Heckman e sua equipe até completarem 40 anos de idade. Nenhum outro programa de intervenção da Primeira Infância acompanhou as crianças por tanto tempo (Heckman *et al.*, 2010, p. 116). O estudo demonstrou que os adultos que participaram do Programa da Pré-Escola Perry, quando crianças, ao contrário do grupo controle, que não participou, tiveram melhores resultados no que diz respeito a emprego, rendimentos, casamento, saúde, além de comportamentos considerados "saudáveis" e menor envolvimento com crimes (Heckman, Pinto e Savelyev, 2013).

A segunda perspectiva é a do desenvolvimento, relacionada a pesquisas na área de Neurociência. As pesquisas demonstram que estímulos (ou a falta deles), principalmente na primeiríssima infância (período compreendido entre 0 e 3 anos de idade), provocam efeitos no desenvolvimento cerebral da criança (Knudsen, 2004; Nelson, 2000; Plomin e Daniel, 1987; Shonkoff e Phillips, 2000). Em outras palavras, estímulos inadequados ou a ausência de estímulos podem gerar, segundo essas pesquisas, atrasos no desenvolvimento infantil difíceis de serem revertidos no futuro.

Penn (2011) identifica uma terceira perspectiva, ancorada nos preceitos da Convenção sobre os Direitos da Criança das Nações Unidas (ONU, 1989). Trata-se de um movimento que se tornou mais evidente em 2005, a partir de debates que geraram o Comentário Geral das Nações Unidas (*UN General Comment*)[2] número 7, que versa sobre a implementação dos direitos das crianças na Primeira Infância e sua aprovação em 2010 na Assembleia Geral das Nações Unidas. Essa foi, portanto, a primeira resolução aprovada especificamente acerca da Primeira Infância (Tag, 2012).

---

[2] *Comentários Gerais* são documentos elaborados pelas Nações Unidas como uma espécie de interpretação dos tratados de Direitos Humanos. Eles procuram evidenciar as obrigações de relato dos Estados-Partes com relação a certas disposições e sugerem abordagens para a implementação das disposições dos tratados. O documento citado se encontra no seguinte endereço: https://www.refworld.org/docid/460bc5a62.html (acesso em: 19 ago. 2022).

Com financiamento de organismos internacionais, tais quais o Fundo das Nações Unidas para a Infância (Unicef) e o Banco Mundial, países como Chile, África do Sul e Bangladesh desenvolveram programas com foco no desenvolvimento infantil da criança pequena (*Early Childhood Development*) como estratégia para diminuição da pobreza por meio do investimento em capital humano e de políticas de oportunidades para homens e mulheres (Rosemberg, 2009, p. 47). Sobre esse assunto, Katie Monaghan (2012) acrescenta que, desde os anos de 1990, o investimento do Banco Mundial em programas de desenvolvimento da Primeira Infância passou de US$ 126 milhões, em 1990, para US$ 1,6 bilhão, em 2006. Para a autora,

> A ênfase (relativamente) recente no desenvolvimento de "capital humano" pelo Banco Mundial anuncia um movimento além do tradicional neoliberal [...]. O investimento na Primeira Infância, em particular, foi enfatizado como a chave para o sucesso neste paradigma, e os discursos transnacionais dominantes apresentam o desenvolvimento da Primeira Infância como uma poderosa ferramenta de equalização para as economias globais, constituindo o investimento mais poderoso que um país pode fazer, com retornos sobre o curso de vida muitas vezes o valor do investimento original. (Monaghan, 2012, p. 56)

Destacamos outras reflexões que contribuem para o debate. Na opinião de Jens Qvortrup (2009), não se deve deixar desacreditar nas abordagens com foco sobre o investimento em crianças ou sugerir que elas não tenham valor, mas é importante ter em mente que essas pesquisas, que têm servido como base para o desenho de políticas públicas voltadas principalmente para a criança na Primeira Infância ao redor do mundo, retratam e valorizam as crianças pequenas apenas pelo que elas podem se tornar ou devolver à sociedade no futuro. Gaile Cannella (2005) acrescenta que as proposições ancoradas nas concepções de desenvolvimento universal têm tanta influência e hegemonia dentro dos estudos acerca do desenvolvimento da Primeira Infância que passaram a serem vistas como uma espécie de "manual de melhores práticas" e uma verdade absoluta.

Essas abordagens, que se transformaram em discursos dominantes também fora da academia, sobretudo pelos programas financiados pelas organizações multilaterais, não se restringem aos campos da pesquisa e da práxis sobre a Primeira Infância. Elas refletem abordagens hegemônicas, com frequência, oriundas de países do Norte, que desconsideram outras possibilidades de construção do saber. Diversas linhas teóricas sobre esse debate incluem-se nos chamados Estudos Decoloniais (Ballestrin, 2013; Dussel, 2010; Grosfoguel, 2008; Ndlovu-Gatsheni, 2013; Quijano, 2005). Entretanto, é escassa a produção acadêmica que relaciona decolonialidade à infância (Collins, Rizzini e Mayhew, 2021). Essas são considerações relevantes que servem de alerta para evitar o monopólio de ideias e de práticas em âmbito internacional.

No Brasil, Rizzini, Porto e Terra (2014) realizaram uma análise de parte da produção acadêmica brasileira recente sobre a criança na Primeira Infância. O levantamento concentrou-se entre os anos de 2004 e 2013 e foi realizado na base SciELO. Segundo as autoras, houve um aumento de 61% do número de artigos referentes à Primeira Infância, e esse aumento está relacionado sobretudo à promulgação de marcos legais específicos para a criança entre 0 e 6 anos.

Políticas públicas e Primeira Infância no Brasil

Ao contrário de outros países que tiveram programas nacionais voltados ao desenvolvimento integral da Primeira Infância com financiamento de organismos internacionais, o primeiro programa desenvolvido no Brasil foi estadual.[3] Trata-se do Programa Primeira Infância Melhor (PIM), desenvolvido desde 2003 no Rio Grande do Sul, tendo como

[3] Importante reconhecer que, antes da criação do Programa Primeira Infância Melhor (PIM) no estado do Rio Grande do Sul, em 2000, fora criado, no escopo do Programa Comunidade Solidária, o Comitê para o Desenvolvimento Integral da Primeira Infância (Codipi). Apesar de alguns estudos (Costa, 2021; Cruz e Farah, 2016) destacarem que o Codipi inaugurou um olhar integral e intersetorial para as crianças na Primeira Infância, optou-se por destacar o ineditismo do PIM, pois o Codipi não criou iniciativas, mas apoiou e potencializou ações existentes. Por esse motivo, há mais resultados relacionados às ações de sensibilização que às de implementação de ações (Cruz e Farah, 2016).

referência a metodologia do projeto cubano *Educa a tu Hijo*, do qual recebeu apoio à época (Rio Grande do Sul, 2007, p. 22). Além disso, o PIM foi inspiração para outros programas estaduais de Primeira Infância brasileiros, como Cresça Com Seu Filho (Ceará), São Paulo Carinhosa (São Paulo), Primeira Infância Ribeirinha (Amazonas), Primeira Infância Acreana (Acre) e Mãe Coruja Pernambucana (Pernambuco).

Nesse sentido, pode-se questionar se, antes do PIM, nenhuma outra política pública voltada para a Primeira Infância teria existido no Brasil. De fato, outras políticas públicas em nível nacional existiram em território brasileiro, porém, circunscritas a questões específicas, como nos exemplos a seguir.

No governo de José Sarney (entre 1985 e 1990), houve o Programa Nacional do Leite para Crianças Carentes (PNLCC). O programa, ligado à Secretaria Especial de Ação Comunitária, destinava-se ao atendimento das crianças com até 7 anos de idade, pertencentes a famílias com renda mensal de até dois salários-mínimos, no qual cada criança beneficiária tinha direito a um litro de leite por dia (Silva, 1995).

Na gestão de Fernando Collor de Mello (entre 1990 e 1992), havia a meta de extinção do sarampo como prioridade na política de saúde, implantando-se o Plano Nacional de Eliminação do Sarampo, sendo voltado principalmente para crianças na Primeira Infância (Domingues *et al.*, 1997).

Políticas como essas certamente contribuíram para a melhora de alguns índices referentes à Primeira Infância. Conforme relatório do Instituto Brasileiro de Geografia e Estatística (IBGE), denominado *Evolução e perspectivas da mortalidade infantil no Brasil* (IBGE, 1999), concluiu-se que ações de investimento na área básica de saúde contribuíram para a queda da mortalidade infantil que, entre 1980 e 1990, caiu drasticamente de 82,8% para 48,3%.

Essas políticas e esses programas, entretanto, tinham como principal característica a segmentação do olhar para a criança pequena e a transitoriedade, além de não darem conta da dimensão e da diversidade de um país como o Brasil. Programas como o PNLCC não consideravam as especificidades e as necessidades nutricionais de cada criança.

É nesse sentido que o PIM se destaca como o primeiro programa que apresentou em seu desenho a intenção de um olhar integral para as crianças na Primeira Infância. Além disso, o PIM se diferencia por ter sido aprovado como parte integrante da Política Estadual de Promoção e Desenvolvimento da Primeira Infância, por meio da Lei Estadual nº 12.544, de 03 de julho de 2006, deixando, assim, de ser um programa de governo e tornando-se uma política de estado, o que garante mais segurança, orçamento e continuidade. O PIM tem como um de seus eixos centrais a aproximação às famílias por meio de visitas domiciliares, sendo assim descrito:

> As intervenções do PIM junto às famílias ocorrem através de visitas domiciliares e atividades comunitárias semanais às famílias em situação de risco e/ou vulnerabilidade social, visando ao fortalecimento de suas competências para educar, cuidar e proteger suas crianças [...] favorece intervenções centradas na cultura, experiências, necessidades, desejos e interesses de cada família. Nas atividades do PIM são abordados os aspectos físicos, emocionais, intelectuais e sociais do desenvolvimento humano, com execução de atividades lúdicas, a partir de recursos disponíveis em cada contexto. (Rio Grande do Sul, 2017, p. 4)

Pesquisamos sobre possíveis documentos de avaliação que nos dessem informações sobre os resultados do Programa. Segundo estudo publicado por Karine Verch (2017) e financiado pelo Banco Interamericano de Desenvolvimento e Fundação Maria Cecília Souto Vidigal,

> Os eixos de sustentação do Primeira Infância Melhor são: família, comunidade e intersetorialidade. Tais eixos estão presentes desde a concepção do Programa e revelam-se como um dos pontos chave de sucesso uma vez que representam três premissas básicas: o protagonismo da família, o envolvimento comunitário e a participação ativa de diferentes setores da gestão. (Verch, 2017, p. 19)

Um estudo quantitativo do governo do Rio Grande do Sul (2014), desenvolvido pela Fundação Getúlio Vargas, sobre o Programa destaca que cerca de 96% dos cuidadores entrevistados consideraram o PIM importante ou muito importante, e, destes, 37% o consideraram muito importante e 59%, importante.

Com o desenvolvimento de pesquisas com foco na Primeira Infância e com a expansão dos programas estaduais especificamente voltados para as crianças de 0 a 6 anos no país, o interesse nessa área foi aumentando, incluindo instituições do Terceiro Setor.

A Rede Nacional da Primeira Infância (RNPI), fundada em 2007, é uma das iniciativas que se destacam. Formada inicialmente por um pequeno grupo de cerca de dez organizações, a RNPI, hoje composta por cerca de 250 organizações, define-se como

> [...] uma articulação nacional de organizações da sociedade civil, do governo, do setor privado, de outras redes e de organizações multilaterais que atuam, direta ou indiretamente, pela promoção e garantia dos direitos da Primeira Infância – sem discriminação étnico-racial, de gênero, regional, religiosa, ideológica, partidária, econômica, de orientação sexual ou de qualquer outra natureza. (RNPI, 2018)

É interessante notar que a RNPI enfatiza a importância da Primeira Infância para além de uma estratégia para obter ganhos econômicos e sociais no futuro, como expresso no trecho a seguir:

> Em que pese ser a criança prenúncio e preparação da vida adulta – e esse sentido de crescimento exerça fascínio, fundamente esperanças e arregimente investimentos na Primeira Infância – é necessário ver, também, na criança um valor em si mesma. A infância constitui uma etapa da vida com sentido e conteúdo próprios. Adultos inteligentes, criativos, empreendedores, com ampla flexibilidade mental, são antes consequência que objetivos da ação nos primeiros anos de vida. Por isso, não olhamos para as crianças na perspectiva do

> adulto que desejamos que sejam, mas como cidadãs, sujeitos de direitos enquanto crianças. Entendê-la como pessoa em desenvolvimento implica conferir plenitude ao momento da infância por ela ter sentido em si mesma e, adicionalmente, nessa mesma dinâmica, situá-la num processo de formação cuja meta é o sempre mais adiante. (RNPI, 2010, p. 14)

Mediante um processo de construção coletivo e participativo, a RNPI entregou ao Governo Federal, em 2010, o Plano Nacional pela Primeira Infância (PNPI), um documento com abrangência nacional que visa orientar a ação do governo e da sociedade civil até 2022 na defesa e na promoção dos direitos das crianças na Primeira Infância. Em 2020, ele foi revisto, ampliado e atualizado. À época, a intenção era de que esse fosse acolhido, aperfeiçoado e encaminhado ao Congresso Nacional para ser convertido em Lei (RNPI, 2010).[4] O PNPI foi aprovado em sua íntegra pelo Conselho Nacional dos Direitos da Criança e do Adolescente (Conanda) em dezembro de 2010 e serviu como inspiração para, mais tarde, a elaboração do Marco Legal da Primeira Infância (Lei nº 13.257, de 8 de março de 2016).

Sobretudo por meio de estratégias de incidência política da RNPI, a Frente Parlamentar da Primeira Infância foi criada em 2011 (Brasil, 2011), sob coordenação do então deputado federal Osmar Terra (filiado ao Movimento Democrático Brasileiro – MDB – do Rio Grande do Sul). Frentes Parlamentares são associações de parlamentares de vários partidos para debater sobre temas de interesse da sociedade. A cada nova legislatura, elas são refeitas – ou não. À época, 224 parlamentares assinaram o termo de adesão à Frente (Brasil, 2011). Em 2015, a Frente Parlamentar da Primeira Infância passou a ser uma frente mista, por contar com deputados federais e senadores. Atualmente, a Frente é coordenada pela deputada Leandre Dal Ponte (Partido Verde – PV – do Paraná) e conta com 233 deputados e 9 senadores.

---

[4] Uma segunda versão do PNPI foi apresentada em 2020 pela RNPI (2020b).

Em 2015, a Frente Parlamentar Mista da Primeira Infância e a RNPI atuaram como principais atores para a formulação e aprovação do Marco Legal da Primeira Infância. Sancionada em 2016, a Lei nº 13.257 alterou o Estatuto da Criança e do Adolescente (Lei nº 8.069, de 13 de julho de 1990), o Código de Processo Penal (Lei nº 3.689, de 3 de outubro de 1941), a Consolidação das Leis do Trabalho (CLT – Lei nº 5.452, de 1º de maio de 1943), além de alterar o Programa Empresa Cidadã (Lei nº 11.770, de 9 de setembro de 2008) e a lei que versa sobre a Declaração de Nascido Vivo (Lei nº 12.662, de 5 de junho de 2012).

O Marco Legal dispõe sobre as políticas públicas para a Primeira Infância, considerando esse como o período que abrange os primeiros 6 anos completos ou 72 meses de vida da criança, e estabelece

> [...] princípios e diretrizes para a formulação e a implementação de políticas públicas para a Primeira Infância em atenção à especificidade e à relevância dos primeiros anos de vida no desenvolvimento infantil e no desenvolvimento do ser humano. (Brasil, 2016)

No campo da Ciência Política, a aprovação em tempo ágil do Marco Legal da Primeira Infância chamou a atenção, provocando reflexões como a de David Silva (2018). Em suas palavras:

> A sessão de 3 de fevereiro de 2016 no plenário do Senado Federal foi considerada "histórica" por muitos dos parlamentares que dela participaram. Num momento de rara convergência senadores discursavam concordando e elogiando uns aos outros, antigos adversários congratulavam-se. Da tribuna, José Serra (PSDB-SP) dirigia-se a Fátima Bezerra (PT-RN) regozijando-se por estarem "do mesmo lado"; Paulo Paim (PT-RS) abraçava o deputado Darcísio Perondi (PMDB-RS), que ali estava para acompanhar a aprovação, por unanimidade, do projeto que criava o Marco Legal da Primeira Infância (MLPI). O projeto era originário da Câmara, onde fora apresentado no final de 2013 pelo deputado

> Osmar Terra (PMDB-RS), Perondi e outros, e onde fora aprovado também em clima de congraçamento. Chegara ao Senado em fevereiro de 2015 e tramitara de forma rápida. Quatro semanas depois daquela sessão festiva, o MLPI seria sancionado integralmente pela presidente Dilma Rousseff (PT), em 8 de março de 2016. Não parece comum que um projeto evolua no Congresso Nacional de forma tão ágil, escapando das idas e vindas provocadas por emendas e requerimentos, chegando em apenas dois anos à promulgação como lei federal, sem vetos. Pelas lentes do senso comum, poderia ser natural esse consenso em torno do MLPI, fruto de um apoio universal a iniciativas dedicadas ao bem-estar da infância. Essa visão explicaria que nenhum político ousaria interpor-se ao projeto para não parecer inimigo das criancinhas. Um olhar mais acurado, entretanto, sugere que a elaboração de políticas públicas para a Primeira Infância envolve pontos de tensão com valor suficiente para levar a disputas. Os custos de benefícios sociais estabelecidos pelas políticas estão num desses pontos mais visíveis, e há também conceitos ideológicos e religiosos que podem entrar em choque em situações como a de definição de direitos, por exemplo. Assim, o consenso que se formou em torno do MLPI não pode ser simplesmente considerado natural. (Silva, 2018, p. 15-6)

É importante destacar, no entanto, que, antes da promulgação do MLPI, a ex-presidente Dilma Rousseff criou, em 2012, o primeiro programa social voltado para a atenção intersetorial na Primeira Infância no Brasil. Por meio da Medida Provisória 570, que, mais tarde, tornou-se a Lei nº 12.722, de 3 de outubro de 2012, o programa, denominado Brasil Carinhoso, fazia parte do Plano Brasil Sem Miséria[5] e instituiu o Benefício de Superação da Extrema Pobreza na Primeira Infância com o objetivo de assegurar uma renda mínima de R$ 70 por pessoa para famílias na extrema pobreza com filhos com idade entre 0 e 6 anos. Além

---

[5] O Plano Brasil Sem Miséria foi criado em 2011 no governo de Dilma Rousseff com o objetivo de superar a extrema pobreza no Brasil até o final de 2014. O Plano se organizava em três eixos: garantia de renda, acesso a serviços públicos e inclusão produtiva (Paiva, Falcão e Bartholo, 2013).

disso, o programa também previa ampliar o acesso à saúde para as crianças nessa faixa etária e a oferta de vagas em creches, por meio de repasse adicional de até R$ 1.362 às prefeituras por aluno por ano para crianças do Bolsa Família, além da criação do NutriSUS, que tinha como objetivo principal a prevenção e controle de deficiências de vitaminas e minerais. A ação consistia na distribuição de sachês com 15 micronutrientes na alimentação de crianças de 6 meses a 3 anos e 11 meses matriculadas em creches participantes do Programa Saúde na Escola (PSE) (Ministério da Saúde, 2014).

Inspirado, ainda, nos programas estaduais voltados para a criança pequena, Michel Temer, ao assumir a presidência do Brasil em 2016, fez da Primeira Infância uma de suas bandeiras para as políticas de Assistência Social. Para alguns analistas políticos, essa foi uma estratégia para diminuir a rejeição que estava sofrendo por uma parcela da sociedade, dado que sua chegada ao cargo presidencial foi por intermédio de um *impeachment* controverso vivido por Dilma Rousseff. Apesar da existência do Brasil Carinhoso, Temer criou o próprio programa voltado para a Primeira Infância, batizado de Programa Criança Feliz (PCF). O ponto central do programa é a visita semanal de técnicos às casas das famílias de baixa renda para acompanhar e estimular o desenvolvimento das crianças até os 3 anos de idade. O público-alvo se forma por gestantes e crianças de 0 a 3 anos de idade beneficiárias do Bolsa Família, e crianças até 6 anos com algum tipo de deficiência e que recebem o Benefício de Prestação Continuada (BPC), previsto na Lei Orgânica de Assistencial Social (Loas), garantindo um salário-mínimo mensal à pessoa com deficiência com renda por pessoa do grupo familiar inferior a um quarto de salário-mínimo atual. Ademais, são acompanhadas as crianças de até 6 anos que estão afastadas do convívio familiar em função de medidas protetivas.

Sem causar surpresas, a então primeira-dama, Marcela Temer, que foi alçada ao posto de embaixadora do Programa, focalizou seu discurso nos ganhos futuros que o investimento na Primeira Infância poderia causar. Em suas palavras:

> [...] cercada de carinho e cuidados específicos desde a gravidez uma criança terá mais possibilidades de aprendizado quando chegar à escola. Os cuidados na Primeira Infância, por exemplo, ajudam a inibir o comportamento agressivo e violento na adolescência. Dessa forma, esse adolescente se tornará um adulto mais preparado para a vida. (Estadão Conteúdo, 2017)

De acordo com Mariz (2018), em uma matéria d'*O Globo*,

> No início de 2017, os marqueteiros do governo tinham um ambicioso plano para alavancar a popularidade do presidente Michel Temer, à época na casa dos 13%. A ideia consistia em escalar a primeira-dama Marcela Temer para participar de uma série de atos oficiais relacionados ao programa Criança Feliz, do Ministério do Desenvolvimento Social, e criar, assim, uma agenda positiva a Temer.

Uma matéria do portal *BBC News Brasil* (Rossi, 2017), entretanto, é mais clara nesse sentido: "Lançado pela primeira-dama Marcela Temer em outubro do ano passado, o Criança Feliz é uma tentativa do governo impopular de Michel Temer de ter uma vitrine na área social".

No governo de Jair Bolsonaro, iniciado em 2019, o Programa foi mantido e ampliado. Seguindo a mesma linha de sua antecessora, a primeira-dama, Michele Bolsonaro, também se envolveu no desenvolvimento do programa. Repete-se o discurso sobre a preocupação da "Primeira Infância como futuro". Em suas palavras,

> [...] políticas públicas focadas nesse período da evolução humana têm incrível potencial para gerar transformações sociais, sobretudo no que diz respeito aos resultados na educação, na redução de desigualdades e na saúde humana. (Tokarnia, 2019)

Destacamos a insistência nos argumentos economicistas centrados nos investimentos para o futuro não por desconsiderarmos sua relevância. As evidências desse tipo de investimento foram centrais para que a

Primeira Infância começasse a ser incluída na agenda pública nacional. O desafio é transpor a retórica em prática.

Os dados apresentados indicam que houve, de forma inusitada, certa continuidade da política pública originalmente implementada em 2016. Cabe perguntar: Quais investimentos efetivamente foram alocados em âmbitos federal, estadual e municipal? Quais resultados foram obtidos? Quais impactos produziram concretamente benefícios ao desenvolvimento e ao bem-estar de crianças na Primeira Infância no Brasil?

Acesso a dados para avaliação e adequação das políticas

Buscamos responder a essas perguntas e nos deparamos com imensos desafios. Acessar dados abertos e desagregados sobre o Programa Criança Feliz, por exemplo, mostrou-se quase impossível. Para além de relatórios e estudos oficiais do governo (Ministério da Cidadania, 2019a, 2019b, 2020), não há dados abertos e disponíveis para pesquisa, como os do IBGE e de outros institutos de pesquisa. Entretanto, são questões essenciais para que os programas em curso sejam avaliados em sua eficácia, indicando os pontos de sucesso que devem ser mantidos e identificando as fragilidades e as lacunas que demandam mais investimentos. A descontinuidade dos programas, assim como a falta de monitoramento e avaliação realizados de forma sistemática constituem problemas bem documentados na literatura sobre as políticas públicas brasileiras (Costa e Castanhar, 2003; Crumpton *et al.*, 2016; Ramos e Schabbach, 2012). No caso das políticas públicas voltadas para a Primeira Infância, não é diferente.

Em relatório elaborado pela Controladoria-Geral da União (2020), cujo objetivo foi mapear e avaliar o cenário atual das políticas públicas federais voltadas à Primeira Infância e a priorização desse público pelo governo federal, principalmente por meio das ações dos Ministérios da Saúde; da Educação; da Cidadania; da Justiça e Segurança Pública; da Mulher, da Família e dos Direitos Humanos e, por fim, da Secretaria Especial da Cultura, concluiu-se que

> Todas as áreas do escopo desenvolvem ações voltadas à primeira infância. No entanto, estas são executadas de forma independente e descoordenada. Não há uma política que as integre, tampouco coordenação intersetorial que as envolva, numa ação conjunta. As ações mapeadas, em sua maioria, não possuem elementos de monitoramento e avaliação – essenciais ao acompanhamento do alcance dos resultados pretendidos e que possibilitam a realização dos ajustes necessários ao longo de sua execução. A transparência é marcada por uma precária divulgação dos resultados das ações, o que dificulta o controle social. A falta de identificação e divulgação dos recursos orçamentários evidenciam uma priorização comprometida da primeira infância. (Controladoria-Geral da União, 2020, p. 3)

Se as evidências expostas mostram que há, claramente, um conjunto de iniciativas em prol da Primeira Infância que vem fazendo diferença no país, elas mostram, também, a fragilidade dessas ações, sobretudo no atual contexto de um governo que se mostra abertamente desfavorável a iniciativas no campo dos Direitos Humanos e diante de uma pandemia com imensos impactos sobre a população.

No dia 11 de março de 2020, a Organização Mundial da Saúde (OMS) reconheceu a Covid-19, doença causada pelo novo coronavírus, como uma pandemia. No momento em que o Brasil ainda tentava se recuperar da primeira onda da doença, vivida entre os meses de julho e agosto de 2020 (Brasil, 2021), o país voltou a registrar taxas ainda maiores de mortes e de casos pela doença nos meses de dezembro e janeiro de 2021. A situação se agrava à medida que o atual governo se mostra francamente incapaz de responder de maneira adequada à maior crise sanitária do século, levando o Brasil a ser "reconhecido" por um estudo da Lowy Institute como o país que pior gerenciou a pandemia de Covid-19 no mundo (Leng e Lemahieu, 2021).

É nesse cenário que as famílias, sobretudo as mais pobres, tentam sobreviver em meio a condições precárias, ou, até mesmo, sub-humanas, que já se mostravam duras antes da pandemia. Segundo dados da Pesquisa

Nacional por Amostra de Domicílios Contínua (PNAD Contínua) de 2021, feita pelo IBGE, a taxa de desemprego no Brasil foi de 14,1% no trimestre de setembro a novembro de 2020 e atingiu 14 milhões de pessoas, sendo a mais alta para esse trimestre desde o início da série histórica da pesquisa, em 2012.

Se, por um lado, o Auxílio Emergencial de R$ 600, como medida de renda básica de apoio durante a pandemia, aprovado à revelia dos posicionamentos de Bolsonaro, tenha feito a pobreza cair em "ritmo muito superior ao observado em momentos de *boom* social no Brasil" (Neri, 2020, p. 3), ao decidir não prorrogar o Auxílio nos mesmos moldes em que foi implementado, levou a pobreza 71,9 milhões de brasileiros em março de 2021 (Neri, 2022).

Como resposta às críticas que vinha recebendo, o governo de Bolsonaro aprovou o Programa Auxílio Brasil, primeiramente, pela Medida Provisória nº 1.061, em agosto de 2021, sancionada na forma da Lei nº 14.284, em dezembro de 2021. O novo programa, apesar de ter aumentado o valor repassado, não será elegível para todas as famílias em situação de pobreza. Isso, porque, conforme explicitado no parágrafo 2º do Artigo 4º da Lei, está previsto que

> [...] as famílias que se enquadrarem na situação de pobreza apenas serão elegíveis ao Programa Auxílio Brasil se possuírem em sua composição gestantes, nutrizes ou pessoas com idade até 21 (vinte e um) anos incompletos. (Brasil, 2021)

Como consequência, muitas famílias, antes contempladas pelo Bolsa Família, foram excluídas pelos critérios do Auxílio Brasil.

Nesse contexto, segundo pesquisa realizada pelo Unicef (2020), em parceria com o Ibope, as famílias que vivem com crianças e adolescentes foram as mais afetadas socialmente pela pandemia, tendo em vista a redução de rendimentos, ficando sujeitas à insegurança alimentar e, em alguns casos, à fome.

Ademais, por conta da necessidade de isolamento social, as aulas presenciais foram suspensas e se, para algumas crianças e alguns adolescentes, isso significou aulas remotas *online*, para outros, significou a impossibilidade de continuar seus estudos, já que 4,8 milhões de crianças e adolescentes brasileiros entre 9 e 17 anos não têm acesso à internet em casa de acordo com o Comitê Gestor da Internet (Núcleo de Informação e Coordenação do Ponto BR, 2019). No caso específico da suspensão das aulas da Educação Infantil, debates vêm sendo feitos sobre a oferta de aulas para essa faixa etária na modalidade de ensino a distância, ressaltando-se a natureza essencialmente interativa da educação nessa faixa etária. Como exemplo dessas manifestações, destacamos a liderada pela Rede Nacional Primeira Infância que endereçou uma carta aberta ao presidente do Conselho Nacional de Educação (RNPI, 2020a).

Ressaltamos, ainda, os danos que essa situação gerou e continuará gerando nas crianças pequenas, que ficaram privadas da convivência com outras crianças no espaço público de creches e pré-escolas. A retomada das aulas presenciais também exige medidas governamentais que priorizem sua importância. Diante da necessidade de distanciamento social e cuidados para a não disseminação do vírus, o isolamento social foi decretado. Apenas serviços essenciais foram mantidos em funcionamento. Aos poucos, os danos causados foram redimensionados. A reabertura das escolas, principalmente para as crianças menores, foi considerada prioridade, na maioria dos países. No Brasil, ao contrário, isso não aconteceu.

Considerações finais

Neste texto, discutimos elementos da construção social da Primeira Infância que ajudam a compreender a crescente atenção dedicada à Primeira Infância por parte dos órgãos internacionais, das organizações governamentais e não governamentais, além das pesquisas acadêmicas. Podemos afirmar que toda essa atenção resultou na priorização das crianças na Primeira Infância na agenda pública do país? É uma pergunta complexa, que demanda uma análise para além dos limites deste breve texto. Buscamos, no entanto, discutir diversos elementos que podem contribuir para o aprofundamento do debate acerca das políticas públicas voltadas para a Primeira Infância no Brasil, tendo em vista o princípio de priorização da Primeira Infância.

A análise nos mostra que a temática é arena de disputa por diferentes formas de conhecimento, tanto em cenário nacional, quanto internacional. No caso do Brasil, destacamos, que, a despeito da ênfase no discurso economicista e de desenvolvimento nos programas voltados para as crianças pequenas, o Marco Legal da Primeira Infância tem como base a perspectiva do direito e da preocupação da criança como um ser do presente – e não apenas do futuro. E isso foi possível graças ao reconhecimento das crianças como sujeitos de direitos no arcabouço jurídico brasileiro.

Acrescentamos, contudo, que é nas políticas públicas, na forma de Programas, de Ações e de Projetos, que a legislação se apresenta como capaz ou não de produzir mudanças significativas. E é aqui que encontramos os verdadeiros gargalos para a efetivação dos direitos.

Como demonstramos, as políticas públicas voltadas para a Primeira Infância passaram por importantes mudanças de abordagem e de discurso ao deixarem de apresentar ações voltadas à criança pequena circunscritas a questões específicas e de maneira não intersetorial. Os novos desenhos de políticas públicas adotam claramente um olhar integral para as crianças na Primeira Infância.

Entretanto, a implementação dessas políticas esbarra em desafios e problemas que já são velhos conhecidos da administração pública brasileira: falta de prioridade no orçamento; inexistência ou má qualidade da capacitação oferecida a atores que trabalham diretamente com as políticas (assistentes sociais, psicólogos, visitadores etc.); importação de métodos internacionais sem a devida adaptação às diferentes realidades existentes no país; desvio ou mau uso de verbas etc.

Ao questionarmos que resultados foram obtidos de tais políticas e quais foram os impactos concretamente produzidos em prol do desenvolvimento e do bem-estar de crianças na Primeira Infância no Brasil, nosso objetivo é fazer uma defesa da avaliação das políticas públicas para que, com base nos resultados, o discurso de priorização da Primeira Infância se efetive e transponha o patamar da retórica.

Referências

ARIÈS, P. *História social da infância e da família*. Tradução de D. Flaksman. Rio de Janeiro: LCT, 1978.

BALLESTRIN, L. América Latina e o giro decolonial. *Revista Brasileira de Ciência Política*, Brasília, n. 11, p. 89-117, ago. 2013. Disponível em: https://www.scielo.br/j/rbcpol/a/DxkN3kQ3XdYYPbwwXH55jhv/abstract/?lang=pt. Acesso em: 11 jan. 2021.

BRASIL. [Constituição (1988)]. *Constituição da República Federativa do Brasil de 1988*. Brasília, DF: Presidência da República, [1988]. Disponível em: https://www.planalto.gov.br/ccivil_03/constituicao/constituicao.htm. Acesso em: 14 jan. 2022.

BRASIL. Ministério da Saúde. Datasus. *Painel Coronavírus*. 2021. Disponível em: https://covid.saude.gov.br/. Acesso em: 30 jan. 2021.

BRASIL. Presidência da República. Lei nº 8.069, de 13 de julho de 1990. Dispõe sobre o Estatuto da Criança e do Adolescente e dá outras providências. *Diário Oficial da União*: seção 1, Brasília, DF, ano 127, p. 13563, 16 jul. 1990. Disponível em: https://www.planalto.gov.br/ccivil_03/leis/l8069.htm. Acesso em: 14 jan. 2021.

BRASIL. Presidência da República. Lei nº 12.722, de 3 de outubro de 2012. Altera as Leis nº s 10.836, de 9 de janeiro de 2004, 12.462, de 4 de agosto de 2011, e 11.977, de 7 de julho de 2009; dispõe sobre o apoio financeiro da União aos Municípios e ao Distrito Federal para ampliação da oferta da educação infantil; e dá outras providências. *Diário Oficial da União*: seção 1, Brasília, DF, n. 193, p. 1, 4 out. 2012. Disponível em: https://www.planalto.gov.br/ccivil_03/_ato2011-2014/2012/lei/l12722.htm. Acesso em: 31 jan. 2022.

BRASIL. Presidência da República. Lei nº 13.257, de 8 de março de 2016. Dispõe sobre as políticas públicas para a primeira infância e altera a Lei nº 8.069, de 13 de julho de 1990 (Estatuto da Criança e do Adolescente), o Decreto-Lei nº 3.689, de 3 de outubro de 1941 (Código de Processo Penal), a Consolidação das Leis do Trabalho (CLT), aprovada pelo Decreto-Lei nº 5.452, de 1º de maio de 1943, a Lei nº 11.770, de 9 de setembro de 2008, e a Lei nº 12.662, de 5 de junho de 2012. *Diário Oficial da União*: seção 1, Brasília, DF, ed. 46, p. 1, 9 mar. 2016. Disponível em: https://www.planalto.gov.br/ccivil_03/_ato2015-2018/2016/lei/l13257.htm. Acesso em: 14 jan. 2022.

BRASIL. Presidência da República. Lei nº 13.960, de 19 de dezembro de 2019. Institui o Biênio da Primeira Infância do Brasil no período de 2020-2021. *Diário Oficial da União*: seção 1, Brasília, DF, 20 dez. 2019. Disponível em: https://www.planalto.gov.br/ccivil_03/_ato2019-2022/2019/lei/L13960.htm. Acesso em: 14 jan. 2022.

BRASIL. Presidência da República. Lei nº 14.284, de 29 de dezembro de 2021. Institui o Programa Auxílio Brasil e o Programa Alimenta Brasil; define metas para taxas de pobreza; altera a Lei nº 8.742, de 7 de dezembro de 1993; revoga a Lei nº 10.836, de 9 de janeiro de 2004, e dispositivos das Leis nºs 10.696, de 2 de julho de 2003, 12.512, de 14 de outubro de 2011, e 12.722, de 3 de outubro de 2012; e dá outras providências. *Diário Oficial da União*: seção 1, Brasília, DF, ed. 246, p. 1, 30 dez. 2021. Disponível em: https://in.gov.br/en/web/dou/-/lei-n-14.284-de-29-de-dezembro-de-2021-370918498. Acesso em: 19 ago. 2022.

BRASIL. Presidência da República. Medida Provisória nº 1.061, de 9 de agosto de 2021. Institui o Programa Auxílio Brasil e o Programa Alimenta Brasil, e dá outras providências. *Diário Oficial da União*: seção 1, Brasília, DF, ed. 150, p. 6, 10 ago. 2021. Disponível em: https://www.in.gov.br/en/web/dou/-/medida-provisoria-n-1.061-de-9-de-agosto-de-2021-337251007. Acesso em: 19 ago. 2022.

BRASIL. Câmara dos Deputados. Agência Câmara de Notícias. *Frente Parlamentar da Primeira Infância será lançada hoje*. 2011. Disponível em: https://www.camara.leg.br/noticias/211445-frente-parlamentar-da-primeira-infancia-sera-lancada-hoje/. Acesso em: 17 abr. 2020.

CANNELLA, G. S. Reconceptualizing the field (of early care and education): if 'western' child development is a problem, then what do we do? *In*: YELLAND, N. (ed.). *Critical issues in early childhood education*. Glasgow: Open University Press, 2005. p. 17-39.

COLLINS, T. M.; RIZZINI, I.; MAYHEW, A. Fostering global dialogue: conceptualisations of children's rights to participation and protection. *Children and Society*, London, v. 35, n. 2, p. 1-16, 2021.

CONTROLADORIA-GERAL DA UNIÃO (CGU). *Relatório de avaliação*: diagnóstico primeira infância. Brasília, DF: 2020. Disponível em: https://www.gov.br/mj/pt-br/acesso-a-informacao/transparencia-e-prestacao-de-contas/recomendacoes-do-orgao-de-controle-interno-cgu-exercicio-2020/relatorio-cgu-816185-diagnostico-primeira-infancia-versao-final.pdf/@@download/file/Relat%C3%B3rio%20CGU%20816185%20-%20Diagn%C3%B3stico%20Primeira%20Inf%C3%A2ncia%20-%20Vers%C3%A3o%20final.pdf. Acesso em: 14 jan. 2022.

COSTA, C. T. Q. *Construção social da primeira infância e sua priorização na agenda pública brasileira*. Rio de Janeiro, 2021. 138 p. Dissertação (Mestrado em Serviço Social) – Pontifícia Universidade Católica do Rio de Janeiro, Rio de Janeiro, 2021.

COSTA, F. L.; CASTANHAR, J. C. Avaliação de programas públicos: desafios conceituais e metodológicos. *Revista de Administração Pública*, v. 37, n. 5, p. 969-92, set./out. 2003. Disponível em: https://bibliotecadigital.fgv.br/ojs/index.php/rap/article/view/6509/5093. Acesso em: 14 jan. 2022.

CRUMPTON, C. D. *et al.* Avaliação de políticas públicas no Brasil e nos Estados Unidos: análise da pesquisa nos últimos 10 anos. *Revista de Administração Pública*, v. 50, n. 6, p. 981-1001, nov./dez. 2016. Disponível em: https://bibliotecadigital.fgv.br/ojs/index.php/rap/article/view/64711/pdf_88. Acesso em: 14 jan. 2022.

CRUZ, M. FARAH, M. Intersetorialidade na atenção à primeira infância em políticas de enfrentamento da pobreza: do Comunidade Solidária ao Brasil Carinhoso. *In*: JUNQUEIRA, L. A. P.; CORÁ, M. A. J. (org.). *Redes sociais e intersetorialidade*. São Paulo: Tiki Books, 2016. v. 1, p. 235-63.

DOMINGUES, C. M. A. S. *et al.* A evolução do sarampo no Brasil e a situação atual. *Informe Epidemiológico do Sus*, Brasília, DF, v. 6, n. 1, p. 7-19, mar. 1997. Disponível em: http://scielo.iec.gov.br/scielo.php?script=sci_arttext&pid=S0104-16731997000100002&lng=pt&nrm=iso. Acesso em: 14 jan. 2022.

DUSSEL, E. Meditações anticartesianas sobre a origem do antidiscurso filosófico da modernidade. *In*: SANTOS, B. S.; MENESES, M. P. *Epistemologias do Sul*. 2. ed. São Paulo: Cortez, 2010. p. 341-95.

ESTADÃO CONTEÚDO. Temer lança Criança Feliz, programa que terá Marcela como embaixadora. *Metrópoles*, 2 de out de 2017. Disponível em: https://www.metropoles.com/brasil/politica-br/temer-lanca-crianca-feliz-projeto-que-tera-marcela-como-embaixadora/amp. Acesso em: 14 jan. 2022.

FUNDO DAS NAÇÕES UNIDAS PARA A INFÂNCIA (Unicef). *Impactos primários e secundários da Covid-19 em crianças e adolescentes*. [*S. l.*]: Unicef, 2020. Disponível em: https://www.unicef.org/brazil/media/9966/file/impactos-covid-criancas-adolescentes-ibope-unicef-2020.pdf. Acesso em: 14 jan. 2022.

GROSFOGUEL, R. Para descolonizar os estudos de economia política e os estudos pós-coloniais: transmodernidade, pensamento de fronteira e colonialidade global. *Revista Crítica de Ciências Sociais*, Coimbra, n. 80, p. 115-47, 1 mar. 2008. Disponível em: https://journals.openedition.org/rccs/pdf/697. Acesso em: 14 jan. 2022.

HECKMAN, J. Schools, skills, and synapses. *Economic Inquiry, Western Economic A ssociation International*, v. 46, n. 3, p. 289-324, jun. 2008. Disponível em: https://www.nber.org/system/files/working_papers/w14064/w14064.pdf. Acesso em: 14 jan. 2022.

HECKMAN, J.; PINTO, R.; SAVELYEV, P. Understanding the mechanisms through which an influential early childhood program boosted adult outcomes. *American Economic Review*, Nashville, v. 103, n. 6, p. 2052-2086, 1 out. 2013. Disponível em: https://www.aeaweb.org/articles?id=10.1257/aer.103.6.2052. Acesso em: 20 jan. 2021.

HECKMAN, J. *et al.* The rate of return to the High/Scope Perry Preschool Program. *Journal of Public Economics*, Amsterdam, v. 94, n. 1-2, p. 114-28, 2010.

INSTITUTO BRASILEIRO DE GEOGRAFIA E ESTATÍSTICA (IBGE). *Evolução e perspectivas da mortalidade infantil no Brasil*. Rio de Janeiro: IBGE, 1999. Disponível em: https://biblioteca.ibge.gov.br/visualizacao/livros/liv6685.pdf. Acesso em: 31 jan. 2022.

INSTITUTO BRASILEIRO DE GEOGRAFIA E ESTATÍSTICA (IBGE). *PNAD Contínua – Pesquisa Nacional por Amostra de Domicílios Contínua*. 2021. Disponível em: https://www.ibge.gov.br/estatisticas/sociais/trabalho/9171-pesquisa-nacional-por-amostra-de-domicilios-continua-mensal.html?=&t=series-historicas. Acesso em: 31 jan. 2021.

KNUDSEN, E. Sensitive periods in the development of the brain and behavior. *Journal of Cognitive Neuroscience*, Massachusetts, v. 16, n. 8, p. 1412-25, out. 2004. Disponível em: https://www.mitpressjournals.org/doi/10.1162/0898929042304796. Acesso em: 30 mar. 2020.

LENG, A.; LEMAHIEU, H. *Covid performance index*: deconstructing pandemic responses. Sydney: Lowy Institute, 2021. Disponível em: https://interactives.lowyinstitute.org/features/covid-performance/. Acesso em: 29 jan. 2021.

MARIZ, R. Embaixadora do Criança Feliz, Marcela Temer deve sair de cena nos próximos meses. *O Globo*, 24 maio 2018. Disponível em: https://oglobo.globo.com/politica/embaixadora-do-crianca-feliz-marcela-temer-deve-sair-de-cena-nos-proximos-meses-22712257. Acesso em: 19 ago. 2022.

MINISTÉRIO DA CIDADANIA. *Avaliação de implementação do Programa Criança Feliz*: relatório final. Brasília, DF: Ministério da Cidadania, 2019a. Disponível em: https://aplicacoes.mds.gov.br/sagi/pesquisas/documentos/relatorio/relatorio_0211.pdf. Acesso em: 14 jan. 2022.

MINISTÉRIO DA CIDADANIA. *Criança Feliz*. 2019b. Disponível em: http://mds.gov.br/assuntos/crianca-feliz/crianca-feliz/o-crianca-feliz. Acesso em: 14 jan. 2022.

MINISTÉRIO DA CIDADANIA. Estudo de linha de base da avaliação de impacto do Programa Criança Feliz. *Caderno de Estudos*, Brasília, DF, n. 35, 2020. Disponível em: https://aplicacoes.mds.gov.br/sagirmps/ferramentas/docs/Caderno%20de%20Estudos-35-online.pdf. Acesso em: 14 jan. 2022.

MINISTÉRIO DA SAÚDE. *NutriSUS*: os micronutrientes que fortalecem as crianças. 2014. Disponível em: http://www.blog.saude.gov.br/index.php/servicos/33779-nutrisus-os-micronutrientes-que-fortalecem-as-criancas#:~:text=Com%20o%20objetivo%20de%20potencializar,vitaminas%20e%20minerais)%20em%20p%C3%B3. Acesso em: 19 de jan. 2021.

MONAGHAN, K. Early child development policy: the colonization of the world's childrearing practices? *In*: IMOH, A. T.; AME R. (ed.). *Childhoods at the intersection of the local and the global*. London: Palgrave Macmillan, 2012.

NELSON, C. The neurobiological bases of early intervention. *In*: SHONKOFF, J.; MEISELS, S. *Handbook of early childhood intervention*. Cambridge: Cambridge University Press, 2000, p. 204-28.

NERI, M. (coord.). *Covid, classes econômicas e o caminho do meio*: crônica da crise até agosto de 2020. Rio de Janeiro: FGV Social, 2020. Disponível em: https://www.cps.fgv.br/cps/bd/docs/CovidEAsClassesEconomicas_FGV_Social_Neri-OUT-2020.pdf. Acesso em: 14 jan. 2022.

NERI, M. *Mapa da nova pobreza*. Rio de Janeiro: FGV Social, 2022. Disponível em: https://www.cps.fgv.br/cps/bd/docs/Texto-MapaNovaPobreza_Marcelo_Neri_FGV_Social.pdf. Acesso em: 19 ago. 2022.

NDLOVU-GATSHENI, S. J. Why decoloniality in the 21st century? *The Thinker*, Joanesburgo, v. 48, n. 10, p. 10-15, fev. 2013. Disponível em: https://ujcontent.uj.ac.za/vital/access/services/Download/uj:42333/SOURCE1. Acesso em: 14 jan. 2022.

NÚCLEO DE INFORMAÇÃO E COORDENAÇÃO DO PONTO BR (ed.). *Pesquisa sobre o uso da internet por crianças e adolescentes no Brasil*: TIC Kids Online Brasil 2019. São Paulo: Comitê Gestor da Internet no Brasil, 2020. Disponível em: https://cetic.br/media/docs/publicacoes/2/20201123093344/tic_kids_online_2019_livro_eletronico.pdf. Acesso em: 14 jan. 2022.

PAIVA, L. H.; FALCÃO, T.; BARTHOLO, L. Do Bolsa Família ao Brasil Sem Miséria: um resumo do percurso brasileiro recente na busca da superação da pobreza extrema. *In*: CAMPELLO, T.; NERI, M. C. (org.). *Programa Bolsa Família*: uma década de inclusão e cidadania. Brasília, DF: Ipea, 2013. p. 25-46. Disponível em: https://www.ipea.gov.br/portal/images/stories/PDFs/livros/livros/livro_bolsafamilia_10anos.pdf. Acesso em: 14 jan. 2022.

ORGANIZAÇÃO DAS NAÇÕES UNIDAS (ONU). *Convenção sobre os Direitos da Criança*. Genebra: ONU, 1989. Disponível em: https://www.unicef.org/brazil/convencao-sobre-os-direitos-da-crianca. Acesso em: 14 jan. 2022.

PENN, H. Travelling policies and global buzzwords: how international non-governmental organizations and charities spread the word about early childhood in the global south. *Childhood*, v. 18, n. 1, p. 94-113, fev. 2011.

PLOMIN, R.; DANIELS, D. Why are children in the same family so different from one another? *Behavioral and Brain Sciences*, Cambridge, v. 10, n. 1, p. 1-16, mar. 1987.

QUIJANO, A. A colonialidade de poder, eurocentrismo e América Latina. *In*: LANDER, E. (org.). *A colonialidade do saber*: eurocentrismo e ciências sociais latino-americanas. Buenos Aires: Clacso, 2005. p. 107-30.

QVORTRUP, J. Are children human beings or human becomings? A critical assessment of outcome thinking. *Rivista Internazionale Di Scienze Sociali*, v. 117, n. 3/4, p. 631-53, 2009.

RAMOS, M. P.; SCHABBACH, L. M. O estado da arte da avaliação de políticas públicas: conceituação e exemplos de avaliação no Brasil. *Revista de Administração Pública*, Rio de Janeiro, v. 46, n. 5, p. 1271-94, 2012. Disponível em: https://www.scielo.br/pdf/rap/v46n5/a05v46n5.pdf. Acesso em: 14 jan. 2022.

REDE NACIONAL PRIMEIRA INFÂNCIA (RNPI) (org.). Carta aberta da Rede Nacional Primeira Infância dirigida ao presidente do Conselho Nacional de Educação. Brasília, DF: RNPI, 2020a. Disponível em: http://primeirainfancia.org.br/carta-aberta-da-rede-nacional-primeira-infancia-dirigida-ao-presidente-do-conselho-nacional-de-educacao-2/. Acesso em: 14 jan. 2022.

REDE NACIONAL PRIMEIRA INFÂNCIA (RNPI) (org.). *Plano Nacional pela Primeira Infância*. Brasília, DF: RNPI, 2010. Disponível em: http://primeirainfancia.org.br/wp-content/uploads/2015/01/PNPI-Completo.pdf. Acesso em: 14 jan. 2022.

Rede Nacional Primeira Infância (RNPI) (org.). *Plano Nacional pela Primeira Infância*. 2. ed. Brasília, DF: RNPI, 2020b. Disponível em: http://primeirainfancia.org.br/wp-content/uploads/2020/10/PNPI.pdf. Acesso em: 14 jan. 2022.

Rede Nacional Primeira Infância (RNPI). *Quem somos*. 2018. Disponível em: http://primeirainfancia.org.br/quem-somos/#:~:text=A%20REDE%20NACIONAL%20PRIMEIRA%20INF%C3%82NCIA,%C3%A9tnico%2Dracial%2C%20de%20g%C3%AAnero%2C. Acesso em: 31 jan. 2022.

Rio Grande do Sul (Estado). *Avaliação para melhora da relação custo-efetividade, qualificação e expansão do programa Primeira Infância Melhor (PIM)*. [*S. l.*]: FGV Projetos, 2014. Disponível em: http://www.pim.saude.rs.gov.br/site/wp-content/uploads/2014/07/PIM-FGV-Produto-6.pdf. Acesso em: 14 jan. 2022.

Rio Grande do Sul (Estado). Gabinete de Consultoria Legislativa. Lei nº 12.544, de 03 de julho de 2006. Institui o Programa Primeira Infância Melhor – PIM – e dá outras providências. *Diário Oficial do Estado do Rio Grande do Sul*: Atos do Governador, Porto Alegre, ano 64, n. 125, p. 1-2, 04 jul. 2006. Disponível em: https://www.al.rs.gov.br/FileRepository/repLegisComp/Lei%20n%C2%BA%2012.544.pdf. Acesso em: 31 jan. 2022.

Rio Grande do Sul (Estado). *Primeira Infância Melhor*. 2017. Disponível em: https://www.pim.saude.rs.gov.br/site/wp-content/uploads/2017/03/Folder-PIM-Web-2017.pdf. Acesso em: 31 jan. 2022.

Rio Grande do Sul (Estado). *Primeira Infância Melhor*: uma inovação em política pública. Rio Grande do Sul. 2007. Disponível em:

https://www.pim.saude.rs.gov.br/site/wp-content/uploads/2014/11/LivroPIMUmaInovacaoEmPoliticaPublica.pdf. Acesso em: 16 abr. 2020.

Rizzini, I. *O século perdido*: raízes históricas das políticas públicas para a infância no Brasil. 3. ed. São Paulo: Cortez, 2011.

Rizzini, I.; Porto, C. L.; Terra, C. A criança na primeira infância nas pesquisas brasileiras. Rio de Janeiro: Ciespi; PUC-Rio; Instituto C&A, 2014. Disponível em: http://www.ciespi.org.br/media/Artigos/2014_CriancaNaPrimeiraInfancia.pdf. Acesso em: 14 jan. 2022.

ROSEMBERG, F. Crianças pequenas na agenda de políticas para a infância: representações sociais e tensões. *In*: PALACIOS, J.; CASTAÑEDA. E. (org.). *A Primeira Infância (0 a 6 anos) e seu futuro*. Madri: Fundação Santillana, 2009. p. 49-62. Disponível em: http://www.diversidadeducainfantil.org.br/PDF/A%20CRIAN%C3%87A%20PEQUENA%20NA%20AGENDA%20DE%20POL%C3%8DTICAS%20PARA%20A%20INF%C3%82NCIA%20-%20F%C3%BAlvia%20Rosemberg.pdf. Acesso em: 14 abr. 2020.

ROSSI, A. Onze meses após ser lançado por Marcela Temer, Criança Feliz começa só em 6% das cidades brasileiras. *BBC News Brasil*, 4 set. 2017. Disponível em: https://www.bbc.com/portuguese/brasil-41131754. Acesso em: 19 ago. 2022.

SANTOS, B. S.; MENESES, M. P. (org.). *Epistemologias do Sul*. São Paulo: Cortez, 2010.

SILVA, A. C. De Vargas a Itamar: políticas e programas de alimentação e nutrição. *Estudos Avançados*, São Paulo, v. 9, n. 23, p. 87-107, abril 1995. Disponível em: https://www.revistas.usp.br/eav/article/view/8849/10401. Acesso em: 14 jan. 2022.

SILVA, D. M. F. *A produção do cidadão*: políticas públicas para a primeira infância no Brasil. 2018. 195 f. Dissertação (Mestrado em Ciência Política) – Faculdade de Filosofia, Letras e Ciências Humanas, Universidade de São Paulo, São Paulo, 2018. Disponível em: https://www.teses.usp.br/teses/disponiveis/8/8131/tde-12122018-132519/publico/2018_DavidMoisesFelisminoDaSilva_VCorr.pdf. Acesso em: 14 jan. 2022.

SHONKOFF, J.; PHILLIPS, D. (ed.). *From neurons to neighborhoods*: the science of early child development. Washington, DC: National Academy Press, 2000.

TAG, M. Universalizing early childhood: history, forms and logics. *In*: IMOH, A. T.; AME, R. (org.). *Childhoods at the intersection of the local and the global*. London: Palgrave Macmillan, 2012. p. 34-55.

TOKARNIA, M. Criança Feliz deve chegar a 1 milhão de crianças, diz Osmar Terra. *Agência Brasil*, 12 mar. 2019. Disponível em: http://agenciabrasil.ebc.com.br/saude/noticia/2019-03/crianca-feliz-deve-chegar-1-milhao-de-criancas-diz-osmar-terra. Acesso em: 14 jan. 2022.

VELOSO, F. *et al*. (org.). *Educação Básica no Brasil*: construindo o país do futuro. Rio de Janeiro: Elsevier, 2009.

VERCH, K. *Primeira Infância Melhor*: transformando a atenção aos primeiros anos de vida na América Latina: desafios e conquistas de uma política pública no sul do Brasil. [*S. l.*]: Fundação Maria Cecília Souto Vidigal; Banco Interamericano de Direitos, 2017. Disponível em: https://publications.iadb.org/publications/portuguese/document/Primeira-Inf%C3%A2ncia-Melhor-Transformando-a-aten%C3%A7%C3%A3o-aos-primeiros-anos-de-vida-na-Am%C3%A9rica-Latina-Desafios-e-conquistas-de-uma-pol%C3%ADtica-p%C3%BAblica-no-sul-do-Brasil.pdf. Acesso em: 14 jan. 2022.

WOTIPKA, C. M. *et al.* The worldwide expansion of early childhood care and education, 1985-2010. *American Journal of Education*, Chicago, v. 123, n. 2, p. 307-39, fev. 2017.

Bibliografia consultada

LUPION, B. Sem auxílio emergencial, Brasil deve ter mais de 20 milhões em pobreza extrema. *Deutsche Welle*, 14 jan. 2021. Disponível em: https://www.dw.com/pt-br/sem-aux%C3%ADlio-emergencial-brasil-deve-ter-mais-de-20-milh%C3%B5es-em-pobreza-extrema/a-56220720. Acesso em: 14 jan. 2022.

9

As crianças expressam suas opiniões: o que dizem sobre assuntos não infantis?

Monique Aparecida Voltarelli | Maria Letícia Barros Pedroso Nascimento

> *Longe de ser um fenômeno "natural", a infância é uma construção social que se transforma histórica e culturalmente nas relações adultos--crianças. Hoje, encontra-se dividida entre uma imagem tradicional, que enfatiza sua dependência e sua necessidade de proteção, e outra mais moderna, que oferece possibilidades e exige responsabilidades. O desafio é construir uma sociedade que leve em consideração as capacidades de todos.* (Gaitán Muñoz, 2014, p. 12, tradução nossa)

Com a Convenção sobre os Direitos das Crianças (CDC) (ONU, 1989), as crianças passam a ter direito de participar da sociedade, expressando suas opiniões, devendo ser escutadas e tendo seus pontos de vista considerados em assuntos que afetam suas vidas (Artigos 12 e 13), assim como tendo direito à liberdade de pensamento e de se expressarem livremente (Artigos 13 e 14). Desde a publicação desse documento, diversos pesquisadores da infância têm estudado e refletido sobre metodologias para escutar as crianças, o que tem demonstrado a exigência de reformulações no modo de compreender o papel social das crianças, bem como de rever o conceito de infância.

Historicamente, as crianças foram colocadas em posição de subalternidade, inferioridade, imaturidade, separadas dos ambientes adultos pela justificativa de protegê-las, o que acabou por marginalizá-las socialmente, de forma que elas ficassem restritas à família e à escola, limitando, portanto, a sua participação social. Além disso, como destacam Marchi e Sarmento (2017, p. 953) a orientação normativa sobre a infância elaborou um "conjunto de assunções, formas de conhecimento, ideias, pressuposições e representações sociais" que instituíram modos dominantes acerca do que é ser criança. Essas orientações, segundo os autores, também exprimem padrões de comportamentos quanto às crianças, normatizando a infância, regulando as formas de agir em relação a elas. Mayall (2002) aponta que a vida das crianças é vivida por meio de infâncias que os adultos constroem para elas, desconsiderando a pluralidade da infância e silenciando suas vozes, por considerá-las um vir a ser adulto e cidadãs no futuro.

Essa construção histórica e social resultou em uma negatividade constituinte da infância (Sarmento, 2005, p. 368), o que significa que as crianças não têm suas vozes consideradas por estarem em processo de crescimento, por não terem maturidade para tomar decisões, por ainda não terem valores morais ou direitos civis que atribuam competências para que participem da sociedade. Entretanto, de acordo com Hutchby e Moran-Ellis (1997), as crianças têm suas competências comparadas a padrões estabelecidos pelos adultos, desconsiderando as diversas formas pelas quais as crianças se expressam, que são diversas (e não inferiores) às dos adultos. Além disso, os autores pontuam que a competência dos agentes sociais requer situar às "arenas de ação" (Hutchby e Moran-Ellis, 1997, p. 10, tradução nossa) de acordo com as circunstâncias reais do cotidiano, levando em consideração a forma como os participantes organizam suas vidas a fim de compreender os sentidos das ações no leque de atividades que desenvolvem no contexto em que estão inseridos.

A essa discussão, cabe acrescentar que a percepção sobre a participação das crianças depara-se com uma variedade de argumentos que limitariam as ações das crianças em diversos espaços públicos pelos discursos adultocentristas, paternalistas, protecionistas e, também, colonialistas que atribuem aos adultos a decisão do que é melhor para elas, deixando de consultar os interesses e as perspectivas das próprias crianças, que continuam sem ter garantidos os seus direitos. Qvortrup (2014, p. 29) assinala que as crianças "perderam sua visibilidade legítima no espaço público" em razão do confinamento em instituições específicas para a infância, porém, as crianças continuam participando nas demais esferas sociais, trabalhando, ajudando seus familiares em diversas situações, acompanhando seus familiares nos movimentos migratórios, participando nos conflitos armados, ocupando as cidades de distintas maneiras, embora continuem invisíveis diante dos olhos adultos por fugirem dos padrões universais estabelecidos e normatizados para as crianças viverem a infância.

Essa invisibilidade também se reflete no âmbito científico e epistêmico (Sarmento, 2007), colocando as crianças como "atores na sombra" (Delalande, 2014, p. 2, tradução nossa), o que invisibilizava – e ainda invisibiliza – sua capacidade de agir e participar socialmente. Segundo Mayall (2000, p. 245), as crianças foram vistas por muito tempo como objetos de socialização dos adultos, o que acarretou a "despersonalização das crianças" e negou a elas o exercício de seus direitos, inclusive o de participarem da estruturação de suas próprias infâncias. Para a autora, a maior dificuldade dos adultos é levar as crianças a sério, como membros da sociedade que podem contribuir não apenas com ideias para desenhar outros formatos sociais, mas também com a elaboração de políticas sociais. Nesse sentido, superar as perspectivas desenvolvimentistas, compartilhar decisões e responsabilidades com as crianças e estabelecer relações mais horizontais para que se oportunizem canais de escuta, de diálogo e de participação infantil ainda se coloca como um grande desafio para contemporaneidade.

Com base em um novo entendimento das crianças e da infância na sociedade, o campo da Sociologia da Infância compreende as crianças como atores sociais competentes, como pessoas que são, e questiona dicotomias existentes, como maturidade e imaturidade, capacidade e incapacidade e demais elementos que ressaltam a negatividade da infância, de forma a examinar a relação entre autonomia, vulnerabilidade e dependência não apenas em relação às crianças (Honig, 2009).

Essa área do conhecimento tem assumido como pressupostos:

- as crianças como objeto de conhecimento em si e que devem ser estudadas com base si próprias, ou seja, faz-se necessário conhecer o que as crianças fazem, pensam, criam, brincam, produzem nas relações que estabelecem com outras crianças e, também, com os adultos (Prout e James, 1990);
- a infância como categoria geracional permanente na estrutura social, isto é, o campo não desconsidera a infância como fase da vida, mas amplia a compreensão da infância como uma construção histórico-social, pela qual todos passam (Qvortrup, 2010a);
- o conceito de geração contribui com os estudos da infância, uma vez que, para compreendê-la, devem ser considerados os grupos de crianças que ocupam a infância, o que, ao mesmo tempo, torna comuns os reguladores sociais destinados às crianças e diferentes as características sociais, como gênero, classe e etnia (Sarmento, 2005);
- as crianças como atores sociais, sujeitos de direitos e com capacidade de agência, ou seja, são capazes de fazer escolhas e tomar

decisões que influenciam o meio em que estão inseridas e o impactam (Mayall, 2002);

- a infância é um campo de estudo que deve ser considerado em uma perspectiva interdisciplinar, uma vez que enfoques disciplinares são parciais para compreender sua complexidade, assim como os aportes teóricos e metodológicos das diversas disciplinas contribuem para fazer avançar a maneira como se investigam, estudam, pensam e constroem saberes sobre as crianças (Rodríguez Pascual, 2000).

Reconhecer as vozes das crianças, apoiá-las em suas ações e em suas formas de expressão, de maneira que se estabeleça um diálogo significativo com outras pessoas são elementos que, segundo Cockburn (2013), corroboram para gerar sentimentos de coletividade e de cidadania participativa das crianças nos ambientes em que vivem. Nesse sentido, Larkins (2014) acrescenta que atribuir direitos às crianças demanda pensar em responsabilidades e em oportunidades de participação, as quais lhes foram negadas, o que acabou por determinar uma relação incerta com o estatuto de cidadania. Segundo a autora, ampliar as práticas cidadãs das crianças requer reconhecê-las como atores sociais que negociam, discutem, pontuam perspectivas e desenvolvem ações que contribuem com a sociedade, tendo em vista que essas relações travadas partem do princípio de interdependência social.

Repensar as relações geracionais se torna elemento-chave nessa discussão, uma vez que a reciprocidade das ações entre adultos e crianças, estendidas a um nível social, permite alcançar avanços na efetivação de direitos sociais. Rever os contratos geracionais, considerando as crianças como sujeitos de participação efetiva, pode proporcionar um ponto de partida para a elaboração de políticas comprometidas com a justiça social que favoreçam os diversos grupos etários (Wintersberger, 2006). Além disso, levar em consideração as desigualdades estabelecidas por gênero e etnia pode provocar a inclusão de grupos que foram historicamente silenciados, ecoando suas vozes para uma organização política e social mais democrática.

Destaca-se que compreender a participação infantil na tomada de decisão e/ou na influência sobre os sistemas sociais é um aspecto a ser considerado na solicitação de mecanismos políticos que atendam às demandas das crianças, além de prever sua participação política em espaços que não estejam restritos a organizações não governamentais, tendo em vista que a visibilidade pública das ações das crianças ainda se encontra minimizada no cenário social (González Celis, 2016). A participação política e cidadã das crianças, nesse sentido, demonstra a necessidade de as crianças ocuparem espaços públicos, para além da escola, com papéis e responsabilidades compartilhadas com os adultos, de forma a recuperar esses espaços como socializadores e a oportunizar às crianças obterem não apenas outras fontes de percepção e de conhecimento de mundo, mas, também, desenvolver "competências de negociação, de liderança, de influência que serão, elas próprias, características de processos políticos de tomada de decisão" (Trevisan, 2012, p. 90).

As crianças têm muito a dizer e, nesse sentido, ampliar sua capacidade de influência e de tranformação social requer interações com diferentes gerações, em contextos diversos, além de aprendizagens acerca de organização coletiva, por meio de mobilizações, de criações e de aberturas institucionais que ofereçam oportunidades de diálogo e do estabelecimento de parcerias, entre outras ações que possam garantir que seus interesses sejam representados e escutados, além de trazer visibilidade para os assuntos que lhes são significativos. Entre esses últimos, estão acontecimentos sociais, sobre os quais as crianças formulam hipóteses explicativas e comentam com interesse e propriedade, ainda que a maioria dos adultos não preste atenção nelas.

A seguir, apresentaremos elementos do efetivo interesse e participação de crianças em assuntos de ordem macrossocial, em dois países da América do Sul. Primeiramente, as vozes das crianças chilenas, relacionadas ao movimento popular instaurado no Chile em 2019, quando a população reivindicou mudanças na política neoliberal instalada no país, a partir de uma onda de protestos que demonstrou sua insatisfação com o modelo econômico adotado. Em seguida, entrevistas com crianças brasileiras, notadamente, as paulistas, sobre política e assuntos relacionados, no entremeio das manifestações populares (2013) e das últimas eleições presidenciais (2018).

Opiniões e vozes das crianças sobre as manifestações recentes no Chile

A história da infância no Chile[1] é circunscrita por políticas públicas e mudanças econômicas marcantes na vida social dos habitantes desse país sul-americano. As reformas realizadas durante o regime militar (1973-1989) determinaram que o mercado privado assumisse a educação, a saúde e o sistema de aposentadorias, ainda que esses setores contassem com alguns subsídios públicos, num contexto neoliberal. Os anos 1980 foram demarcados pela pobreza e pela marginalidade das crianças, em decorrência da crise econômica de 1982, que produziu, no cenário chileno, altas taxas de desemprego, redução salarial, crescimento do trabalho informal e visibilizou o trabalho infantil. O descontentamento social e a crise econômica e política instauraram diversas manifestações e marchas de protesto, nas quais as crianças tiveram significativa participação e agência ativa (Rojas Flores, 2010).

De La Cuadra (2008) e Oliveira (2011) apontam que o complexo processo de abertura democrática consolidou políticas públicas orientadas pelo enfoque dos direitos e colocou em pauta a proteção e a cidadania das crianças e dos adolescentes. Com a ratificação da CDC nesse país, em 1990, as crianças deixaram de ser objetos de proteção para se tornarem sujeitos de direitos (Gaitán Muñoz, 2014). No início da década de 1990, foram elaborados programas nacionais destinados à infância, para dar conta dos problemas sociais que envolviam as crianças chilenas, assim como impulsionar o desenvolvimento econômico por meio de

[1] Esse contexto histórico da infância do Chile é uma síntese das informações apresentadas na tese de Voltarelli (2017).

investimentos no setor educacional. No mesmo período, a participação[2] e o protagonismo infantil ganharam destaque no âmbito social, mediante iniciativas dirigidas pelas crianças e embasadas por discursos que buscavam garantir a efetivação de seus direitos (De La Cuadra, 2008).

A participação das crianças e dos jovens chilenos tem sido demarcada, há mais de uma década, por manifestações e atos que demonstram insatisfação com o sistema educativo. O protesto popular de 2019 foi considerado "*coisa de muchachos*" (González, 2019) e ganhou apoio de grande parte da sociedade chilena. Isso, porque os protestos contra os aumentos de preços do metrô de Santiago foram coordenados por estudantes e acarretaram diversos confrontos com a polícia nacional. Em outubro de 2019, a situação se agravou quando diversos grupos de manifestantes tomaram as ruas de Santiago, expondo a grande desigualdade social, o alto custo de vida, a revolta com gastos exorbitantes com tratamentos de saúde, as pensões baixas e o descrédito institucional que vinha se acumulando ao longo dos anos. As manifestações se expandiram para diversas cidades e regiões do país, o que fez o presidente do Chile, Sebastián Piñera, anunciar estado de emergência e autorizasse as forças armadas chilenas a retomar a ordem, fazendo uso do toque de recolher, o qual não era utilizado desde o final da ditadura de Augusto Pinochet.

Cabe acrescentar que a dimensão dos protestos, o nível de violência da situação, a quantidade de civis hospitalizados e detidos, as situações de agressões por parte do Estado chileno, a violação dos direitos humanos dos manifestantes era noticiada regularmente, tanto pela imprensa quanto pelos próprios manifestantes, por meio das redes sociais. Imersas nesse contexto, as crianças participaram, assistiram e acompanharam as manifestações por todo o país, tendo sido consultadas, em distintos espaços e momentos diversos, sobre o que pensavam sobre a mobilização, as demandas sociais e a atuação das forças armadas, dando seus depoimentos sobre o movimento social chileno.

---

[2] Entre as manifestações organizadas das crianças, destaca-se a defesa do direito das crianças ao trabalho, como aponta Rojas Flores (2010, p. 719, tradução nossa) quando destaca que as crianças "queriam maior participação e não compaixão".

Apresentam-se, a seguir, as opiniões das crianças de diversas faixas etárias (entre 4 e 14 anos), convidadas a falar sobre a manifestação popular do Chile. Os registros das falas estão disponíveis em vídeos: o primeiro, uma reportagem da CNN Chile ("Si sube..., 2019), quando meninos e meninas responderam perguntas acerca do que estava se passando; o segundo constitui um dos registros feitos por Pioöla Vaguita (2020), cidadã chilena que filmou e compartilhou nas redes sociais diversos momentos sobre os protestos nas ruas e na Praça Itália – ou da Dignidade, como a denominaram os manifestantes – quando perguntava aos adultos e às crianças o que significava estar nas manifestações, como percebiam a situação do país e quais recados que dariam para o governo; o terceiro refere-se a uma ação que reuniu mais de cem crianças no Parque Juan XXIII, em Santiago, para realizar atividades artísticas nas quais as crianças puderam conversar sobre seus interesses e sonhos sobre o Chile, que compõe um relatório intitulado *Todo va a estar bien: acto por la infancia* (Aguirre *et al.*, 2019). Foram, ainda, consultados desenhos e cartazes de crianças sobre a onda de protestos e manifestações sociais realizados em instituições educativas e tornados públicos ao longo do movimento.

Indagadas sobre o que estava acontecendo no país, as crianças falaram de sua preocupação com a presença de soldados nas ruas, com o toque de recolher e com a quantidade de pessoas mortas durante os protestos. Também apontaram, por meio da fala, de desenhos e da confecção de cartazes, a presença frequente de panelaços pela cidade, os aumentos nos preços de produtos e o descontentamento com os salários de seus familiares. Mencionaram cenas de violência ao redor de suas casas, como: "*estão invadindo o supermercado*", "*estão roubando as casas, entrando pelo teto ou pelas janelas*", "*as pessoas estão ficando sem água e sem ter o que comer*", "*soltaram os soldados nas ruas*", "*estão matando muita gente*". As crianças também disseram que os preços de produtos e serviços haviam subido muito no país e que os salários já não eram suficientes para pagar as contas; destacaram que existem pessoas que ganham mais dinheiro que outras, reclamando por mais igualdade; afirmaram que o presidente estava sendo muito injusto e estava prejudicando o seu povo e seu próprio país. Além disso, as crianças disseram que, mesmo que o presidente tivesse solucionado o problema do metrô, diminuindo o valor cobrado, o aumento da tarifa foi como um empurrão para que as pessoas seguissem protestando por outras coisas que estavam acontecendo no país, pois o Chile esteve por muito tempo calado, as pessoas se cansaram, e era justo que seguissem protestando.

A ação social das crianças, contudo, permanece sendo geralmente vista como inferior, pois as oportunidades sociais, políticas e econômicas a que elas têm acesso costumam limitar e restringir sua liberdade de agência, inviabilizando sua participação social, conforme Pavez Soto e Sepúlveda Kattan (2019). Para Alanen (1994), ser e atuar como sujeito social depende das relações sociais que se operam entre as gerações, e o papel que as crianças assumem nessas relações é inferior e subalterno aos dos adultos, além de ser definido também pelo gênero e pela idade das crianças. Entretanto, considerar que crianças e adultos são expostos aos mesmos impactos sociais, políticos, econômicos, e que as crianças não vivem em mundos isolados dos adultos requer um olhar contextualizado sobre as práticas culturais e sociais das crianças nesses espaços diversos, de forma a compreender a participação na vida social e os tipos de relações estabelecidas entre as gerações.

As crianças entrevistadas durante a participação nos protestos, com suas famílias, disseram que estavam ali "*pela liberdade do povo, que tem sofrido por mais de 30 anos*";[3] "*eu venho para que minha avozinha, meu pai, minha irmã e para meu sobrinho, que está a caminho, também tenham seus direitos*"; "*para que meus avós tenham uma aposentadoria melhor*"; "*para que o Chile seja melhor amanhã*"; "*pelos meus direitos, pois quero um Chile mais justo*"; "*vim à manifestação porque as crianças aqui têm uma educação gratuita muito ruim*"; "*porque estamos apoiando tudo o que está se passa no país*". Como se nota nas falas, as crianças compreendem o cenário social chileno e, quando se abre espaço para que possam opinar sobre o que está se passando e como isso afeta suas vidas, têm muito a dizer.

---

[3] As falas originais estão em espanhol. A tradução é de responsabilidade das autoras.

Para Shier (2010), quando as crianças também saem às ruas, acompanhando seus familiares, para influenciar nas decisões públicas, essa ação costuma ser interpretada como "manipulação de adultos politicamente motivados" (p. 29), sem que se considere que as crianças têm opiniões e que respondem rapidamente acerca das situações que as afetam. Segundo o autor, os espaços populares, nos quais se estabelecem ambientes de escuta, oferecem oportunidades de preparação, de empoderamento, de apoio e de legitimação de participação das crianças, para que também sejam envolvidas em ações que deliberam decisões que irão impactar suas vidas.

Enquanto participavam das manifestações, convidadas a enviar mensagens para outras crianças que acompanhavam os protestos pela TV, as crianças disseram "*venham, sim, para as ruas, pois, no começo, eu também tinha muito medo, mas, quando vim para cá, deu raiva de ver o que a polícia armada faz*"; "*não tem brilho ficar em casa vendo a TV; aqui se passam muitas coisas*"; "*isso tudo também é para o seu futuro*"; "*saiam, com força e motivação, para ajudar seus pais e suas mães*"; "*aqui se ensina que, quando formos maiores, não precisaremos ter medo*"; "*que nunca paremos de nos manifestar até que nos deem o que nós queremos*". Acrescentaram, ainda, que gostavam de estar nas manifestações para acompanhar o empenho das pessoas na luta pelos seus direitos; pelo modo pacífico como se organizavam; pela união das pessoas buscando um Chile melhor em espaços em que as pessoas cantam, dançam e, ao mesmo tempo, pedem por uma educação digna, por melhores condições de saúde, melhores salários, menos injustiça com a população. As falas das crianças constituem registros sobre a força da luta do povo unido e reforçam a ideia de que o "*Chile despertou*".

Em outro momento, no encontro das crianças e dos adultos em um parque de Santiago, de novo se estabeleceu a escuta de crianças a fim de compreender os sonhos e os interesses delas em relação ao país (Aguirre *et al.*, 2019). Entre as temáticas assinaladas pelas crianças, estava o cuidado com o meio ambiente; o respeito aos animais e às plantas; o desejo por menor desigualdade social; o aumento salarial para as mulheres; um país mais justo, com as mesmas oportunidades para todos. As crianças comentaram a reação violenta às solicitações da população e reforçaram a ideia da renúncia do presidente do Chile ou que ele escutasse as vozes de todas as partes do país, retirando o exército das ruas e evitando a morte de mais pessoas. As falas revelam o desejo das crianças pela garantia dos direitos, por uma sociedade mais justa e pelo respeito às opiniões diversas, assim como pela paz e pela igualdade no Chile.

Participar de eventos como esses é uma oportunidade de exercer a cidadania, como argumentam Sauri e Márquez (2005), uma vez que a capacidade de atuar diante de determinada situação, transformando-a e sendo por ela transformada, amplia as possibilidades educativas, de forma a desenvolver aprendizagens para compreender o mundo e, nele, viver com dignidade. Permite ainda aprender a como fazer e como influenciar os espaços em que estão inseridas; aprender a ocupar espaços; fazer ecoar vozes da população em suas demandas; expandir as formas de comunicação com os demais; aprender a viver em comunidade e a cooperar com seu desenvolvimento; contribuir para aprendizagem sobre si mesmo, construindo suas identidades e sentido de pertencimento.

Opiniões e vozes de crianças brasileiras sobre política e outros "assuntos de adultos"

No Brasil, pode-se destacar a ratificação da CDC em 1990, mesmo ano em que o Estatuto da Criança e do Adolescente (ECA) foi sancionado, o que, em tese, oferece dupla garantia do reconhecimento das crianças como sujeitos de direitos, e, nessa linha, da escuta do que dizem as crianças, tanto no que se refere a assuntos que as afetam (Artigo 12 da CDC), quanto de sua própria liberdade de expressão (Artigo 13). Nas palavras de Qvortrup (2010b, p. 780-1), contudo,

> [...] nas discussões sobre direitos das crianças, como também sobre cidadania de maneira geral, pesquisadores e políticos nos deixam em uma espécie de limbo e demonstram que não se pensou realmente nas crianças [...].

E acrescenta que a "ideia de que estruturas maiores podem influenciar a criança de maneira muito direta parece estar além das preocupações da Convenção".

A crítica à invisibilidade – ou menoridade – da infância se mantém, na medida em que, mesmo passados 30 anos de convivência com essas leis, ainda se observa que o exercício dos direitos nelas determinados tem encontrado barreiras, notadamente, no que se refere ao reconhecimento das crianças como sujeitos sociais, capazes de estabelecer uma rede de relações para além da família e da escola, e de produzir mudanças nos sistemas nos quais estão inseridas, além de expressar opiniões sobre diferentes assuntos. Nessa linha, é preciso admitir que a sociedade é pensada e construída em torno e para o adulto (Rosemberg, 1976), ou seja, a consideração das crianças como sujeitos de direitos esbarra com o "hábito de pensar a infância, preferencialmente em contexto familiar" (Rosemberg e Mariano, 2010, p. 696-7).

No contexto social mais amplo, em contrapartida, do ponto de vista das estruturas maiores, ainda que de maneira breve, cabe destacar a realização de manifestações populares, num primeiro momento, em São Paulo, em 2013, relacionadas à insatisfação com o sistema político (Scherer-Warren, 2014; Vainer *et al.*, 2013), desencadeada por atores e temas que foram se desdobrando, capilarizados por todo o país, e culminaram numa campanha antiPT e antiDilma, que dicotomizou as posições políticas: os prós e os contra. Pode-se dizer que, desde então, e até 2016, por ocasião da deposição da presidenta Dilma Rousseff, as manifestações populares ficaram sob o impacto desse antagonismo, presente na campanha presidencial de 2014 e mantido na de 2018. Assim como no Chile, as crianças acompanharam seus pais em diversas manifestações políticas, embora não tenham sido entrevistadas nessas ocasiões, salvo uma ou outra frase de uma ou outra criança, embutida em matérias sobre as manifestações.

Para conhecer as ideias e opiniões das crianças sobre o contexto do país, foi realizada uma busca nas mídias, que resultou no encontro de registros em vídeo, assim como de matérias na imprensa escrita e digital. Política é tema de quatro vídeos postados no YouTube, um de 2015, com a participação de nove crianças entre 5 e 8 anos, da revista *Superinteressante*; e três de 2018, relacionados às eleições presidenciais, um, com crianças de 10 e 11 anos, produzido pela imprensa, e dois, um com 4 e outro com 5 crianças, realizados no ambiente escolar. Um registro mais amplo e variado, contudo, foi publicado pelo jornal Folha de São Paulo (Criança do dia), em 2019, que entrevistou 26 crianças de 6 a 12 anos, de escolas públicas e particulares, em todas as regiões da capital, pelos repórteres Fabio Victor e Paula Saldana, sobre temas presentes no cotidiano, no noticiário, matéria na qual a política é mais um assunto.

O que dizem as crianças sobre política? As entrevistadas pela revista *Superinteressante* (O que..., 2015), que vêm de duas escolas paulistanas, uma pública e uma privada, apresentam suas opiniões – e dúvidas: "*Política é aqueles caras que ficam falando sobre propina, de mudar o Brasil, de promessa, de votar*"; "*Votação?*"; "*As manifestações?*"; "*Tipo... a Dilma? Ela foi na política?*"; "*Política é voto*"; "*É o presidente?*"; "*Na prefeitura?*"; "*Aí, fica aparecendo o Aécio fica em 1º, Dilma fica em 3º, eu sei lá*"; "*Tem gente que vira presidente. Aí, ele faz a promessa que vai mudar o Brasil, mas, aí, às vezes, tem gente que não muda*".

É interessante observar que elas estão atentas ao contexto cotidiano, que envolve informações sobre diferentes aspectos que compõem o cenário político brasileiro, incorporando termos como *propina*, ações como *manifestações*, ideias como *mudar o Brasil*. A informação sobre a situação eleitoral pode ser vista na matéria do Jornal Minas, (Política..., 2018), realizada em meio aos dois turnos de votação, na qual as crianças dizem: "*Nós podemos escolher nosso candidato*"; "*O povo elege o candidato*"; "*Eu acho que política é algo que nós precisamos compreender, e não é por uma briga que a pessoa que você gosta que vai ser eleita*"; "*Se eu vou votar no candidato 'tal', eu não vou obrigar o outro a votar no mesmo candidato que eu*"; "*Todo mundo tem que respeitar os outros porque ninguém tem a mesma opinião, de nada, por isso, tem as eleições*". As falas refletem a intolerância presente ao longo da campanha presidencial de 2018, na qual os eleitores viveram o antagonismo das posições políticas, a polarização entre o "bem e o mal": o primeiro representado pela posição defendida, e o segundo, necessariamente, pela posição do outro, se contrária.

As relações entre infância e política são ambíguas, como afirma Qvortrup (2010b). Para o sociólogo, a ciência política parece interessar-se mais pela preparação das crianças como pessoas responsáveis politicamente, e, do ponto de vista da consideração das crianças como sujeitos políticos, "nosso sistema não abre canais para que as crianças ajam como tal" (Qvortrup, 2010b, p. 783). Nas falas das crianças, as dúvidas, mais do que desinformação, remetem ao fato de que a agência infantil está delimitada à família, à escola e a outros (poucos) espaços sociais controlados pelos adultos, o que restringe o exercício político das crianças a essas arenas particulares, isto é, "as crianças permanecem sendo o único grupo social verdadeiramente excluído de direitos políticos expressos" (Sarmento, 2007, p. 37). Dito de outra maneira,

> [...] podemos correr o risco de consolidar a impressão de exclusão e isolamento das crianças se limites, restrições e oportunidades, fornecidos pelas estruturas mais amplas em que também vivem as crianças, não forem explicados. (Qvortrup, 1999, p. 26)

O vídeo (O que..., 2018) realizado pelo Portal Lunetas, também de 2018, apresenta uma atividade, na qual as crianças expressam suas opiniões por meio da fala e do desenho. Indagadas sobre como aprendem sobre política, a resposta é "*na TV*"; "*na minha casa*"; "*no YouTube*". Em seguida, são perguntadas sobre os desenhos que fizeram, e, na descrição dos desenhos, falam em impostos, em negociação, em votação, em povo, em mudanças. No do IMF (Tem..., 2018), as crianças dizem que "*Os adultos acham que as crianças são só pequenas pessoas crescendo, que não são nada na sociedade, mas é uma coisa muito errada, porque elas têm muito o que falar, muito no seu pensamento*"; "*A gente ainda está aprendendo, a gente ainda não sabe o que é votar, mas a gente já sabe que é uma grande responsabilidade, porque, por causa de um voto, o Brasil inteiro pode mudar*".

Votar significa eleger representações, como fica claro nas vozes das crianças. De fato, as representações são escolhidas pelos adultos e, muitas vezes, as políticas implementadas para a infância são propostas e aprovadas sem qualquer consulta às crianças, como argumenta Qvortrup (2010b), ou, ainda, políticas implementadas para dar conta de questões ligadas ao mundo adulto acabam por intervir de modo significativo sobre as vidas das crianças. "Não votando nem sendo eleitas, as crianças são tematizadas fora do quadro do referencial de destinatários políticos [...], no entanto, qualquer medida política afeta diferenciadamente as várias gerações" (Qvortrup, 1999, p. 28).

Da série de entrevistas com crianças, veiculadas nas diferentes seções da Folha de São Paulo, são apresentados aqui recortes de três delas, publicadas na seção Política. O que dizem as crianças? Um menino de 8 anos, aluno de escola privada, morador da Zona Norte do município, diz que *"[...] a política resolve as coisas pra gente às vezes. Só que, às vezes, alguns políticos são muito maus. Como o Temer, o Lula, a Dilma"*. Quando o repórter fala sobre as passeatas, interrompe, dizendo que: "*É, contra a Dilma, o Lula." [...] Porque eles não gostavam do que eles faziam. [...] Então, acharam melhor tirar ela, porque, senão, ela ia piorar o país*". Sobre os protestos serem contra a corrupção, diz que "*Corrupção é roubarem dinheiro das pessoas. Tipo, as pessoas estão pagando IPTU. Às vezes, vai pro governo, em vez de ajudar as pessoas. Eles pegam pra eles, eles não ajudam as pessoas*". Para combater a corrupção, sugere "*Investigar todos os políticos e ver: os que são ruins, expulsar todos. [...] Tendo má votação*".

Em outra entrevista, com uma menina de 10 anos, aluna de escola pública, também moradora da Zona Norte de São Paulo, ela diz:

> *Eu penso que tem muita gente desempregada, gente que tá louca procurando um trabalho, porque tem dívida, essas coisas. Eu acho muito triste. Principalmente os casos que aparecem na TV, o cara matando a mulher, e também essa coisa de dívida, de corrupção. Eu fico muito triste, porque, no ano passado, era muito melhor, porque o mundo ele andava para a frente, e não para trás, e, agora, o Michel Temer, eu não gosto dele.*

Sobre o Brasil estar em crise, comenta:

> *Em crise porque eles estão roubando, e, aí, o povo fica em crise porque, tipo, o mercado, ele precisa muito daquele dinheiro, só que os políticos roubam, e, aí, a pessoa fica tentando juntar dinheiro pra comprar, e, aí, eles acabam. O chefe mesmo acaba tirando algumas pessoas do trabalho para ver se consegue juntar dinheiro, e, aí, vai piorando o Brasil ainda mais.*

Diz que "*Se eu pudesse votar, eu acho que na Dilma, mas ela saiu. Na Dilma e no Lula*".

Na terceira entrevista, com uma menina de 9 anos, aluna de escola pública, moradora da Zona Leste, perguntada se ouve falar das coisas políticas do país, responde: "*Todo mundo tá bravo por causa desse Doria, porque ele tá deixando muito caras as coisas*". Indagada sobre os protestos, diz que as pessoas protestavam "*porque estavam passando fome. Ninguém deixava elas ficarem no lugar delas*".

Nas outras entrevistas, o recorte é a opinião das crianças sobre como os adultos reagem aos assuntos pouco considerados como "de criança". Como diz uma delas:

> *[...] quando a gente fala, vai conversar com o adulto, que entende, ele diz: "O que você vai entender disso? Você é uma criança. Você não tem que se meter nesses assuntos. Isso é assunto de adulto". E não existe esse tipo de "assunto de adulto". Não que eu diga todos, né? Mas entre política, ações sociais, acho que as crianças deveriam ser mais ouvidas, porque todo mundo deve ser ouvido.*

Outra criança diz que: "*Eu acho que, talvez, as crianças levem mais os adultos a sério, mas eu acho que tem adulto que escuta, e tem adulto que não escuta*". Sobre a ausência da voz de crianças nos jornais ou na TV, consideram a participação das crianças

> *[...] que era legal, sim. Porque os adultos são da antiga geração, as crianças são novas. A gente está aprendendo coisas diferentes, por conta própria – por opinião também deles [adultos] –, mas acho que seria legal. Para ver como [a criança] vai crescendo, como vão passando as décadas, e as opiniões mudam.*

Convidadas a falar sobre diferentes temas presentes no contexto social mais amplo, as crianças falam de racismo, de refugiados, de guerra (na Síria), por exemplo, indicando que esses assuntos também fazem parte do repertório de informações que obtêm na família, na escola, com seus pares.

> A aprendizagem da cidadania mais do que uma interiorização de princípios teóricos, supõe a formação de uma experiência na qual intervêm as relações familiares, os grupos de pares, o âmbito público da escola, os meios de comunicação etc. (Tomás e Soares, 2004, p. 358)

Pode-se dizer que não expressam mais amiúde suas opiniões porque não são perguntadas.

Sem concluir...

As crianças fazem parte de qualquer sociedade e seu papel social e político é determinado, como já se apontou, pelas concepções normativas e ideológicas internalizadas pelos adultos. A infância pode ser mais integrada ou mais excluída socialmente, mas, inevitavelmente, as crianças vão interagir com os adultos, e, dessa forma, exercer influência sobre eles. "As atividades das crianças devem ser apreciadas não apenas em suas interações em pequena escala com colegas e pais, mas também têm um papel no processo socioeconômico" (Qvortrup, 1999, p. 35).

Em razão sobretudo da distância colocada entre crianças e adultos, tanto do ponto de vista legal quanto do normativo, considerar as crianças como sujeitos sociais demanda ter em vista a desigualdade em termos de visibilidade pública e de acesso a recursos sociais, políticos e econômicos, em relação aos diferentes grupos sociais e aos diferentes subgrupos etários que compõem a infância (Rosemberg e Mariano, 2010, p. 721).

A participação das crianças em manifestações, como as acontecidas no Chile, assumem uma nova perspectiva quando suas vozes são apresentadas na televisão ou em vídeos no YouTube, entrevistadas em situações de organização coletiva, em espaço público. Ainda que as brasileiras não tenham sido ouvidas e gravadas durante as manifestações no país, diferentes veículos buscaram saber o que pensavam sobre os fatos políticos que geraram esses eventos, particularmente as eleições, tornando pública a expressão de suas impressões.

Por um lado, cabe destacar o papel das mídias na visibilização das crianças como sujeitos sociais e no acompanhamento público de sua agência, isto é, "promovendo visibilidade no quotidiano das crianças com que nos cruzamos na rua, que aparecem nos noticiários e mesmo com aquelas com quem lidamos diariamente" (Tomás e Soares, 2004, p. 356). Por outro, não se trata de discutir se as crianças devem ou não ir a manifestações públicas, mas de abrir espaço para suas vozes, para que sejam ouvidas na sociedade, identificando-as como sujeitos de direitos, que exercem sua condição de cidadãs. Afinal, as crianças têm o que dizer.

Referências

Aguirre, A. *et al.* (org.). *Reporte Cabildo infantil*: Todo va estar bien – Acto por la infancia. Santiago, Chile: Unicef, 2019.

Alanen, L. Gender and generation: feminism and the "child question". *In*: Qvortrup, J. *et al.* (ed.). *Childhood matters*: social theory, practice and politics. Farnham: Ashgate Publishing, 1994. p. 27-42.

Brasil. Presidência da República. Decreto nº 99.710, de 21 de novembro de 1990. Promulga a Convenção sobre os Direitos da Criança. *Diário Oficial da União*: seção 1, Brasília, DF, ano 127, p. 22256, 22 nov. 1990. Disponível em: https://www.planalto.gov.br/ccivil_03/decreto/1990-1994/d99710.htm. Acesso em: 2 fev. 2022.

Brasil. Presidência da República. Lei nº 8.069, de 13 de julho de 1990. Dispõe sobre o Estatuto da Criança e do Adolescente e dá outras providências. *Diário Oficial da União*: seção 1, Brasília, DF, ano 127, p. 13563, 16 jul. 1990. Disponível em: https://www.planalto.gov.br/ccivil_03/leis/l8069.htm. Acesso em: 14 jan. 2021.

Cockburn, T. *Rethinking children's citizenship*. London: Palgrave Macmillan, 2013.

De La Cuadra, F. Conflito social e movimento estudantil no Chile. *Estudos históricos,* Rio de Janeiro, v. 21, n. 42, p. 173-94, jul./dez. 2008. Disponível em: https://www.scielo.br/pdf/eh/v21n42/v21n42a04.pdf. Acesso em: 31 jan. 2022.

Delalande, J. Le concept d'enfant acteur est-il dejá perimé? Reflexions sur des ouvertures possibles pour um concept toujours a questionner. *AnthropoChildren*, n. 4, 2014. Disponível em https://popups.uliege.be/2034-8517/index.php?id=1927&file=1. Acesso em: 31 jan. 2022.

Gaitán Muñoz, L. *De "menores" a protagonistas*: los derechos de los niños en el trabajo social. Barcelona: Impulso a la Acción Social, 2014.

Gonzáles, E. A revolução dos jovens do Chile contra o modelo social herdado de Pinochet. *El País*, Santiago, 24 nov. 2019. Disponível em: https://brasil.elpais.com/brasil/2019/11/23/internacional/1574543096_923129.html. Acesso em: 31 jan. 2022.

González Celis, A. El desafío de una ciudadanía crítica en la infancia chilena. *Desidades*, ano 4, n. 11, p. 22-31, 2016. Disponível em: http://pepsic.bvsalud.org/pdf/desi/v11/es_n11a03.pdf. Acesso em: 31 jan. 2022.

Honig, M. How is the child constituted in childhood studies? *In*: Qvortrup, J; Corsaro, W.; Honig, M. *The Palgrave handbook of childhood studies*. London: Palgrave Macmillan, 2009. p. 62-77.

Hutchby, I.; Moran-Ellis, J. (ed.). *Children and social competence*: arenas of action. London: Falmer Press, 1997.

Larkins, C. Enacting children's citizenship: developing understandings of how children enact themselves as citizens through actions and acts of citizenship. *Childhood*, v. 21, n. 1, p. 7-21, 2014.

Marchi, R. C.; Sarmento, M. Infância, normatividade e direitos das crianças: transições contemporâneas. *Educação e Sociedade*, Campinas, v. 38, n. 141, p. 951-64, 2017.

Mayall, B. The sociology of childhood in relation to children's rights. *The International Journal of Children's Rights*, n. 8, p. 243-59, 2000. Disponível em: https://citeseerx.ist.psu.edu/viewdoc/download?doi=10.1.1.536.2916&rep=rep1&type=pdf. Acesso em: 1 fev. 2022.

Mayall, B. *Towards a sociology for childhood:* thinking from children's lives. Maidenhead: Open University Press, 2002.

O que as crianças pensam sobre política – Lunetas. [*S. l.*: *s. n.*], 2018. 1 vídeo (4 min). Publicado pelo canal Portal Lunetas. Disponível em: https://www.youtube.com/watch?v=TU_JPXGfl04. Acesso em: 1 fev. 2022.

O que pensam as crianças – #Política. [*S. l.*: *s. n.*], 2015. 1 vídeo (2 min). Publicado no canal Superinteressante. Disponível em: https://www.youtube.com/watch?v=eTaWe3dRLLo&t. Acesso em: 1 fev. 2022.

Oliveira, L. S. Contra o que luta o movimento estudantil no Chile? *Revista Segurança Urbana e Juventude*, v. 4, n. 1/2, p. 1-15, 2011. Disponível em: https://periodicos.fclar.unesp.br/seguranca/article/view/5031/4173. Acesso em: 1 fev. 2022.

Organização das Nações Unidas (ONU). *Convenção sobre os direitos da criança*. New York: ONU, 1989. Disponível em: https://www.unicef.org/brazil/convencao-sobre-os-direitos-da-crianca. Acesso em: 1 fev. 2022.

Pavez Soto, I.; Sepúlveda Kattan, N. Concepto de agencia en los estudios de infancia. Una revisión teórica. *Sociedad e Infancias*, v. 3, p. 193-210, 2019. Disponível em: https://revistas.ucm.es/index.php/SOCI/article/view/63243/4564456551797. Acesso em: 02 fev. 2022.

Política também é assunto para criança! – Jornal Minas. [*S. l.*: *s. n.*], 2018. 1 vídeo (3 min). Publicado pelo canal Jornal Minas. Disponível em: https://www.youtube.com/watch?v=3rSPxp6r-Sk. Acesso em: 1 fev. 2022.

Prout, A.; James, A. A new paradigm for the sociology of childhood? Provenance, promise and problems. *In*: James, A.; Prout, A. (ed.). *Constructing and reconstructing childhood*. London: Falmer Press, 1990. p. 7-34.

Qvortrup, J. A infância enquanto categoria estrutural. *Educação e Pesquisa*. São Paulo, v. 36, n. 2, p. 631-44, 2010a. Disponível em: https://www.scielo.br/j/ep/a/M9Z53gKXbYnTcQVk9wZS3Pf/?format=pdf&lang=pt. Acesso em: 1 fev. 2022.

Qvortrup, J. Childhood exclusion by default. *In*: Guldberg, J.; Mouritsen, F.; Marker, T. K. *Child and youth culture*. Odense: Odense University, 1999, p. 23-38. Disponível em: https://citeseerx.ist.psu.edu/viewdoc/download?doi=10.1.1.120.4643&rep=rep1&type=pdf. Acesso em: 1 fev. 2022.

Qvortrup, J. Infância e política. *Cadernos de Pesquisa*, São Paulo, v. 40, n. 141, p. 777-92, 2010b. Disponível em: https://www.scielo.br/j/cp/a/bqRcpxVHmtt6VzH7mvP6VHb/?lang=pt&format=pdf. Acesso em: 1 fev. 2022.

Qvortrup, J. Visibilidades das crianças e da infância. *Linhas Críticas*, Brasília, v. 20, n. 41, p. 23-42, 2014. Disponível em: https://periodicos.unb.br/index.php/linhascriticas/article/view/4250/3892. Acesso em: 1 fev. 2022.

Rodríguez Pascual, I. ¿Sociología da la infancia? Aproximaciones a un campo de estudio difuso. *Revista Internacional de Sociología*, n. 26, p. 99-124, 2000. Disponível em: https://revintsociologia.revistas.csic.es/index.php/revintsociologia/article/view/796/1008. Acesso em: 1 fev. 2022.

Rojas Flores, J. *Historia de la infancia en el Chile Republicano (1810-2010)*. Santiago: Ediciones de la Junji, 2010. Disponível em: https://www.junji.gob.cl/wp-content/uploads/2016/12/la_infancia_chile_republicano.pdf. Acesso em: 1 fev. 2022.

Rosemberg, F. Educar: para quem? *Cadernos de Pesquisa*, São Paulo, v. 28, n. 12, p. 1466-71, 1976.

Rosemberg, F.; Mariano, C. L. S. A convenção internacional sobre os direitos da criança: debates e tensões. *Cadernos de Pesquisa*, São Paulo, v. 40, n. 141, p. 693-728, 2010. Disponível em: https://www.scielo.br/j/cp/a/gvh6jf9BxZFWyZzcbSDWpzk/?lang=pt. Acesso em: 1 fev. 2022.

Sarmento, M. J. Visibilidade social e estudo da infância. *In*: Vasconcelos, V. M. R.; Sarmento, M. J. (org.). *Infância (in)visível*. Araraquara: Junqueira & Marin, 2007. p. 25-49.

Sarmento, M. J. Gerações e alteridade: interrogações a partir da sociologia da infância. *Educação & Sociedade*, Campinas, v. 26, n. 91, p. 361-378, 2005.

Sauri, G.; Márquez, A. *La Participación infantil*: un derecho por ejercer. *In*: La Alianza Internacional Save The Children. *Estándares para la participación de la niñez*. London: Alianza Internacional Save the Children, 2005.

Scherer-Warren, I. Manifestações de rua no Brasil 2013: encontros e desencontros na política. *CADERNO CRH*, Salvador, v. 27, n. 71, p. 417-29, 2014. Disponível em: https://www.scielo.br/pdf/ccrh/v27n71/a12v27n71.pdf. Acesso em: 1 fev. 2022.

Shier, H. Children as public actors: navigating the tensions. *Children and Society*, v. 24, n. 1, p. 24-37, 2010.

"Si sube el metro, también deberían subir los sueldos": la movilización social vista por niños y niñas. *CHV Noticias*, 29 out. 2019. Disponível em: https://www.chvnoticias.cl/reportajes/movilizacion-social-vista-ninos-ninas_20191029/?fbclid=IwAR0912_xJyCKhulkVVIg8oTeNtUlYzV1XlcNYvU6QABaGfIZBuQtPdYXdVU. Acesso em: 31 jan. 2022.

Tem criança na política. [*S. l.*: *s. n.*], 2018. 1 vídeo (7 min). Publicado pelo canal IMF Paixão em ensinar. Disponível em: https://www.youtube.com/watch?v=tLhv_Fd3rrE. Acesso em: 01 fev. 2022.

Tomás, C.; Soares, N. F. Infância, protagonismo e cidadania: contributos para uma análise sociológica da cidadania da infância. *Fórum Sociológico*, n. 11/12 (2ª Série), p. 349-61, 2004.

Trevisan, G. P. Cidadania infantil e participação política das crianças: interrogações a partir dos Estudos da Infância. *In*: Dornelles, L.V.; Fernandes, N. (ed.). *Perspectivas sociológicas e educacionais em estudos da criança*: as marcas das dialogicidades luso-brasileiras. Braga: Universidade do Minho, 2012, p. 84-105.

Vaguita, P. *Niños y niñas de la dignidad*. Santiago, Chile, 18 de agosto de 2020. Facebook: Pïöla Vaguita. Disponível em: www.facebook.com/piolavaguita/videos. Acesso em: 18 dez. 2020.

Vainer, C. *et al*. *Cidades rebeldes*: passe livre e as manifestações que tomaram as ruas do Brasil. São Paulo: Boitempo Editorial; Carta Maior, 2013.

Victor, F.; Saldana, P. Criança do dia. *Folha de São Paulo*, 13 fev. 2019. Disponível em: http://temas.folha.uol.com.br/crianca-do-dia/introducao/criancas-de-sp-refletem-sobre-temas-da-atualidade-em-serie-de-entrevistas-veja.shtml#s01e01. Acesso em: 31 jan. 2022.

Voltarelli, M. A. *Estudos da infância na América do Sul*: pesquisa e produção na perspectiva da sociologia da infância. 2017. 325 p. Tese (Doutorado em Educação) – Faculdade de Educação, Universidade de São Paulo, São Paulo, 2017. Disponível em: https://www.teses.usp.br/teses/disponiveis/48/48134/tde-31102017-110759/publico/MONIQUE_APARECIDA_VOLTARELLI_rev.pdf. Acesso em: 1 fev. 2022.

Wintersberger, H. Infancia y ciudadanía: el orden generacional del estado de bienestar. *Política y Sociedad*, v. 43, n. 1, p. 81-103, 2006.

Bibliografia consultada

Gaitán Muñoz, L. Ser niño en el siglo XXI. *Cuadernos de Pedagogía*, n. 407, p. 12-6, 2010.

RFI. Dos protestos a uma nova Constituição: que Chile vai surgir após o fim do último vestígio de Pinochet? *G1 Mundo*. 26 out. 2020. Disponível em: https://g1.globo.com/mundo/noticia/2020/10/26/dos-protestos-a-uma-nova-constituicao-que-chile-vai-surgir-apos-o-fim-do-ultimo-vestigio-de-pinochet.ghtml. Acesso em: 1 fev. 2022.

Silva, A. F. A. Estatuto da criança e do adolescente: avaliação histórica. *Educar em Revista*, Curitiba, n. 15, p. 1-3, 1999.

Zibas, D. M. L. "A Revolta dos Pinguins" e o novo pacto educacional chileno. *Revista Brasileira de Educação*, Rio de Janeiro, v. 13, n. 38, p. 199-220, 2008.

10

O modelo de infância, seu esgotamento e as crianças "de rua"

Rita de Cássia Marchi

Duas questões centrais delimitam a reflexão desenvolvida neste texto:

- as transformações de nossas representações sobre a infância (expressas, mais comumente, na chamada "crise social" da infância) com base no processo de individualização da criança e a consagração dos seus direitos;
- a discussão sobre a criança "de rua" inserida no debate das Ciências Sociais brasileiras sobre a infância pobre como problema social e sociológico.

Essas questões, enquadradas pelo processo histórico da construção social da infância/criança moderna e a sua desconstrução no quadro dos novos estudos sociais da infância (em particular, a Sociologia da Infância), auxiliam-nos na composição deste mosaico, que é a reflexão sobre a infância/criança contemporânea, seja em seu sentido e valor universalizado, seja em quaisquer das formas empiricamente observáveis que possam assumir nas sociedades.

As reflexões aqui desenvolvidas dão continuidade ao diálogo iniciado com analistas da infância por ocasião de uma etnografia sobre crianças "de rua" (Marchi, 1994), de uma tese sobre a "não criança" no Brasil (Marchi, 2007) e de um artigo (Sarmento e Marchi, 2008) que propõe a construção de um pensamento sociológico sobre a infância,

> [...] a partir da análise das crianças que estão usualmente ausentes dos estudos da Sociologia da Infância: as crianças excluídas, as crianças furtivas aos discursos periciais das ciências sociais, as crianças ausentes enquanto atores sociais concretos, ainda que presentes no discurso científico como "problema social" – os meninos-soldado, as crianças traficantes, as crianças prostituídas, os meninos trabalhadores, as crianças migrantes clandestinas, as crianças que abandonaram a escola ou estão fora de qualquer programa de educação institucional, as crianças com necessidades especiais, as crianças "de rua". (Sarmento e Marchi, 2008, p. 95)

Isso, porque os desafios teóricos e epistemológicos suscitados por essas crianças não estavam sendo adequadamente considerados no interior da Sociologia da Infância:

> [...] que relação têm essas crianças com a infância moderna? Como considerá-las face à sua norma moderna e ocidental? Será que se pode falar, a seu propósito, ainda de "infância"? Qual a capacidade e alcance heurístico das categorias e constructos sociológicos (geração, reprodução interpretativa,

> culturas infantis) face a estas crianças?[1] (Sarmento e Marchi, 2008, p. 95)

A "crise social da infância" é diferentemente enfocada por diversos autores. Uns assinalam o fato de a infância estar passando por um processo de "desaparecimento"; outros apontam um processo de enfraquecimento das rígidas distinções entre adultos e crianças na forma como foram estabelecidas na modernidade. A infância estaria passando por profundas mudanças juntamente com outras transformações sociais que ocorrem no quadro da segunda modernidade. Os indícios dessa crise são controversos e, diversamente, os analistas apontam: acesso irrestrito das crianças, proporcionado pelos meios de comunicação, a certos saberes ou domínios próprios da vida adulta; crise das instituições de legitimação da infância (família, escola) no quadro dos processos de desinstitucionalização e declínio da autoridade; diversidade e desigualdade de condições sociais entre infâncias e crianças; individualização da criança e seu reconhecimento como ativa participante do mundo em que vive.

Em meu entendimento, a radicalização do processo histórico de individualização (Beck, 2001) é a dinâmica propulsora dessa crise.

O processo de individualização, como a outra face do processo civilizador (Elias, 1994) ou concomitante ao processo de modernização (Bauman, 1999) e de instalação da sociedade capitalista, de acordo com análises sócio-históricas (Ariès, 1981; Elias, 1994), está na base da construção moderna da infância. Foi partindo desse princípio que desenvolvi o argumento da "radicalização da infância" contemporânea em sua relação com a criança "de rua", ou do que denominei como "não criança" (Marchi, 2007).

Embora diga respeito a todas as pessoas, o processo histórico de individualização ocorre de forma diferenciada em relação aos atores concretos, ou seja, não é independente (muito pelo contrário) das posições específicas

[1] Em contraste aos estudos brasileiros, Sirota (2006, p. 22) afirma: "Paradoxalmente, a criança pobre não interessa diretamente aos sociólogos da infância franceses. Se bem que muitos tenham trabalhado a partir de e com as teorias da reprodução de Bourdieu, o esforço teórico se dá em torno da constituição da alteridade da infância, mais que na análise da continuidade da reprodução das relações de classe [...]".

que os indivíduos (sejam adultos, sejam crianças) ocupam no espaço (ou estrutura) social. Foi nesse sentido que adotei a análise de Bauman (2001) sobre o abismo existente entre a individualidade jurídica e a individualidade de fato, e o fato de essa distância não poder ser ultrapassada sem a concretização da cidadania. Eu falo de crianças que ocupam talvez a mais baixa posição na escala social. Não somente do ponto de vista econômico, mas também simbólico. São vistas como "dejetos" ou "perigo" a serem evitados ou contidos, se possível, reeducadas e, na pior das hipóteses, simplesmente eliminadas. Para elas, entendo que a individualização assume sentido diferente daquele que se tem para as outras crianças, aquelas que permanecem ligadas às instituições socializadoras (família e escola). Um sentido diferente e muito mais "problemático" (para não dizer "negativo"), por duas razões: 1) elas não desfrutam das condições sociais necessárias para transformar sua individualidade jurídica em individualidade de fato (aquela enquadrada pela cidadania), mas essa condição é comum a todas as crianças pobres, assim, o que distingue as crianças "de rua" é que 2) o processo acontece à revelia das instituições socializadoras e dos adultos designados para monitorá-lo.

O modelo de infância, seu esgotamento e as crianças "sem infância" no Brasil: exclusão social e desigualdade

Eu sugeri que o propagado "fim da infância", ou a sua "crise social", deve ser entendido como um problema relacionado à imposição de uma norma ou um "modelo" de infância/criança instituído pela modernidade (Marchi, 2007; Sarmento e Marchi, 2008). O fato é que, quando apenas relacionados à infância pobre, esses problemas despertavam a atenção porque significavam perturbações da ordem social (a delinquência juvenil e as "gangues" dos chamados "meninos de rua") e tornavam-se "caso de polícia" mais do que caso "de ciência", como demonstra a história das políticas de assistência à infância pobre no Brasil e a literatura das Ciências Sociais brasileiras sobre a chamada "fabricação do menor" (Marchi, 2007). Assim, ao se reconhecer que determinado significado de infância foi hegemonicamente construído, deve-se reconhecer que esta, além de uma construção científica, é também uma construção política, pois, associada ao projeto de construção de "nações civilizadas" e com base no qual todos os significados e sentidos outros que a infância possa assumir, são considerados impróprios ou desvios da norma (Prout e James, 1990).

Partindo do pressuposto de que a desigualdade de condições de vida e oportunidades entre as infâncias/crianças não são "imperfeições" passíveis de serem "corrigidas" no futuro, mas, sim, características intrínsecas ao desenvolvimento do conceito moderno de infância, desde o seu surgimento, meu entendimento é o de que a institucionalização da infância nas famílias pobres sempre foi perturbada por dois grandes "problemas" mais comumente associados à criança pobre: o "pedagógico", que tem no chamado "fracasso" escolar sua mais definida expressão (ainda que ideologicamente camuflada pela ideia de meritocracia); e o "comportamento desajustado" ou "desviante", que tem na chamada "delinquência juvenil" sua face mais expressiva (Marchi, 2007; Sarmento e Marchi, 2008).

A minha tese, portanto, é a de que, contemporaneamente, ocorre um esgotamento do modelo de criança instituído pela modernidade em relação ao "modelo autoritário" da socialização/educação das crianças (na família e na escola), que entra em choque com os princípios de individualização (e de democratização nas relações interpessoais) na segunda modernidade,[2] e a não universalização das condições sociais e econômicas que tornariam a adoção do modelo preconizado *possível* (factível) para todas as classes sociais.

Foi nesse sentido que apontei o fato de as crianças "de rua" serem evidência de que a infância, em sua forma moderna, não atinge todas as crianças. O fato de se ter pretendido universalizar a infância a todo custo teve como um de seus perversos efeitos o que denominei de "não

[2] O constante processo de individualização pode estar provocando nas próprias crianças, na atualidade, uma recusa em se adequar a determinado modo de "ser criança". Não se trata de ação deliberada e intencional. Como todos os processos e todas as mudanças sociais, essa "crise" da infância implica complexidade e uma multiplicidade de atores, envolvendo, com base em sua desconstrução, a reconstrução contemporânea de sua definição, e que se estabelece num jogo de forças e de negociação entre diversos atores e grupos sociais, incluídas as próprias crianças.

criança" (Marchi, 2007). Nessa direção, compreendo que a luta pelos direitos das crianças (nomeadamente, na Convenção sobre os Direitos da Criança, de 1989 e, no caso brasileiro, na Lei nº 8.069, o Estatuto da Criança e do Adolescente – ECA), pode ser compreendida como mais um movimento no tabuleiro de defesa da "norma da infância". Uma parte da sociedade se organiza para que a ideia de criança/infância não "desmanche no ar", como já previa Karl Marx em relação aos "sólidos" da modernidade (Bauman, 2001). O problema é que a defesa dos direitos das crianças surgiu enquadrada por uma visão muito ocidental e que, novamente, coloca-se "de cima para baixo", isto é, a sua abrangência global (da mesma forma que os direitos humanos; confira Santos, 1997) tende a ser obtida à custa da sua legitimidade local.

Assim, a infância nos moldes ocidentais (como expresso na Convenção de 1989) se torna o modelo a ser novamente universalizado, independentemente dos contextos culturais de sua implementação. Nesse sentido, conforme Sarmento e Marchi (2008), somente uma "concepção multicultural" dos direitos da criança – que leve em conta a diversidade dos contextos de inserção – e que se constitua como alternativa à concepção da norma ocidental (hegemônica e excludente) pode colocar os movimentos pelos direitos das crianças no plano emancipatório.

Destarte, os dois eixos em torno dos quais se erigiu a infância como a conhecemos, a *socialização* – por um lado – e a *individualização* – por outro – entram em um conflito que parece se resolver (Marchi, 2007, p. 267) pelo que Beck (2001) chama de "socialização para a individualização", uma "socialização contraditória" em que, pela primeira vez na história, o indivíduo pode estar se convertendo na unidade básica da reprodução social.

O processo de individualização radicalizado (Beck, 2001) leva a uma "flexibilização" também do conceito de infância. Contudo, se a criança "mudou", é porque o modelo de adulto mudou. Os processos históricos de civilização, de individualização, de modernização, vistos como responsáveis pela origem tanto de uma nova concepção de adulto quanto como tendo "inventado" a infância, não se esgotaram. Ao contrário, há um movimento constante de (re)instalação da modernidade e, por isso, os analistas a denominam *reflexiva* (Giddens, Lash e Beck, 1997). Atualmente, o individualismo institucionalizado (Beck, 2001) nos desloca novamente de nossos lugares, fazendo surgir novas concepções de adulto, de trabalho, de amor, de família e, *voilà*, de infância e de criança.

Esse processo, que afeta a infância e as crianças, reconstitui o seu estatuto. Nesse sentido, a infância está, ela também, sob o atual lema neoliberal do "faça-o você mesmo", ou seja, as crianças passam a arcar com a construção de sua própria biografia e de serem responsabilizadas (junto com suas famílias) pelo sucesso ou fracasso dessa tarefa. Assim, a segunda modernidade, ao fazer da criança um "indivíduo de direitos", responsável por sua autorrealização, liberta-a relativamente dos laços que a atavam solidamente às instituições família e escola. Faleiros (1995, p. 51) assinala que, no Brasil, a ideia da criança cidadã somente foi possível e incorporada à luta dos movimentos sociais dos anos 1980 em razão da interferência do Estado na desprivatização da esfera doméstica.

Então, a infância pode ser vista como um último reduto, uma espécie de "ilha" na qual o processo de individualização, em suas características contemporâneas, batia às margens, mas, nela, não conseguia adentrar, pela forte institucionalização a que estava submetida. Creio que, por isso, a infância/criança "individualizada" o era apenas no *sentido negativo* do "abandono", da "delinquência", da "vida de rua". No entanto, o processo de "libertação das mulheres" (associado ao declínio da autoridade masculina), no limiar da segunda modernidade, impeliu esse processo também à ilha da infância. O processo de individualização penetra na família e atinge, paulatinamente, e por força das circunstâncias, todos os seus membros. Nesse processo, a família e a escola entram no que se denomina atualmente de sua "crise" institucional.

A ideia contemporânea da infância como uma "construção social" atinge em cheio a sua representação como entidade eterna ou imutável, pertencente ao reino da "natureza". Essa "plasticidade" ou heterogeneidade que hoje é atribuída ao conceito não tem sentido unívoco. Se tem como lado positivo a relativização do modelo hegemônico, tem também um lado "problemático" no que pode sugerir uma minimização do peso das desigualdades entre crianças (e suas infâncias).

Isso significa que o "lado positivo" da desconstrução/relativização do conceito burguês de infância/criança é o de possibilitar que outras formas socialmente construídas de infância e criança sejam possíveis, sem que isso signifique o não reconhecimento da condição infantil de determinadas crianças, e de impedir que a violência, tanto física quanto simbólica, seja condição do processo de socialização das crianças na família e na escola. Contudo, o "lado negativo" é o de que, retirando-se da infância o que ela tem de "sagrado" ou "eterno", retira-se dela a sua "aura", aquilo que a defenderia da perda de sua força simbólica na sociedade. Nesse sentido, um dos riscos da relativização contemporânea da infância é o de, no limite, senão justificar, tornar aceitável a negação da infância (nos moldes modernos) para determinadas crianças.

Explico: se passamos a entender que a infância é social e culturalmente moldada, o risco está em se passar a aceitar que todo "tipo" de infância (por mais que seja miserável ou isenta de direitos) seja justificável. Isso significa que, se, na pré-modernidade, não havia infância nem crianças como modernamente as conhecemos, pode-se passar a aceitar a possibilidade de que elas venham novamente a deixar de existir, ou de que assumam, em cada grupo social a sua própria "forma" (qualquer que ela seja). Nesse sentido, a relativização da infância pode estar em sintonia com a tendência atual de atribuir não mais à sociedade, mas aos próprios indivíduos (ou a cada família) a tarefa de construir ou de encontrar soluções particulares para um fato que é social (a socialização e a educação de crianças). Aqui, configurar-se-ia o que Bauman (1999) aponta como a "dessocialização" de problemas sociais, que traduz a *injustiça social* como inépcia ou negligência individual.

Por isso, entendo que o que denominei de "não criança" (Marchi, 2007) é resultado da desincrustação de determinadas crianças do domínio da infância e, portanto, das suas prerrogativas e direitos. A "não criança" é aquela diante da qual o adulto sente-se descompromissado e, portanto, livre para ignorar sua condição infantil.

Portanto, com base no "trabalho de tradução" (Bauman, 1999, p. 276) realizado pela sociedade contemporânea de questões sociais em questões de foro privado, as formas e os tempos que cada "tipo" de infância pode assumir nesse contexto estarão também determinados a seguir a ordem do mercado. Aqui, a "flexibilização" da infância se exerce em prol não das crianças e de seus modos diferenciados de viver sua idade com mais ou menos autonomia, mas, sim, em proveito de uma lógica econômica na qual cada família deva arcar com os custos de determinada infância. Como tudo na sociedade capitalista, a infância foi também transformada em mercadoria e, como toda mercadoria, essa fase da vida não é mais gratuita, nem disponível a todos. Por esse motivo, creio, ela passa, contemporaneamente, a surgir como um "direito individual" (que mesmo não cumprido para a maioria das crianças do mundo, ali está a nos lembrar que "todos os indivíduos" podem reivindicar da sociedade a sua infância).

Para o pensamento econômico dominante na contemporaneidade, a criança não pode mais ser sinônimo de não consumidor ou de consumidor indireto. Que elas assumam a sua posição em nossa democracia de consumidores (Sennet, 2000) desde a mais tenra idade é a ordem para que a infância não seja um desperdício de tempo e de energia social. Desde cedo, ela precisa "pagar" (ou que "paguem" por ela) por seu lugar no mundo. Os que não conseguem fazê-lo são os excluídos da infância, os que não alcançam o privilégio (direito?) dela desfrutar. Nesse movimento, podemos compreender a retirada gradual, no Brasil, da questão social da infância (com seus corolários educacionais, sanitaristas etc.) do universo das *questões de Estado*, e, portanto, do universo das questões públicas, como assinala Freitas (2003).

Assim, afirmar que todas as crianças têm infância é apostar demais numa igualdade que pode se dar tanto no nível biológico quanto simbólico ou representacional (no caso das crianças "de rua", essa igualdade não se dá nem mesmo no nível simbólico, pois não são percebidas como "crianças"), mas que é flagrantemente negada no nível empírico das condições concretas de existência das próprias crianças. Nessa compreensão, a desigualdade deixa, a meu ver, de surgir como uma característica *intrínseca* à construção moderna da infância para ser entendida como uma "lamentável contingência" de contextos sociais e/ou culturais diferenciados.

Nesse sentido, creio que se trata de um sério problema a ser enfrentado pela Sociologia da Infância: no embate com os estudos sobre a infância em países onde as condições de vida da maioria das crianças estão muito aquém do socialmente desejado, a relativização que a Sociologia da Infância propõe ao conceito de infância/criança pode vir a representar um fator a mais de "impedimento" na luta pelo acesso de todas as crianças à infância (confira Qvortrup, 2005). O fato de a Sociologia da Infância ter surgido nos rastros do enfraquecimento teórico do marxismo e do estrutural-funcionalismo e da ascensão de uma sociologia do indivíduo ou do ator social parece reforçar essa percepção. Essa última configuração é especialmente válida para a Sociologia da Infância não estruturalista e em sua versão francófona.

A crítica que dirigi a analistas brasileiros da infância pobre foi construída em dois sentidos. O primeiro dos sentidos se refere ao fato de assumirem como "natural" o modelo idealizado e hegemônico de infância e de criança, pois, mesmo trabalhando com infâncias e crianças que "escapam" ao modelo, defendem a sua extensão a todas as crianças, *como se* este estivesse socialmente disponível. Esses autores parecem entender que as grandes diferenças nas condições de vida das crianças, não são mais que "disfunções" ou "injustiças" a serem "corrigidas" no futuro, notadamente, na "defesa dos direitos" das crianças. Nesse sentido, é como se a infância pairasse, como fenômeno social, acima das desigualdades e das contradições presentes na sociedade. O segundo dos sentidos diz respeito a esses autores que não levam em conta as transformações que os atuais estudos sobre a infância apontam no seu estatuto, nas condições da segunda modernidade. Assim, sua ideia de infância/criança parece "congelada no tempo" e sua defesa torna-se não somente politicamente ineficaz (um modelo que já não dá conta da realidade e que, em seu sentido de restrição de liberdade, talvez nunca tenha interessado às próprias crianças), como também pode contribuir, e esse é o perigo político maior para a reprodução do que pretendem combater: as relações desiguais de poder e dominação na sociedade. Isso significa que, embora a intenção seja a defesa dos direitos das crianças pobres, ao tomarem por ideal a ser atingido, o conceito burguês de criança – ao mesmo tempo, historicamente imposto e negado a essas crianças – acaba por reforçar uma ideia de infância/criança que tem, não somente apenas se realizado nos estratos médios e altos da sociedade brasileira, mas também tem estigmatizado como "não criança" aquela que escapa ao modelo (Marchi, 2007).

Quando me refiro à questão da "liberdade", faço-o para lembrar que, no modelo de infância/criança moderna, portanto, nos seus direitos de *proteção* e de *provisão* (habitação, saúde, alimentação, educação), coloca-se a questão do ser destinado à liberdade e que, no entanto, ainda não pode ser livre. Dessa maneira, compreendo que a defesa da extensão do modelo moderno burguês de criança a todas as crianças significa um avanço somente se for questionado no que significa *também* exclusão ou normalização das diferenças. Não realizar essa discussão, aderindo, sem crítica, ao modelo protetor, é uma atitude que não contribui com a emancipação da criança seja qual for o domínio (econômico, social, político ou cultural). Sem essa discussão, entendo que a defesa dos "direitos das crianças" se torna politicamente ineficaz e pode, até mesmo, contribuir para a reprodução da desigualdade na sociedade, gerando um efeito inverso ao pretendido pelos ativistas da "causa da criança".

Para Prout (2005, p. 20-3), no centro do processo de mudança da moderna noção de infância, está a "crescente consciência" da sua "diversidade", por duas razões: a pauperização da infância, acrescida com a chamada globalização, e a proliferação, em nível mundial, de imagens dessa diversidade (pobreza infantil). Esse autor e outros sociólogos da infância reconhecem um incremento da pobreza infantil interno, inclusive nos "países ricos".

Na verdade, a infância como uma fase da vida que se caracteriza por um período longo de "proteção social" com (entre outras medidas) o afastamento das crianças do mercado de trabalho e das ruas é, na verdade, antes *exceção* do que condição de vida das crianças em contextos de pobreza em todo o mundo. Há consenso na Sociologia da Infância de que diferentes espaços estruturais diferenciam profundamente crianças e suas infâncias (Buckingham, 2002; Prout, 2005; Qvortrup, 1995, 2005; Sarmento, 2004, 2005; Sarmento e Pinto, 1997). Elas são o grupo etário mais afetado por situações específicas de miséria e opressão, assim como por situações de guerra, depressões econômicas e outros acontecimentos de grande escala. Qvortrup (2005, p. 89), ao se referir ao "perfil geracional da pobreza" – assim como sugere Sarmento (2005, p. 363) quando se refere aos "efeitos geracionais" da exclusão social –, destaca que a infância é mais vulnerável não só economicamente, mas também politicamente, pois as crianças, como indivíduos ou grupo social, "não possuem poder para assegurar uma justiça distributiva", e o crescente reconhecimento da subjetividade das crianças, como expressado, por exemplo, na Convenção de 1989, "pouco mudou esta realidade".

As desigualdades no acesso às chances de os indivíduos realizarem-se como cidadãos são analisadas por diversos autores nas Ciências Sociais, e esses apontam como causa elementos intrínsecos à sociedade e economia capitalista. Assim, se, em virtude das grandes mudanças ocorridas a partir dos anos 1970, os contornos da sociedade industrial estiverem, de fato, desaparecendo, não estão, no entanto, os elementos constituidores da sociedade capitalista (Lash, 1997), como a acumulação da riqueza, que, ao se reproduzir, perpetua a desigualdade social, e cujo aprofundamento diz especialmente respeito ao grupo geracional das crianças. Então, como pode a cultura contemporânea ser, ao mesmo tempo, apontada como o caminho que leva à igualdade ou, no mínimo, à posse de direitos fundamentais de todo ser humano?

Nessa problemática, parece se situar a discussão de Alain Renaut (2004). Sem querer entrar no mérito de sua controvertida tese, eu insisto que, no caso da infância pobre, não se trata propriamente de "crise", mas de não realização, do não acesso de crianças às possibilidades concretas, materiais e simbólicas (expressas no não reconhecimento do mundo adulto de sua condição infantil) de realização de sua infância nos moldes instituídos pela modernidade. A discussão travada por Alain Renaut (2004) é extremamente pertinente para as reflexões em torno do novo estatuto da infância forjado pela promulgação de seus direitos, mas, ao centrar sua problemática na articulação entre os "direitos-proteção" e os "direitos-liberdade", estabelecidos na Convenção de 1989, pouco oferece à discussão que se trava no Brasil, centrada antes na possibilidade de efetivação dos direitos-proteção. Castro (2005) ratifica essa percepção em análise da produção das Ciências Sociais brasileiras sobre criança e infância na sociedade.

No Brasil, trata-se de garantir a todas as crianças *igualdade* em relação às *outras* crianças (igualdade intrageracional), ou seja, em relação à possibilidade de viver a infância dentro dos padrões considerados ideais e garantidos pela lei (acesso à saúde, à educação, à habitação, à inserção social e cultural). A igualdade específica da criança em relação ao adulto – ou seja, como um ser livre –, enfatizada por Alain Renaut (2004), resta, por motivos macroestruturais, em segundo plano na sociedade brasileira.[3] Esse é o motivo – aliado à concepção tradicional das crianças como essencialmente passivas e indefesas – pelo qual a criança brasileira pobre permanece sendo preferencialmente vista nos estudos das Ciências Sociais como essencialmente vítima das estruturas.

Dessa forma, creio que se pode afirmar que existem dois tipos dominantes de preocupação na segunda modernidade em relação à infância:

- as preocupações presentes de forma mais dominante nas sociedades de centro (europeias e americana) e relativas às mudanças que ocorrem no modelo moderno burguês de criança/infância (discussões travadas por Postman, Buckingham, Singly, Renaut, Sarmento, Sirota, Qvortrup, Prout, entre outros);

[3] Um indício da discussão sobre a "crise social" da infância e sua educação, na classe média brasileira, está no Caderno Mais!, da *Folha de São Paulo*, de 24 de julho de 1994, intitulado *O reino encantado chega ao fim* (Caligaris, 1994), no qual se discute o fato de que "*a ideia de infância entra em crise*" e que "*O reino encantado da infância chega ao fim*." No entanto, a ênfase dos estudos nas Ciências Sociais brasileiras, diferentemente dos estudos nos países desenvolvidos, permanece na falta de acesso da maioria das crianças aos direitos básicos da infância, como preconizados em sua forma contemporânea.

- as preocupações relativas às crianças que, por causa da falta de condições sociais propícias, nem mesmo acessam o modelo modernamente institucionalizado. Essa é uma preocupação que está mais presente nas sociedades nas quais a desigualdade na distribuição dos bens materiais e simbólicos é fenômeno intrínseco à sua caracterização, como sociedades periféricas ou em desenvolvimento (caso do Brasil, mas o processo de exclusão e desigualdade de infâncias e crianças se faz também presente nos países centrais, principalmente entre as populações migrantes de ex-colônias europeias).

Pode-se sugerir, portanto, que a discussão contemporânea sobre a infância e sua "crise" está restrita, em grande parte, às especificidades dos contextos nacionais. Nesse sentido, Sirota (2006, p. 24) assinala que o fato de as pesquisas no Brasil estarem concentradas nas políticas de proteção à criança pobre pode dar lugar a uma "sociologia da infância crítica" que questiona as ideologias e categorizações das políticas que associam pobreza a delinquência e criança "de rua" a abandono, entre outros estereótipos.

Reconhecer o conceito de infância como uma construção social e política é reconhecer, já em sua origem, o caráter de classe dessa construção. Isso significa "puxar para a terra" um fenômeno cuja compreensão parece pairar acima das disputas políticas e econômicas; significa subtrair a infância do plano metafísico em que parecem se congregar todas as ideologias e os consensos em torno de sua importância e de seus direitos.

Como afirmam Scheper-Hughes e Hoffman (1998), o discurso dos direitos da criança pressupõe um "individualismo igualitário" que permanece antitético no quadro das hierarquias sociais características da sociedade brasileira. Conferir direitos iguais para todas as crianças requer uma significativa redistribuição de recursos, e, nesse ponto, reside o obstáculo do projeto democrático, pois democracia política não é suficiente se condições sociais e econômicas que tornam a cidadania possível não estiverem presentes. Em nossa sociedade, na qual prevalece a exclusão social, uma "democracia sem cidadãos" (Scheper-Hughes e Hoffman, 1998, p. 381) não é estranha a uma criança sem infância ou à infância como privilégio de poucos.

A dupla alteridade das crianças "de rua"

No que chamei a "dupla alteridade" da criança de rua (Marchi, 2007), está contida a sua libertação em relação às instituições que lhe deveriam ter sob controle. O seu perfil é o do indivíduo que constrói a si mesmo, tal qual, contemporaneamente, analistas apontam ser a regra para *todos*: a realização de si num contexto de incerteza normativa. Nesse sentido, a criança "de rua" pode ser vista como a que primeiro levou o conceito moderno de infância aos seus limites, no que tange ao seu processo de individualização, pois, se a individualização e o processo de autonomização são processos não somente esperados, mas, mesmo desejados como parte do processo de formação da infância realizada (a ideia da criança "livre para fazer suas escolhas e construir sua vida como uma obra de arte" – confira Singly, 2004), esses mesmos processos são malvistos quando ocorrem com as crianças pobres e, mais especificamente, como parte das experiências das crianças "de rua". Com elas, autonomia e independência têm sido historicamente vistas como "precoces" ou "antissociais". Dessa forma, o processo em direção à autonomia e à individualização das crianças na modernidade tardia, que refletiria, positivamente, (n)uma "democratização" das relações no interior da família e da escola (Renaut, 2004; Singly, 2004), e, negativamente, no "desaparecimento da infância" (Postman, 1999), esteve sempre presente entre as crianças "de rua", mas de forma perversa e proscrita, em virtude tanto do não acesso aos direitos básicos da infância quanto da estigmatização e violência social que sofrem. Assim, o seu processo de individualização é contraditório, porque não tem correspondência na realização de sua cidadania.

Foi por isso que assinalei o fato de considerar a criança "de rua" um ator social e, ao mesmo tempo, uma vítima de estruturas sociais e políticas altamente desiguais. Considero evidente o seu reconhecimento (embora na forma negativa) como ator social, porque *sobre* a sua atuação nas ruas agem as forças da ordem (no caso brasileiro, a força policial é a mais evidente). Assim, o que tentei alhures apontar é o fato de que, enquanto essa criança surge (para o aparato policial e jurídico) como ator social da desordem, signo de perigo e, por isso, é classificada de forma negativa – o "(ator) delinquente" –, ao mesmo tempo, as forças (politicamente bem-intencionadas), que visam subtrair essa criança da situação de exclusão social, negam-lhe esse papel e acabam por transformá-la perfeitamente em vítima (realocando-a, novamente, ao papel da submissão).

A brasilianização da infância contemporânea?

Revisando hipóteses: as crianças "de rua" anunciam dois fatos:

- a infância em seu formato moderno não está disponível a todas as crianças (a exclusão social não permite a adequação à norma que atua também como elemento de exclusão simbólica de determinadas crianças do domínio da infância, transformando "crianças" em "não crianças");
- a criança "de rua" é precursora da criança "sujeito de direitos", mas de forma simetricamente inversa: a autonomia de que desfruta *não é* consequência da expansão dos seus direitos, mas, sim, da sua privação (e da sua atuação diante dessa ausência).

Com base nisso, sugiro que essa criança pode ser vista como anunciando o chamado "indivíduo contemporâneo", pois as metáforas utilizadas pelos teóricos para a caracterização do perfil desse indivíduo da segunda modernidade, *fluidez*, *incerteza* e *precariedade*, remetem às centrais características apontadas pelos analistas como constitutivas da sua situação de vida nas ruas. Senão, vejamos: o "indivíduo não linear" de Beck, para Lash (2003, p. 13, tradução nossa), "*É um combinard*", aquele que utiliza a "*combine*": meio astucioso empregado para alcançar objetivos, estratégia, truque, "viração". *Combinard* é sinônimo de *débrouillard*, que se traduz como aquele que sabe "se virar", "desembaraçar-se" (de problemas e necessidades), "arranjar-se"; ou seja, é o sujeito hábil, astuto, esperto. "Viração" é o termo pelo qual as próprias crianças definem as estratégias que utilizam nas ruas para conseguir o que necessitam, seja em termos materiais, seja em simbólicos (de negociação de sua identidade estigmatizada – confira Gregori, 2000; Marchi, 1994;Vianna, 1999).

O "caráter de urgência" que cerca a vida de crianças "de rua" nas grandes cidades latino-americanas é associado por Castells (1998) à própria "cultura contemporânea" e, por causa dessa "urgência", de acordo com Lash (2003), o indivíduo, sem a suficiente distância reflexiva consigo mesmo, deve contentar-se com "biografias de bricolagem" no sentido empregado por Lévi-Strauss. Inspirada nesse antropólogo francês, *bricoleur* foi a maneira como eu própria (Marchi, 2007) defini a criança "de rua" como aquela que "se vira" no cotidiano, construindo sua existência e identidade com base em elementos (materiais e simbólicos) que têm à disposição. *Bricoleur* é como Bauman (2005) também se refere ao indivíduo que constrói sua identidade na modernidade líquida. Outra aproximação entre o "perfil" do indivíduo contemporâneo e a da criança "de rua" é a caracterização do primeiro (por Beck e Bauman) como "nomádico" (tanto no sentido de "buscador de regras", e, portanto, "autonômico", quanto no sentido da liberdade de movimentos exigida pelo mercado de trabalho) e a analogia de seus princípios à moral do vagabundo (Beck, 2001): sem vínculos sociais permanentes, sem projeto de longo prazo, sem certezas sobre o futuro.

Por fim, o fato apontado por alguns analistas de que, na segunda modernidade, "o poder e a desigualdade atuam menos através da exploração do que pela exclusão" (Lash, 2003, p. 16) fez Beck levantar a hipótese de uma "brasilianização" das condições de vida e de trabalho nos países centrais. Seria, então, desmesurado sugerir que o "modelo brasileiro" da infância desprotegida pode também estar se expandindo mundialmente se sociedades, como afirmam as teses do fim da infância, realmente estiverem desconstruindo a ideia de infância como um período da vida a ser priorizado e protegido socialmente? Isso, tanto no sentido das políticas públicas a elas endereçadas, na tendência do surgimento da "sociedade sem deveres" (Scheper-Hughes e Sargent, 1998, p. 28), na qual, se a infância deixa de ser um tempo de vida a ser socialmente protegido, os prejuízos incidirão especialmente sobre as crianças pobres, quanto no nível das representações e dos *limites* simbólicos da infância, como entendo que ilustra a decisão tomada por um ex-juiz do Supremo Tribunal Federal (Marco Aurélio de Mello) de absolver um acusado de estupro de uma menina de 12 anos pelo fato de entender que, pela "televisão" e pelo desvelamento que esta proporciona em relação aos "segredos do sexo", não existem mais "*crianças, mas, sim, mulheres de 12 anos*".

Assim como a criança "de rua" pode ser vista como a precursora da criança contemporânea (em "crise" com a visão clássica de infância), o "vagabundo" (ou o "malandro à brasileira") pode ser visto como o equivalente alegórico do modelo individualizado do indivíduo contemporâneo (em "crise" com as instituições clássicas de pertencimento)? Isso poderia sugerir que, então, finalmente, os extremos se encontram e que o que era signo da exclusão e da precariedade passa a ser signo da prescrição e da normalidade, num movimento "para baixo" ou "para pior" das expectativas de bem-estar, de justiça e de inclusão social?

Em certo sentido, é o que Castel (2006) entende que está ocorrendo, a partir da chamada "globalização" ou capitalismo mundializado. O autor refere-se ao enfraquecimento das proteções sociais a partir dos anos 1970 nos países centrais, e o surgimento de uma "precariedade social", que tende a substituir a "sociedade salarial" (de direitos trabalhistas consistentes, de pleno emprego). As consequências disso sobre o indivíduo contemporâneo, que Bauman (2001) vê como a distância existente entre o seu estatuto jurídico e seu *status* de fato, Castel (2006) denomina *l'individu par défaut*: aquele que não dispõe de recursos, de suportes ou de direitos para conduzir sua existência social com alguma autonomia. Esse autor refere-se a um movimento de "reindividualização" do que eram considerados direitos e conquistas coletivas adquiridas pelos movimentos históricos da classe operária no século XIX (no mesmo sentido que também aponta Beck, 2001).

Esse processo atinge a própria organização do trabalho, que apela a imperativos de responsabilidade, de empreendedorismo, de autonomia, de liberdade de movimento. Nesse contexto, alguns têm os recursos para se conduzir positivamente como "indivíduos" (sua formação, por exemplo) e tirar benefícios dessas mudanças, mas outros, não: o desempregado por longo tempo, o que não tem formação, o jovem *qui galère* (que vive "em bandos"), isto é, os que vivem em permanente precariedade (Castel, 2006; Chobeaux, 2001).

Será que, no sentido dessa precariedade alargada, finalmente a "igualdade", em seu sentido negativo, atingiria a todos os indivíduos? Não parece ser o caso, pois, assim como a propagada "crise social" da infância diz antes respeito à infância burguesa (não se refere a todas as crianças), também se pode considerar que a "crise" do indivíduo clássico diz respeito ao indivíduo "incluído", o que tem (ou tinha) referências básicas (de parentesco, educação escolar, formação profissional, organização sindical), ou seja, os "excluídos" de antes permanecem sendo os "excluídos" de hoje, porque a eles não se aplica nem mesmo a submissão às exigências do "mercado". Permanecem de fora da prescrição social (mesmo na atual *desordem* institucional). Compõem o grupo dos perdedores da reflexividade (Lash, 1997), uma "subclasse" – porque "estruturalmente inferior" à classe trabalhadora, excluída do acesso às (novas) estruturas de informação e de comunicação.

Isso significa que nem o "vagabundo", nem a criança "de rua", em suas afinidades com a atual desconstrução da normalidade social adquirem uma *alteridade socialmente respeitada e politicamente reconhecida*, e isso, por uma razão que *não muda* ao longo das grandes transformações sofridas por nossas sociedades (e é sintomático que permaneça como *ponto fixo*): o fato de que não participam dos processos de produção e de consumo. Estão definitivamente fora do *contrato social*, qualquer que seja a definição dos seus termos ao longo da modernidade. Assim, o "estilo livre de ser" ou o que Giddens (2002) chama de "projeto reflexivo do eu" somente está ao alcance daqueles para quem a "libertação da ação" em relação às estruturas da modernidade e do capitalismo clássico (fordista) significa, paradoxalmente, ter a chance de poder submeter-se às novas condições estruturais – a que Beck e Beck-Gernsheim (2001) chamam de "individualismo institucionalizado" –, o que faz permanecerem dentro do "jogo" da produção e do consumo tanto de bens e de serviços (como na primeira modernidade) quanto da informação e da comunicação, na modernidade "reflexiva", como defende Lash (1997).

Concluindo...

Na rota traçada pela modernidade ou pela civilização que tem sido por nós construída, há crianças que valem mais do que outras e aquelas que nem chegam a ser assim consideradas, porque a "infância" não as atinge. A civilização... como diria Norbert Elias (1994), esse projeto de diversos autores e nenhum artífice responsável, animado por inúmeras finalidades e sem nenhuma que totalmente lhe corresponda! O não reconhecimento da condição infantil não se restringe às chamadas crianças "de rua", mas estas podem ser vistas como o caso extremo em que esse não reconhecimento se expressa também na forma simbólica, ao se colocar em dúvida sua condição de criança, isto é, aquela a quem a sociedade tem o dever de "assegurar, com prioridade, todas as oportunidades para o seu pleno desenvolvimento em condições de liberdade e dignidade" (Brasil, 1990).

Por isso, tomo-as como caso paradigmático. Ao perceber que essas crianças não "têm infância" (com a família e a escola), a sociedade não se questiona sobre essa negação, mas a transforma ainda em outra: se não têm infância é porque não são *realmente* crianças e, não sendo crianças, é normal que não tenham infância. Tautologia que justifica o tratamento que lhes é socialmente dispensado. Por esse motivo, o meu entendimento de que a infância nasceu e permanece marcada pelo pertencimento de classe e de que as leis, cada vez mais frequentes e minuciosas quanto aos seus "direitos", são um esforço para controlar esta variável, ou seja, são um sinal daquilo mesmo que se esforçam em negar.

Referências

ARIÈS, P. *História social da criança e da família*. Rio de Janeiro: Guanabara, 1981.

BAUMAN, Z. *Modernidade e ambivalência*. Rio de Janeiro: Zahar, 1999.

BAUMAN, Z. *Identidade*. Rio de Janeiro: Zahar, 2005.

BAUMAN, Z. *Modernidade líquida*. Rio de Janeiro: Zahar, 2001.

BECK, U. *La societe du risque*: sur la voie d'une autre modernité. Paris: Flammarion, 2001.

BECK, U.; BECK-GERNSHEIM, E. *La individualización*: el individualismo institucionalizado y sus consecuencias sociales y políticas. Barcelona: Paidós, 2003.

BUCKINGHAM, D. *Crecer en la era de los medios electronicos*. Madrid: Morata, 2002.

CALIGARIS, C. O reino encantado chega ao fim. *Folha de São Paulo*, São Paulo, 24 jul. 1994. Caderno Mais!, p. 4.

CASTEL, R. La précarité ou l'individu contemporaine – entretien. *In*: MOLÉNAT, X. (org.). *L'individu contemporaine*: regards sociologiques. Paris: Sciences Humaines Éditions, 2006.

CASTELLS, M. Prefácio. *In*: PEDRAZZINI, Y.; SANCHEZ, M. (org.). *Malandros*: bandes, gangs et enfants de la rue – culture d'urgence à Caracas. Paris: Charles Léopold Mayer, 1998.

CASTRO, L. R. Under the "economy of protection": the child in the Brazilian society. *In*: INTERNATIONAL CONFERENCE – MARGINALITY AND VOICE: CHILDHOOD IN SOCIOLOGY AND SOCIETY, 1., 2005, Wuppertal. *Annals* [...]. Wuppertal: Bergische Universität Wuppertal, 2005.

CHOBEAUX, F. Les jeunes galériens en France. *In*: TESSIER, S. *A la recherche des enfants des rues.* Paris: Editions Karthala, 2001.

ELIAS, N. *O processo civilizador*: uma história dos costumes. Rio de Janeiro: Zahar, 1994. v. 1.

BRASIL. Presidência da República. Lei nº 8.069, de 13 de julho de 1990. Dispõe sobre o Estatuto da Criança e do Adolescente e dá outras providências. *Diário Oficial da União*: seção 1, Brasília, DF, ano 127, p. 13563, 16 jul. 1990. Disponível em: https://www.planalto.gov.br/ccivil_03/leis/l8069.htm. Acesso em: 14 jan. 2021.

FALEIROS, V. P. Infância e processo político no Brasil. *In*: RIZZINI, I.; PILOTTI, F. (org.). *A arte de governar crianças*: a história das políticas sociais, da legislação e da assistência à infância no Brasil. Rio de Janeiro: Amais, 1995.

FREITAS, M. C. Para uma sociologia histórica da infância no Brasil. *In*: FREITAS, M. C. (org.). *História social da infância no Brasil.* São Paulo: Cortez, 2003.

GIDDENS, A. *Modernidade e Identidade.* Rio de Janeiro: Zahar, 2002.

GIDDENS, A.; LASH, S.; BECK, U. *Modernização reflexiva*: política, tradição e estética na ordem social moderna. São Paulo: Unesp, 1997.

GREGORI, M. F. *Viração*: experiências de meninos nas ruas. São Paulo: Companhia das Letras, 2000.

LASH, S. A reflexividade e seus duplos: estrutura, estética, comunidade. *In*: GIDDENS, A.; LASH, S.; BECK, U. *Modernização reflexiva*: política, tradição e estética na ordem social moderna. São Paulo: Unesp, 1997.

LASH, S. Individualización a la manera no lineal. *In*: BECK, U.; BECK-GERNSHEIM, E. *La individualización*: el individualismo institucionalizado y sus consecuencias sociales y políticas. Barcelona: Paidós, 2003.

MARCHI, R. C. *"Crianças Espertas"*: um retrato do "vício da rua" em crianças pobres no centro de Florianópolis. 1994. 261 f. Dissertação (Mestrado em Antropologia Social) – Universidade Federal de Santa Catarina, Florianópolis, 1994.

MARCHI, R. C. *Os sentidos (paradoxais) da infância nas Ciências Sociais*: um estudo de sociologia da infância crítica sobre a "não criança" no Brasil. 2007. 308 f. Tese (Doutorado em Sociologia Política) – Universidade Federal de Santa Catarina, Florianópolis, 2007.

ORGANIZAÇÃO DAS NAÇÕES UNIDAS (ONU). *Convenção sobre os direitos da criança.* New York: ONU, 1989. Disponível em: https://www.unicef.org/brazil/convencao-sobre-os-direitos-da-crianca. Acesso em: 1 fev. 2022.

POSTMAN, N. *O desaparecimento da infância.* Rio de Janeiro: Graphia, 1999.

PROUT, A. *The future of childhood.* London: Routledge Falmer, 2005.

PROUT, A.; JAMES, A. A new paradigm for the sociology of childhood? Provenance, promise and problems. *In*: JAMES, A.; PROUT, A. (ed.). *Constructing and reconstructing childhood*: contemporary issues in the sociological study of childhood. London: Falmer Press, 1990.

QVORTRUP, J. Childhood in Europe: a new field of social research. *In*: CHRISHOLM, L. *et al.* (org.). *Growing up in Europe*: contemporary horizons in childhood and youth studies. New York: de Gruyter, 1995.

QVORTRUP, J. Macro-análise da infância. *In*: CHRISTENSEN, P.; ALLISON, J. (org.). *Investigação com crianças*: perspectivas e práticas. Porto: Escola Superior de Educação Paula Frassinetti, 2005.

RENAUT, A. *A libertação das crianças*: a era da criança cidadã – contribuição filosofica para uma história da infancia. Lisboa: Instituto Piaget, 2004.

Santos, B. S. Por uma concepção multicultural de direitos humanos. *Revista Crítica de Ciências Sociais*, n. 48, jun. 1997. Disponível em: http://www.boaventuradesousasantos.pt/media/pdfs/Concepcao_multicultural_direitos_humanos_RCCS48.PDF. Acesso em: 3 fev. 2022.

Sarmento, M. J. As culturas da infância nas encruzilhadas da segunda modernidade. *In*: Sarmento, M. J.; Cerisara, A. B. *Crianças e miúdos*: perspectivas sociopedagógicas da infância e educação. Porto: Asa, 2004.

Sarmento, M. J. Gerações e alteridade: interrogações a partir da Sociologia da Infância. *Educação e Sociedade*, Campinas, v. 26, n. 91, p. 361-78, maio/ago. 2005. Disponível em: https://www.scielo.br/j/es/a/3PLsn8PhMzxZJzvdDC3gdKz/?lang=pt&format=pdf. Acesso em : 3 fev. 2022

Sarmento, M. J.; Marchi, R. C. Radicalização da infância na segunda modernidade: para uma Sociologia da Infância crítica. *Configurações*, n. 4, p. 91-113, 2008. Disponível em: https://repositorium.sdum.uminho.pt/bitstream/1822/36735/1/Radicaliza%c3%a7%c3%a3o%20da%20inf%c3%a2ncia%20e%20SI%20critica%201.pdf. Acesso em: 3 fev. 2022.

Sarmento, M. J.; Pinto, M. As crianças e a infância: definindo conceitos, delimitando o campo. *In*: Pinto, M.; Sarmento, M. *As crianças*: contextos e identidades – processos de mediação com crianças em idade pré-escolar. Braga: IEC/Universidade do Minho, 1997.

Sirota, R. Petit objet insolite ou champ constitue? La Sociologie de l'Enfance est-elle encore dans les choux? *In*: Sirota, R. (org.). *Éléments pour une sociologie de l'enfance*. Rennes: PU Rennes, 2006.

Scheper-Hughes, N.; Hoffman, D. Brazilian Apartheid: street kids and the struggle for urban space. *In*: Scheper-Hughes, N.; Sargent, C. (org.). *Small wars*: the cultural politics of childhood. Berkeley: University of California Press, 1998.

Scheper-Hughes, N.; Sargent, C. (org.). *Small wars*: the cultural politics of childhood. Berkeley: University of California Press, 1998.

Sennett, R. *A corrosão do caráter*: consequências pessoais do trabalho no novo capitalismo. Rio de Janeiro: Record, 2000.

Singly, F. La Cause de l'enfant. *In*: Singly, F. (org.). *Enfants-adultes*: vers une egalité de statuts? Paris: Universalis, 2004.

Vianna, A. R. B. *O mal que se adivinha*: polícia e menoridade no Rio de Janeiro, 1910-1920. Rio de Janeiro: Arquivo Nacional, 1999.

11

"Chega de saudade": perspectivas e significados de crianças e adolescentes sobre a escola durante a pandemia

Paula Pimentel Tumolo | Gabriela Fernandes Castro
Luana Papelbaum Micmacher | Natália Belarmino de Souza
Túlio Ferreira Fialho | Lucia Rabello de Castro

O grupo de pesquisa ao qual os autores deste capítulo estão vinculados[1] vem investigando, com base em trabalhos teóricos e empíricos no nível de graduação, de pós-graduação e de docência, a escola como lugar de centralidade na vida das crianças e dos adolescentes, procurando entender como "o comum" é constituído no espaço escolar. Em 2020, a pandemia

[1] Núcleo Interdisciplinar de Pesquisa e Intercâmbio para a Infância e Adolescência Contemporâneas (Nipiac) da Universidade Federal do Rio de Janeiro (UFRJ).

gerada pela Covid-19 gerou grandes consequências no cotidiano e na rotina de muitas crianças, especialmente em decorrência da prática do isolamento social e da política de suspensão das aulas presenciais de escolas públicas e privadas em todo mundo. No Brasil, 81,9% dos alunos da Educação Básica, cerca de 39 milhões de pessoas, deixaram de frequentar as instituições de ensino presencialmente (Fundação Carlos Chagas, 2020a).

A partir desses eventos, uma grande variedade de encaminhamentos e medidas foram tomadas pelas instituições escolares em relação ao uso de plataformas e de ferramentas virtuais para a comunicação entre professores, pais e alunos, sendo notável uma continuidade maior do ano letivo e das atividades educacionais em escolas da rede privada que atendem às classes sociais mais privilegiadas. Assim, esse momento de excepcionalidade na rotina escolar tem explicitado mais agudamente as desigualdades históricas e ainda existentes na educação formal brasileira.

Com o intuito de compreender as vivências das crianças e dos adolescentes durante esse período turbulento e cheio de rupturas, demos início a uma série de entrevistas individuais semiestruturadas, realizadas virtual e presencialmente. Ao longo dessas conversas, a experiência escolar durante a pandemia apareceu recorrentemente e de uma forma ampla – tanto para alunos de cidades grandes como para os de cidades menores, de diferentes classes sociais, das redes pública ou privada de ensino – articulada a uma ideia de ausência e de vazio que diz respeito à falta das relações presenciais e de trocas de afeto entre os pares e com os professores, sustentadas pela materialidade do espaço escolar.

Salientamos aqui que a experiência escolar brasileira tem sido, com frequência, significada por crianças e adolescentes como algo "chato", "sem sentido", "aprisionante" e, por vezes, "enlouquecedor", um cenário de conflitos e mal-estares raramente nomeados e escassamente endereçados, ou seja, uma experiência já circunscrita por faltas, e que guarda relações com uma crise no processo de transmissão escolar que tem se evidenciado para além de nosso país (Míguez, 2014; Oliveira, Adriana, 2016; Pereira, A., 2016; Castro e Tumolo, 2019). Entretanto, chama a atenção que essa experiência, em que pese sua fragilidade, é significada como um vazio, um grande buraco, no momento em que as crianças não podem dela usufruir. A coletividade da escola, a presença física do professor e dos colegas, os brinquedos, as rotinas e os barulhos, que fazem parte da própria experiência de transmissão escolar, são aspectos que as crianças trazem como importantes e dos quais se sentem saudosas e carentes.

Por meio dessas entrevistas, também foi possível vislumbrar como as crianças vêm encontrando expedientes para contornar esse vazio e as novas faltas que o envolvem. Assim, objetivamos discutir as formas que o vazio assume nas entrevistas com as crianças durante o momento de ruptura e de isolamento ocasionado pela pandemia. Como podemos compreender essas faltas? Que formas elas tomam? Como esses sujeitos reagem diante delas e dão conta desse vazio?

A transmissão escolar na atualidade

A transmissão escolar é uma atividade intergeracional com um importante papel na constituição da subjetividade, que proporciona a aquisição de conhecimentos e de valores mediante a introdução de uma geração "recém-chegada" à tradição cultural. A filósofa Hannah Arendt (1961) responsabiliza o adulto, na empreitada dessa atividade educacional, pela continuidade do mundo. A criança é, dessa forma, gradualmente apresentada ao acúmulo de uma sociedade que a antecede, filiando-se à sua tradição por intermédio de uma identificação com a geração mais velha. À geração mais nova, reserva-se, então, a responsabilidade de se apropriar dessa herança, participando ativamente de sua renovação e conquistando para si um lugar simbólico na história (Lajonquière, 1999).

Lajonquière (1999) aponta para os efeitos subjetivantes das práticas pedagógicas centradas em um aluno abstrato, que pervertem a demanda da transmissão geracional, levando à repetição vazia e ao automatismo. Podemos dizer, desse modo, que a transmissão se dá no encontro, mediada pelas posições institucionais de alunos e de professor. Trata-se de um encontro vivo, do qual participam o corpo, os afetos, e o inconsciente. Essa relação implica, concomitantemente, um distanciamento (imposto pela hierarquia) e uma aproximação (imposta pelo fato de ambos os sujeitos se encontrarem diante de um mesmo propósito: o da educação). Ademais, participam desse encontro as relações entre os pares, que implicam a construção de uma posicionalidade geracional, construída pelas experiências compartilhadas em sala e no recreio, pela brincadeira, pelos barulhos, pelos segredos, pelas frustrações, pelo falatório e pelas demais formas de expressão das crianças que habitam o espaço escolar (Castro *et al.*, 2018). Logo, o processo de transmissão pedagógica envolve muito mais do que a aprendizagem de um conteúdo, articulando relações de identificação, de confiança, de responsabilidade e de afeto inter e intrageracional, além do vínculo com um projeto de continuidade e de reprodução social.

Gostaríamos de trazer aqui algumas das principais dificuldades vivenciadas no processo de escolarização brasileira, já amplamente relatadas e analisadas pelas ciências humanas e sociais. Primeiramente, é mister mencionar o desafio do enlace geracional na contemporaneidade. Não há, hoje, uma aceitação tácita das posições hierárquicas entre adultos e crianças, pressupostas no modelo de transmissão pedagógica republicano, apesar de o adulto continuar a ocupar formalmente essa posição dentro das escolas (Hengst, 2009). A subjetivação contemporânea, intrinsecamente vinculada ao neoliberalismo, produz uma valorização da autorreferência e uma fragmentação das instituições sociais modernas, por meio da "emancipação" das tradições e raízes culturais (Dardot e Laval, 2016). Ademais, as atribuições sociais de crianças e adultos, relacionadas à cultura e ao conhecimento, tornam-se mais difusas na atualidade, o que resulta na competição da transmissão cultural escolar com outras formas de identificação social, pautadas na preeminência do tempo presente, sobretudo as mídias de comunicação e de informação (Hengst, 2009).

A dificuldade de envolver crianças, jovens e adultos em torno dos mesmos ideais desfavorece o engajamento com o projeto escolar, tanto da parte dos estudantes quanto da de seus professores. Crianças e jovens se queixam de não gostarem de ir à escola, marcando que a única coisa que lá acontece é o vínculo de amizade com os colegas (Pereira, A., 2016). E, mesmo diante desse vínculo, relatam um cotidiano embrutecido e repleto de rivalidades, não só com seus professores, mas também com esses pares (Pereira, A., 2016). Já os professores sofrem de abatimento moral e psicológico, que se revela por altas taxas de absenteísmo e licenças médicas (Pereira, M., 2016), e se correlacionam com a desvalorização social e material do ofício. As dificuldades desse encontro criam uma rachadura na experiência escolar, em especial, tratando-se de um contexto econômico e social marcado pela perpetuação e pelo aprofundamento da desigualdade social, em que esse projeto republicano de educação moderno nunca se cumpriu de fato.

Diante desse cenário, os alunos apontam para a falta de pactos que possam sustentar o cotidiano escolar. A gritaria e a comunicação hostil, truncada e desafiadora, caracterizam uma experiência escolar carente de balizamentos e diálogo. Alunos e professores vivenciam a escola como um ambiente sem regras, ou cujas regras são constantemente desrespeitadas (Castro e Tumolo, 2019). Pesquisas em escolas públicas latino-americanas apontam para cenários similares ao brasileiro, sendo a escola representada como "terra de ninguém" (Grinberg, Machado e Dafunchio, 2013; Míguez, 2014).

Por último, é imprescindível comentar o desafio da precarização física e material vivenciada, principalmente na rede pública de ensino. O projeto de democratização escolar brasileiro, ainda que tenha visto avanços nas últimas décadas, tem se pautado muito mais no acesso do que na qualidade. Nesse sentido, ainda estão em vigor no País dois sistemas educacionais, sendo o sistema público destinado à maioria das crianças das classes populares. Alunos de escolas públicas se ressentem da condição estrutural de seus espaços escolares, de suas janelas quebradas, dos vasos sanitários sem tampa e das demais faltas materiais (Castro e Tumolo, 2019). Trazemos aqui o antropólogo Daniel Miller (2013) para salientarmos a importância da materialidade como aspecto dialético de todos os processos sociais, inclusive o da transmissão escolar. Mediante o conceito de *cultura material*, o autor define os "trecos" como necessários à nossa existência no mundo, mesmo que, na maior parte das vezes, não estejamos conscientes da capacidade que eles têm de nos habituar e de nos incitar a agir.

Como se estuda em meio a uma pandemia?

Para dar início à análise acerca das faltas evocadas pelas crianças ao discutirem a experiência escolar durante a quarentena, é importante situar quem são esses jovens. Foram entrevistadas 26 crianças e adolescentes entre 6 e 14 anos, entre os meses de março a setembro de 2020. Os sujeitos da pesquisa são majoritariamente moradores do estado do Rio de Janeiro – com a exceção de uma criança que reside em uma cidade do interior de Minas Gerais –, e pertencentes às camadas populares e médias da população.

Os limites impostos pela pandemia nos levou a acessar essas crianças por intermédio de contatos próximos dos próprios pesquisadores, como familiares, filhos de familiares, conhecidos e amigos. O objetivo original desse contato era de se aproximar e de compreender diferentes aspectos da vivência das crianças e dos adolescentes durante o contexto de pandemia, sendo utilizado, para tal empreendimento, uma entrevista de roteiro semiestruturado. A análise desses dados, no entanto, evidenciou o destaque e a importância, dados pelas próprias crianças, ao lugar, ou falta de lugar, da escola nessa experiência. As entrevistas foram realizadas principalmente de modo virtual, por chamada, mensagem ou troca de áudios. Apenas seis dessas entrevistas foram realizadas de maneira presencial, em ambientes comunitários, como a igreja, ou na casa do próprio entrevistador. Em geral, as crianças entrevistadas se encontravam dentro de casa, sozinhas ou acompanhadas por familiares. As interações foram registradas ou gravadas mediante a autorização do responsável e da própria criança.

Entre as crianças entrevistadas, há 9 estudantes de escolas públicas e 15 de escolas privadas. Cada instituição escolar propôs uma maneira distinta de estabelecer vínculos com seus alunos durante o período de distanciamento social, havendo grande variabilidade em termos da quantidade e qualidade desse contato. Mesmo havendo uma maior frequência de comunicação e de continuidade acadêmica na rede privada de ensino durante a pandemia, verificamos que esse não é sempre o caso, e que há, também, uma variabilidade em relação a como diferentes escolas particulares (maiores ou menores, de bairro ou franqueadas, no asfalto ou no morro) e sua clientela têm podido e escolhido lidar com o ensino a distância. De uma forma mais generalizada, há uma maior ocorrência de aulas *online* síncronas (ocorrendo em tempo real por meio de plataformas de videoconferência) nas escolas privadas da região metropolitana do Rio de Janeiro.

Segundo o *Informe n. 2* da pesquisa realizada pela Fundação Carlos Chagas (2020b), a rede privada teve, como principal ferramenta de ensino durante a pandemia, as aulas ao vivo (78% de professores utilizaram essa ferramenta). Já a rede pública municipal e estadual teve como principal ferramenta a disponibilização de materiais nas redes sociais (70% e 87% de professores utilizaram essa estratégia, respectivamente). Assim, é importante salientar que as vivências escolares das crianças durante esse período de exceção, mesmo que apontem em direção à falta de uma forma abrangente, apresentam divergências significativas relacionadas aos seus contextos socioeconômicos, fator que aprofunda os abismos relativos à desigualdade social brasileira no acesso à educação formal.

Exploramos, a seguir, a análise das falas das crianças e dos adolescentes entrevistados por meio das faltas nomeadas por esses sujeitos em relação à escola nesse período de pandemia, procurando traçar um panorama dessa conjuntura. Também tratamos, em seguida, das formas que essas crianças e adolescentes têm encontrado para lidar com os efeitos dessas faltas ou contorná-los.

Saudade de "*estudar mesmo*"

Os discursos das crianças e dos adolescentes com os quais tivemos contato apontam para uma experiência escolar durante a pandemia atravessada por diferentes faltas, que se costuram, ocasionando a saudade da escola presencial. Ao longo das entrevistas, essas faltas, muitas vezes, aparecem atreladas à afetividade e aos laços construídos no espaço escolar, tanto entre pares quanto com os(as) professores(as). Não estar presente em sala de aula e no restante dos espaços físicos da escola dificulta o aprendizado e o drena de significado.

Bia[2] (12 anos, escola particular) e Tom (12 anos, escola pública) revelam que o aprender se torna "difícil, entediante" e solitário, porque "não tem contato com seus amigos, não tem hora do recreio". Assim, a escola perde sua dimensão do "estar junto". Esse "estar junto", em sala e no recreio, inclui um vínculo não só com os sujeitos que habitam a escola, mas também com a materialidade que a constitui, seja ela o próprio espaço físico da escola e seus objetos, seja relacionada aos encontros corporais que se dão no cotidiano escolar – o empurra-empurra, o passar bilhetinhos, os abraços e as brincadeiras.

O isolamento, para além de social, é físico, gerando saudades de correr pela escola com os colegas, de se abraçar e de jogar bola. Léo (6 anos, escola particular), por exemplo, queixa-se de que os novos materiais de estudo e os novos procedimentos de ensino adotados são pouco orgânicos: "*Pra falar, tem que levantar o dedo, aí, quando a professora chama o nome, você tem que botar o som, aí, você fala*". Ficam de fora desse procedimento *online* o "fazer barulho" na sala de aula junto com os colegas e a presença de corpos, os quais encontram diferentes formas de chamarem a atenção e de mobilizarem o fluxo da aula, por vezes, por meio de interrupções e de desobediências.

Outras crianças enfatizam a falta que faz poder usar o espaço físico da escola, tão diferente do que encontram em casa. Ivo (6 anos, escola particular) contrasta o espaço do pátio da escola e o de sua casa:

> *É que tinha o recreio maior do que a minha casa. E, aí, eu não tenho mais o recreio [...]. Maior de espaço [...]. Eu também tô com saudade de brincar de pique-pega, e, aqui, não dá pra brincar de pique-pega. A casa só tem 10 metros.*

[2] Nomes fictícios foram utilizados para preservar o anonimato dos participantes da pesquisa.

O estar junto na escola, mesmo que condicionado pelas possibilidades restritas pela crise atual da educação, configura a escola como um lugar de experimentação de uma coletividade e, também, de uma posicionalidade juvenil e infantil diante da geração mais velha, de quem se diferencia hierarquicamente e com quem as crianças podem travar disputas e conflitos de interesse (Castro, 2018). É possível perceber que a viabilização do aprendizado está ligada a um suporte emocional dos laços que se formam na escola. Sem o momento de se encontrar no recreio, de conversar entre e após as aulas, o processo de transmissão se torna tortuoso.

Entre os laços importantes com a escola que as crianças relatam fazerem falta, podemos, também, destacar a relação com o(a) professor(a). Sem esse encontro presencial, aprofundam-se entraves ligados à aprendizagem. Não há, ao se estudar de casa por apostilas ou aulas dadas mediante videoconferências, a possibilidade de uma atenção mais singular aos momentos de dúvida. Também se dificultam ou se impossibilitam os espaços para troca de afetos, com o olho no olho e a proximidade corporal entre esses sujeitos. Ana (14 anos, escola pública) comenta sobre essa falta, diferenciando o estudar na quarentena do "*estudar mesmo*", sendo este último um estudar encarnado, apoiado na presença: "*Saudade de voltar a 'estudar mesmo', porque, tipo assim, pra mim, essa aula* online *é muito complicada, porque o professor não tá do lado [...] pra explicar*".

De acordo com uma ampla pesquisa realizada durante as primeiras semanas da pandemia pela Fundação Carlos Chagas (2020a; 2020b), 64,8% dos professores mantiveram o conteúdo de suas disciplinas sem alterações com a instauração do ensino remoto, sendo essa porcentagem mais elevada na rede privada (81%) do que na rede estadual (79%) e bem menos expressiva na rede municipal de ensino (59%). Contudo, essa tentativa de manter o programa curricular intacto, apesar da situação de excepcionalidade, tem provocado desconforto e cansaço nos alunos. Gil (10 anos, escola particular) nos conta: "*Se eu não me engano, são três ou quatro horas de aula e você fica toda hora com dor de cabeça...*". Alice (10 anos, escola particular) nos relata sobre sua exaustiva rotina de provas: "*Quando é prova de Música, de Inglês, de*

Artes e de Educação Física, eles vão assim, dia sim, dia não [...], mas, quando são as outras provas, eles vão seguindo, sem dar pausa de um dia".

Ademais, as crianças e os adolescentes entrevistados relatam como os entraves provocados pela materialidade tecnológica na hora do estudo dificultam o acesso aos espaços virtuais de ensino dos conteúdos escolares, tornando essa experiência ainda mais fragmentada ou exaustiva. Felipe (13 anos, escola particular), por exemplo, reclama: "*Meu computador é lento, e, aí, eu tenho que usar o celular, e a tela dele é pequena*". Já Eli (13 anos, escola particular) menciona a instabilidade da conexão de internet e do sistema virtual de sua escola como um obstáculo aos estudos: "*Você tem que acordar, daí, tem que ligar [o computador], daí, às vezes, dá problema na internet, e... Eu tenho que enviar meus deveres pro sistema do colégio, que, às vezes, dá problema e tal*".

A dificuldade de acesso às ferramentas e aos materiais de estudo virtual é ainda mais evidente para as crianças das camadas populares. De acordo com os dados da Pesquisa Nacional por Amostra de Domicílio (PNAD), realizada pelo Instituto Brasileiro de Geografia e Estatística (IBGE, 2018), metade das casas brasileiras não têm um computador. Assim, a maior parte das crianças da rede pública de ensino, provenientes dessas camadas populares, tiveram a tela do celular como único acesso aos conteúdos escolares durante a pandemia. No entanto, como pudemos verificar por meio das entrevistas, mesmo dentro da rede privada, há discrepâncias na possibilidade de acesso dos alunos.

Se a maior parte dos estudantes da rede privada, na qual há uma tentativa de as instituições manterem a frequência de aulas virtualmente, relatam sobre a falta que faz poder estudar junto com os colegas e os seus professores no ambiente escolar, os estudantes da rede pública de ensino evidenciam, por meio de suas falas, uma lacuna ainda mais severa na experiência escolar durante a pandemia. Gal (12 anos, escola pública) resume: "*Eu [...] eu tô sem fazer nada*". Esse "*fazer nada*" se traduz, muitas vezes, em tédio: "*Agora eu só fico em casa dormindo e mexendo no celular*" (Mel, 14 anos, escola pública).

Para esses alunos, mesmo nos casos em que existe algum contato com a escola, este é muito rarefeito e distante, realizado principalmente por meio de grupos de WhatsApp ou de outras redes sociais. Joana (12 anos, escola pública), por exemplo, comenta que a professora manda folhas para imprimir, e ela faz as atividades em casa. Já Mel (14 anos, escola pública) declara: "*Eu tenho alguns professores no meu Instagram, e também tenho um grupo da escola [no WhatsApp]*". Ainda, outras crianças explicam que suas famílias vão até a escola recolher apostilas de ensino. Esses contatos vêm sendo feitos de forma mais ou menos improvisada, sem que os professores ou os alunos recebam suporte institucional ou ferramentas para dar conta do ensino-aprendizagem, configurando-se como uma tentativa de "tapar o sol com a peneira".

Há, portanto, uma tendência, executada de formas díspares por parte da maioria das instituições da rede privada de ensino e da rede pública, de se manter o currículo escolar do ano de 2020, a despeito da possibilidade de que isso não se traduza em uma experiência de transmissão efetiva, revelando uma lógica produtivista e individualista da experiência privada de ensino e uma quase completa indiferença por parte do poder público em relação ao destino educacional das crianças da rede pública.

Com base nesses dados, não é surpreendente que apenas 33,4% dos professores entrevistados pela Fundação Carlos Chagas (2020a) avaliem que seus alunos tenham conseguido acompanhar o conteúdo passado virtualmente. Os estudantes parecem concordar com essa visão: "*Eu acho que pouquíssima gente tá aprendendo direito*" (May, 13 anos, escola particular). É perceptível que os estudantes sofreram uma perda comum: a ausência da interação, da presença afetiva e material, que se constitui como crucial na dinâmica das relações de transmissão, o que, por sua vez, insere a criança socialmente, entendendo-se, assim, a experiência escolar como possibilidade de criação de laços de filiação com o mundo, visando à sua continuidade (Arendt, 1961).

A possibilidade libertadora de produzir ruídos e mobilizar de afetos com os colegas e os professores no espaço da escola se opõe a essa *quietude inquietante*, provocada pela falta da "bagunça", falta de uma experiência escolar vibrante e encarnada, opondo-se ao que Lajonquière (1999) aponta como práticas pedagógicas abstratas e concentradas na repetição. Léo (6 anos, escola particular) menciona a insuficiência do contato virtual com os pares: "*Porque eu quero brincar com eles! Ver eles na aula não é nada!*". O falatório da sala de aula presencial faz falta, e só ver os amigos pelo computador não é o bastante, porque Léo deseja estar ali, *de corpo e alma*, com seus colegas. May (13 anos, escola particular) reverbera a frustração de Léo: "*Na escola você tá, literalmente [...], ali, entendeu? No computador, não, você tá na fotinha [...], [ou] só uma sigla, e só o professor abre a câmera. [...] Tipo, na escola, a gente chegava com todo mundo se abraçando, todo mundo se falava*".

Céu (13 anos, escola particular) também evoca a falta das aulas presenciais, dizendo sentir saudade de poder "*fazer bagunça, de falar com seus amigos, [...] comentar as coisas*", pontuando que o silêncio virtual ocasiona um mal-estar também nos professores:

> *Agora, é muito mais quieto, ninguém fala muito na aula. [...] Eu sinto um pouco de pena dos professores, porque, às vezes, eles perguntam as coisas e ninguém responde, porque [...] as pessoas têm vergonha, sabe, não gostam muito de abrir o microfone, a câmera.* (Céu, 13 anos, escola particular)

Por sua vez, Lia (12 anos, escola pública) fala da saudade que sente da rotina de se arrumar para escola e do que fazia no caminho, salientando os aspectos sociais e materiais que participam desse cotidiano:

> Esse ir pra escola, é levantar cedo, e tá bem friozinho, aí, eu ia me arrumar e tomar banho, pegar ônibus com a minha amiga, que mora perto de mim, chegar na escola, comprar doce ou comprar lanche, e ver meus amigos também... Eu tô com saudade de fazer isso.

Assim, os estudantes relatam obstáculos e turbulências relacionados à continuidade escolar durante a pandemia, evidenciando que não há como esperar que as possibilidades de transmissão escolar não sofram com essa ruptura. Apesar de as exigências de cumprimento curricular oficial não terem se alterado, o processo de transmissão, que, antes, já se encontrava em crise, foi – nas circunstâncias de isolamento social – uma realidade muito distante para ambos, alunos e professores.

Muitas opiniões foram proferidas a respeito do ensino a distância como método alternativo ou complementar de escolarização em virtude do isolamento social, ou, até mesmo, como uma perspectiva de modernização do sistema escolar. Nesse sentido, é patente a linha de argumentação que destaca as vantagens desse novo paradigma de ensino, em razão de uma maior eficácia no aproveitamento de recursos materiais, de tempo e de dinheiro. Alguns chegam a dizer que esse seria o "futuro da escola". No entanto, é com base nas experiências relatadas pelos alunos durante a pandemia que podemos contra-argumentar, visibilizando a falta de significado que essa experiência de aprendizado tem quando desvinculada da construção e da manutenção de laços com outros sujeitos, espaços e materiais. Compreender e significar conteúdos escolares é, portanto, uma atividade realizada da alteridade, da relação material e simbólica com o mundo. Ademais, é evidente, com base em estatísticas oficiais que coincidem com nossos dados (Fundação Carlos Chagas, 2020a, 2020b), que há um forte recorte de classe nessa experiência, que representa uma ameaça de aprofundamento de desigualdades sociais por meio de oportunidades diferenciadas de integração a essa modalidade de ensino.

"Se virando" no vazio

Tendo como base as faltas relatadas pelas crianças em relação à escola durante a pandemia, apresentaremos, a seguir, as maneiras como elas têm buscado contornar essas situações, na tentativa de dar conta do momento vivido. Diante das dificuldades apresentadas em se compreender o conteúdo pedagógico apresentado nas aulas *online* ou por meio das apostilas, e com vistas à impossibilidade de os professores estarem mais próximo dos alunos para sanarem suas dúvidas, muitas crianças acabaram recorrendo a outras estratégias, coletivas ou individuais, de dar conta das demandas escolares. Fica evidente, além disso, que essas formas de "se virar" estão relacionadas ao contexto socioeconômico no qual esses sujeitos estão inseridos e às possibilidades que têm de responder à nova conjuntura.

A principal dessas estratégias diz respeito à autorresponsabilização do próprio estudante pela mediação de suas atividades escolares, ou seja, o "dar conta sozinho". Assim, as crianças puderam se colocar em uma posição autodidata, buscando e complementando o conteúdo das aulas, de forma a conseguirem acompanhar o que está sendo passado virtualmente. Essa estratégia é bastante evidente entre os alunos de escolas particulares que participaram de aulas por videoconferências, para quem os trabalhos e as provas, durante a pandemia, foram bastante comuns. Iná (13 anos, escola particular) compartilha: "*Eu tenho que entender sozinha, porque o professor não explica nem metade do que ele faz na sala*". Bia (12 anos, escola particular) nos conta como faz para "se virar" para entender a matéria sozinha: "*Eu uso o Google às vezes*". Já Caio (12 anos, escola particular) salienta uma crença no esforço autodidata para conseguir se adaptar ao ensino a distância e manter um bom rendimento:

> *Tem matérias que eu consigo desenvolver mais, como Matemática, e matérias que eu não consigo desenvolver muito, como Português, que eu não tô me adaptando direito [...], mas eu vou tentar me esforçar ao máximo pra conseguir ir bem [...].*

Em outros casos, para tentarem contornar essas carências, os estudantes buscaram ações conjuntas, articulando-se coletivamente, com o intuito de acompanharem as aulas ou atividades remotas, como deveres de casa, provas e trabalhos, ou, simplesmente, de matarem a saudade e darem conta da falta que sentem de estar com os amigos de escola. Para tal estratégia, aproveitaram-se de ferramentas e artifícios digitais, como videochamadas, jogos virtuais e mensagens de texto, buscando uma maior interação entre colegas e, em alguns casos, com seus professores.

Céu (13 anos, escola particular) nos conta sobre as conversas com as amigas, que ocorrem para além do que se dá nas aulas por videoconferência, seja para falar sobre as aulas, seja para socializar:

> *A gente se ajuda. Eu com as minhas amigas próximas, a gente se fala bastante quando tá com alguma dúvida e eu peço pros professores que eu sou mais próxima, mando mensagem pelo Gmail, [Google] Classroom. [...] A gente faz vários trabalhos juntas, se liga, a gente estuda juntas, e [...] a gente fala de vídeo, às vezes, de [WhatsApp] nem tanto, mas, com a Nina, eu falo de tudo.*

Ana (14 anos, escola pública) sublinha esse aspecto de organização e solidariedade entre os alunos, que tiram dúvidas entre si:

> *A maioria das turmas da escola tem grupo no WhatsApp. Aí, assim, um ajuda o outro, ajuda a pegar o que o professor falou na aula, tira dúvida de quando tem aula* online. *A gente sempre coloca quando tem nota de prova, quando tem prova, quando tem que entregar trabalho, quando a prova está muito difícil, mas ninguém dá resposta de prova, ninguém faz prova em conjunto, quando é individual.*

Por fim, a última estratégia usada pelos alunos no intuito de assimilarem o conteúdo escolar relaciona-se à ajuda e à mediação da família, como tios, pai, irmãos, e que é, porém, "destinada" sobretudo às mães. Podemos mencionar aqui, portanto, o lugar materno na reprodução social, sendo essas pequenas e médias empreendedoras maternas responsáveis pelos cuidados domésticos, sem remuneração ou reconhecimento (Oliveira, Anita, 2020). Durante a pandemia, esses cuidados passaram a incluir suprir as dúvidas e as demandas de seus filhos acerca do conteúdo escolar na ausência da figura do(a) professor(a). Por exemplo, a mãe de Rui (12 anos, escola particular) recebe suas atividades escolares, e também realiza o processo burocrático para que ele possa entregar suas tarefas à professora: "*Ela manda pro* e-mail *da minha mãe, aí, minha mãe imprime as atividades pra mim. Minha mãe tira as fotos no celular dela e, depois, manda pra professora. [...] Minha mãe me ajuda às vezes*". Da mesma maneira, Ana (14 anos, escola pública) comenta que é a sua mãe quem faz a mediação para que ela receba as atividades da escola: "*Minha mãe tem que ir até o colégio pra pegar as apostilas pra eu fazer os deveres em casa*".

Considerações finais

A pandemia de Covid-19, em 2020, deixou um verdadeiro buraco na rotina das crianças e dos adolescentes em idade escolar. Acostumados a passar uma parte significativa de seu tempo com colegas e professores em suas escolas, as crianças tiveram esse contato restrito ao celular e ao computador, com uma frequência variável, e, por vezes, quase inexistente. As crianças descrevem essa experiência pela falta, pela saudade. As faltas descritas pelas crianças apareceram, em suas falas, atravessadas pela relação e pelo afeto com colegas de escola e professores(as) que se sustenta na materialidade e corporeidade envolvida na experiência escolar presencial. Há um forte desejo de poder voltar a estar juntos, a tocar, a sentir cheiros, a ouvir barulhos, a usar os sentidos para experimentar o mundo. As crianças e os adolescentes desejam (e reivindicam por) uma escola que inclua todas essas experiências e esses afetos, com colegas, professores, funcionários e o próprio espaço escolar e seus objetos. O que antes "passava batido" no cotidiano, agora, faz falta, e se apresenta como imprescindível para que a experiência escolar possa fazer sentido.

Outro atravessamento que circunscreve essas faltas e as formas encontradas para tentar contorná-las diz respeito à questão da desigualdade na oferta e no acesso à ferramentas materiais e institucionais para uma continuidade das atividades escolares durante o período de isolamento social. O fato de a escolarização ter adentrado o espaço doméstico amplia desigualdades sociais, pois faz a educação a distância (ou o que existe dela) refletir as disparidades socioeconômicas brasileiras.

Estudantes e professores(as) se veem, nessa experiência de ensino durante a pandemia, diante da tarefa de dar conta de um aprendizado sem a sustentação de aportes outros que compõem a vivência escolar para além do conteúdo "a seco" – o que parece provocar um sentimento de abandono. Com base nos dados dessa pesquisa, compreendemos que os elementos apontados pelas crianças entrevistadas, como aqueles que evocam essa falta, fazem parte de um leque que constitui a integralidade do processo de transmissão escolar. Portanto, esse processo é compreendido aqui para além da simples aprendizagem de conteúdos didáticos, integrando, também, o vínculo e a relação presencial com os colegas, com os professores, e o encontro com o espaço escolar e sua materialidade: "trecos" físicos e psíquicos. As crianças denunciam o quanto a *escola de verdade*, como espaço coletivo, só se faz de fato no encontro dos corpos e das afetividades. É nesse sentido que podemos falar sobre a fragilização do processo de transmissão pela escolarização remota, que apresenta limitações quanto à mobilização desses outros aportes.

Os desafios enfrentados pelas escolas brasileiras precedem às rupturas provocadas pela pandemia e pelo isolamento social. Esses desafios produzem vazios que tornam as instituições escolares – em especial as públicas –, ineficientes e desinteressantes em sua missão de transmitir um legado cultural. Apresentamos, apoiando-nos nas falas das crianças entrevistadas ao longo dessa pesquisa, a proposta de que a experiência escolar durante a pandemia escancarou os sentimentos de falta e vazio já presentes na escolarização brasileira, esgarçando essas fissuras por meio da amplificação e da concretude de uma ausência. Se, antes, a experiência escolar ainda propiciava a oportunidade do encontro e do confronto intra e intergeracional, em que essas faltas podem ser expressas e compartilhadas, ainda que de forma caótica, sob a forma de raiva, de rebeldia, de apatia ou de agressão, durante a pandemia, essa experiência se transformou em vazio, em buraco. A tensão desse conflito ficou em suspenso, as relações ficaram dispersas, e a transmissão escolar se definhou ainda mais profundamente.

Acreditamos que o cenário exposto aponta, enfaticamente, para a necessidade de se ouvir as crianças em relação ao que vivem e incluí-las nos processos decisórios em relação à escolarização durante a pandemia. Assim, ecoamos os apelos de Lins, Cabello e Borges (2020, p. 247) que, em uma recente publicação sobre as experiências de crianças latino-americanas na pandemia, lembram-nos de que, nesse contexto, "órgãos governamentais decretam sobre a vida, também escolar, dessas crianças e jovens, sem consultar os principais envolvidos". A perspectiva de trajetória escolar para essas crianças e adolescentes é incerta. Muitas, de famílias mais pobres, que frequentam a rede pública de ensino, podem não voltar a frequentar a escola após o fim da pandemia. Assim, é necessário pensar, com esses sujeitos, o que esse vazio produziu e ainda irá produzir.

Referências

ARENDT, H. The crisis in education: *In*: ARENDT, H. *Between past and future*: six exercises in political thought. New York: The Viking Press, 1961. p. 173-96.

CASTRO, L. R. "Precisamos falar do recreio!": a construção do comum pelas crianças na escola. *Childhood and Philosophy*, Rio de Janeiro, v. 17, n. 29, p. 129-48, 2018.

CASTRO, L. R. *et al.* Falas, afetos, sons e ruídos: as crianças e suas formas de habitar e participar do espaço escolar. *Revista Eletrônica de Educação*, v. 12, n. 1, p. 151-68, 2018.

CASTRO, L. R.; TUMOLO, P. P. A experiência da transmissão na escola pública brasileira: a reinvenção dos laços sociais entre crianças e adultos. *Runa*: Archivo para las ciencias del hombre, v. 40, n. 2, p. 39-55, 2019.

DARDOT, P.; LAVAL, C. A fábrica do sujeito neoliberal. *In*: DARDOT, P.; LAVAL, C. *A nova razão do mundo*: ensaio sobre a sociedade neoliberal São Paulo: Boitempo, 2016.

GRINBERG, S.; MACHADO, M.; DAFUNCHIO, S. Jóvenes y escuelas secundarias en contextos de extrema pobreza urbana: entre el desencanto y la utopía. In: LARA, R. U.; MAYER, L.; ERAZO, S. L. (org.). *Socialización escolar*: processos, experiencias e trayectos. Quito, Equador: Editorial Universitaria Abya-Yala, 2015.

FUNDAÇÃO CARLOS CHAGAS. Departamento de Pesquisas Educacionais. *Educação escolar em tempos de pandemia*: informe n. 1. 2020a. Disponível em: https://www.fcc.org.br/fcc/educacao-pesquisa/educacao-escolar-em-tempos-de-pandemia-informe-n-1. Acesso em: 22 fev. 2022.

FUNDAÇÃO CARLOS CHAGAS. Departamento de Pesquisas Educacionais. *Educação escolar em tempos de pandemia*: informe n. 2 – similaridades e diferenças nas redes de ensino, sexo e cor/raça. 2020b. Disponível em: https://www.fcc.org.br/fcc/educacao-pesquisa/educacao-escolar-em-tempos-de-pandemia-informe-n-2. Acesso em: 23 fev. 2022.

Hengst, H. Collective identities. *In*: Qvortrup, J.; Corsaro, W. A.; Honig, M. S. (org.). *The Palgrave handbook of childhood studies*. London: Palgrave Macmillan, 2009. p. 202-14.

Instituto Brasileiro de Geografia e Estatística (IBGE). *Pesquisa Nacional por Amostra de Domicílios Contínua*: notas técnicas. Rio de Janeiro: IBGE, 2018. Disponível em: https://biblioteca.ibge.gov.br/visualizacao/livros/liv101548_notas_tecnicas.pdf. Acesso em: 22 fev. 2022.

Lajonquière, L. *Infância e ilusão (psico)pedagógica*: escritos de psicanálise e educação. Petrópolis: Vozes, 1999.

Lins, H. A. M.; Cabello, J.; Borges, C. S. Direito à participação política de crianças sobre a escola: algo mudaria em função da pandemia? *Sociedad e infancias*, n. 4, p. 243-9, 2020.

Míguez, D. Exigências acadêmicas, tédio e agressão: algumas questões sobre o fenômeno da conflituosidade escolar. *In*: Burgos, M. B. (org.). *A escola e o mundo do aluno*: estudos sobre a construção social do aluno e o papel institucional da escola. Rio de Janeiro: Garamond, 2014. p. 450-79.

Miller, D. *Trecos, troços e coisas*: estudos antropológicos sobre a cultura material. Tradução de Renato Aguiar. Rio de Janeiro: Zahar, 2013.

Oliveira, A. D. *Violência escolar*: verso e reverso das sociabilidades contemporâneas. Curitiba: CRV, 2016.

Oliveira, A. L. A espacialidade aberta e relacional do lar: a arte de conciliar maternidade, trabalho doméstico e trabalho remoto na Pandemia de Covid-19. *Revista Tamoios*, v. 16, p. 154-66, 2020.

Pereira, A. B. Outros ritmos em escolas da periferia de São Paulo. *Educação e Realidade*, Porto Alegre, v. 41, n. 1, p. 53-85, 2016.

Pereira, M. R. *O nome atual do mal-estar docente*. Belo Horizonte: Fino Traço, 2016.

12

Usos do tempo de crianças em e entre ilhas de atividades

Fernanda Müller | Cristian Dutra | Mayume Melo Kanegae

Este capítulo explora experiências de crianças que estudam em uma escola rural do Distrito Federal (DF), localizada em uma região que passou por significativas modificações nos últimos anos, com a construção de grandes condomínios, onde, antes, existiam chácaras voltadas ao abastecimento da Capital Federal. Foi organizado um grupo focal com quatro crianças de 9 anos de idade, do terceiro ano do Ensino Fundamental, a respeito do uso do tempo. Depois, as crianças representaram graficamente uma semana típica em suas vidas, o que foi seguido de uma conversa informal. O trânsito entre os condomínios da área rural, a escola e os equipamentos urbanos parece diluir, para as crianças, as fronteiras e o isolamento do rural em relação ao urbano. A mobilidade das crianças para a escola é um momento de sociabilidade relevante, assim como a própria escola, o que se difere das atividades realizadas em casa, que, em geral, não contam com a participação de outras pessoas. As crianças não recorreram à fragmentação de atividades na rotina para representar o tempo. Ao contrário, escolheram atividades que realizam rotineiramente para demonstrar que circulam entre ilhas de atividades: a escola rural, o condomínio onde moram, o trajeto percorrido no ônibus escolar ou no carro.

Panorama

Pela manhã, aproximadamente 120 crianças dirigem-se diariamente a uma escola rural localizada no Riacho Fundo I, Região Administrativa XVII do DF. Essa é uma das 70 escolas dessa modalidade no DF. Matriculada nos três primeiros anos do Ensino Fundamental, a maioria das crianças dirige-se para a escola e retorna para suas casas (ou para um ponto de encontro previamente combinado com os pais) de ônibus escolar. O ônibus escolar transporta as crianças para a escola e é a única opção de transporte público disponível a elas.[1] Os percursos compreendem estradas de terra batida, calçamento de pedras e asfalto, e são percorridos na companhia de motoristas e de monitores que organizam as crianças no ônibus.

A Região Administrativa do Riacho Fundo I, ainda nomeada coloquialmente como "cidade-satélite", contava, em 2015, com pouco mais de 40 mil habitantes (Distrito Federal, 2015) e tem áreas urbanas e rurais.

[1] O transporte de crianças em regiões rurais é obrigatório pelo poder público local e conta com recursos disponibilizados pela União. A Lei nº 10.880, de 9 de junho de 2004 – Art. 2o. prevê: "Fica instituído o Programa Nacional de Apoio ao Transporte do Escolar – PNATE, no âmbito do Ministério da Educação, a ser executado pelo Fundo Nacional de Desenvolvimento da Educação – FNDE, com o objetivo de oferecer transporte escolar aos alunos da educação básica pública, residentes em área rural, por meio de assistência financeira, em caráter suplementar, aos Estados, ao Distrito Federal e aos Municípios, observadas as disposições desta Lei. (Redação dada pela Lei nº 11.947, de 2009)" (Brasil, 2004).

A escola dista cerca de 21 km do Plano Piloto de Brasília e está situada em uma área que foi, desde a construção da Capital, destinada ao cultivo agrícola para o abastecimento das demais regiões. As primeiras famílias foram convidadas a se assentarem no local pelo então Presidente Juscelino Kubitschek. Em 1969, a escola teve as suas atividades iniciadas, com o objetivo de atender os filhos dos produtores do setor hortifrutigranjeiro.

Contudo, a região tem passado por transformações estruturais significativas ao longo dos anos. A maioria das chácaras deu lugar a grandes condomínios fechados, resultado de ocupações irregulares. Essas transformações, aliadas ao aumento da população do Riacho Fundo I, fizeram a escola deixar de somente atender às crianças da zona rural para atender, também, aquelas da zona urbana.

Neste capítulo, tratamos das experiências de quatro crianças que frequentam a escola rural, sobretudo no que se refere ao uso do tempo. Primeiramente, observamos brincadeiras e jogos das crianças durante o recreio e conversamos de maneira informal com elas. Depois, nós as acompanhamos em dois momentos nos ônibus escolares que as transportavam para suas residências ou locais de encontro com seus responsáveis, no fim do turno escolar.

Com o intuito de melhor compreender as rotinas das crianças, organizamos um grupo focal com Rita, Carla, Paulo e João,[2] todos com 9 anos de idade e estudantes do terceiro ano do Ensino Fundamental, no período matutino. O nosso objetivo foi estimular uma discussão sobre temas relacionados ao uso do tempo pelas quatro crianças. Nesses encontros, elas explicaram como chegavam à escola e retornam para a casa; sobre o que faziam durante o percurso; e sobre lugares e atividades de suas preferências. Alinhamo-nos ao que Pires e Santos (2019, p. 320) já argumentaram sobre essa técnica de pesquisa, ou seja, é potencializadora em investigações participativas, dado "que a interação grupal permite ao pesquisador a compreensão de vários participantes sobre um tema específico a partir de um único momento, o que otimiza a produção de dados".

[2] Com o objetivo de assegurar o anonimato das crianças, trata-se de pseudônimos.

Posteriormente, convidamos as crianças para que nos mostrassem como seu tempo era organizado ao longo da semana. O desenho metodológico foi inspirado em Christensen e James (2000), que conduziram um estudo no norte da Inglaterra sobre o uso do tempo por crianças de 10 anos de idade, moradoras de zonas rural e urbana. As autoras exploraram a utilização do tempo pelas crianças, assim como a sua compreensão sobre as rotinas em casa e na escola. Para isso, solicitaram às crianças que representassem graficamente, dentro de um círculo chamado *My week* ("minha semana"), ou seja, para mostrar como utilizavam seu tempo durante uma semana típica. Ademais, solicitaram às crianças que dividissem o círculo para mostrar quanto tempo empreendiam em cada uma das atividades ao longo da semana (Christensen e James, 2000, p. 163). Além da importância de entender as experiências das crianças e de suas competências como atores sociais de forma contextualizada, as autoras enfatizam a importância da metodologia para a interpretação e a reflexão das crianças sobre as suas rotinas, assim como os relevantes *insights* para a pesquisa.

No nosso caso, disponibilizamos lápis preto e de cor, borracha e uma folha branca tamanho A4. Em cada folha, havia um círculo de 19 cm de diâmetro no centro e solicitamos que cada criança representasse a organização de sua semana naquele espaço, por meio de desenho e/ou de escrita. Esse momento foi registrado em áudio e filmado de uma perspectiva frontal, procurando captar as distintas formas de representação e narrativa das crianças. Sugerimos uma conversa com base nos dados produzidos pelas crianças.

Nosso argumento é o de que o tempo é contado pelas experiências das crianças no espaço entre o rural e o urbano, e, portanto, entre ilhas de atividades. Elas listaram ou desenharam atividades que realizavam rotineiramente para demonstrar que circulam entre ilhas: a escola rural, o condomínio onde moram, o trajeto no ônibus escolar ou no carro. Nas próximas seções, apresentaremos, além dos dados produzidos e sistematizados, discussão sobre as características de sua mobilidade, experiências de sociabilidades no espaço escolar e nos meios de transporte, bem como o uso do tempo nos mais diversos espaços tratados pelas crianças.

O cotidiano representado pelas crianças

Zeiher (2003) cunhou o termo *ilhas de atividades* para explicar as experiências de crianças em contextos de sociabilidade contemporâneos. Tais ilhas de atividades são nada mais do que os locais em que as crianças despendem as horas do seu dia e se ocupam com atividades previamente planejadas a elas e com a participação de seus responsáveis. Residências, *playgrounds*, praças, parques, escolas, instituições de atividades extraclasse seriam alguns desses espaços planejados para as crianças. Cabe apontar que as ilhas de atividades fazem parte de um ideário de proteção e de educação desenvolvido e popularizado globalmente para as crianças, como mostram diferentes autores (Holloway e Valentine, 2000; Tonucci, 1996).

O cotidiano de crianças leva em conta, em grande medida, a organização da rotina dos adultos responsáveis (Sarmento, 2004); as possibilidades financeiras das famílias em arcarem com o dispêndio de transporte; as obrigações legais (escolarização obrigatória, guarda compartilhada etc.); as estratégias de reprodução e distinção sociais, especialmente em busca de capital cultural (Bourdieu, 2008); e as possibilidades de serviços disponibilizados em dada região e de acesso a eles (Pinçon-Charlot e Pinchon, 2018).

De acordo com Nunes e Emmel (2015), em pesquisa realizada no estado do Rio Grande do Sul, a maioria das crianças de classes populares pouco frequenta atividades extraclasse, com exceção de iniciativas de ONGs e de governos em certas vizinhanças, experiência distinta de crianças que vivem em regiões centrais e mais valorizadas. Nas regiões centrais, essas atividades, no contraturno escolar, costumam ser escolhidas de acordo tanto com necessidades de reprodução e de distinção social de tais famílias (como inglês, cursos avançados de informática, balé, ginástica artística etc.) como de curiosidades das crianças, tornando o seu cotidiano ocupado.

Em pesquisa recente, que analisa diferenças no uso do tempo e espaços de crianças de Curitiba, Ferreira e Ferreira (2020, p. 16) indicaram a diminuição de acessos de crianças a espaços públicos de socialização quanto mais distante fosse a sua moradia em relação a lugares valorizados social e economicamente (no caso, o centro e o norte da capital paranaense), diminuindo sua mobilidade e, em certa medida, tornando-se mais "enraizadas em locais [que são] simbolicamente desqualificados e segregados".

Para tanto, autores como Barker (2009) e Müller, Monasterio e Dutra (2018) apontam para a predominância do automóvel na organização do cotidiano das crianças de diferentes classes sociais. Müller e Dutra (2018) mostram, até mesmo, como o próprio carro se torna uma ilha de atividades, na medida em que crianças passam boa parte de seu tempo em circulação, dados o aumento das distâncias nas cidades e o pior dos efeitos do trânsito: os congestionamentos.

Embora as ilhas de atividades sejam decorrentes da relação de crianças com o tempo e o espaço nas cidades, observamos que, ao representarem e descreverem suas atividades, Rita, Carla, Paulo e João associaram atividades que realizam rotineiramente a certos espaços específicos. Também nos chamou a atenção o fato de não delimitarem o tempo dentro da totalidade representada pelo círculo, o que mostra que estiveram mais preocupadas a apresentarem aquelas atividades que são realmente significativas em suas vidas.

Rita já não vive mais no Riacho Fundo I, mas em um condomínio em outra região, localizada a 7 km da escola e, portanto, fora da rota do ônibus escolar. Embora seu antigo prédio contasse com área de lazer, piscina, *playground* e quadra de esportes, a mudança ocorreu, segundo ela, "*na hora certa*", pois o edifício passou a contar com uma grande rachadura, que a preocupava. Nesse mesmo prédio, quando morava no terceiro andar, enchia uma seringa com água e, lá do alto, molhava as pessoas que estavam ou passavam na calçada.

No trajeto de ida para a escola, é levada de carro pela mãe. Apesar disso, sente saudades de andar no ônibus escolar e, de vez em quando, combina com a mãe de aguardá-la em um dos pontos de descida das crianças, para que possa reviver a experiência que tanto lhe agradava. Contudo, tal autorização não é dada somente pela mãe, mas também pela "tia" do ônibus, de quem a menina já recebeu alguns limites por ser "tagarela", isto é, conversar e cantar em tom alto. Já no carro, com a mãe, a regra é distinta: é permitido cantar, conversar e até brigar, eventualmente.

A casa atual é a melhor em que já viveu, segundo Rita. Continua se envolvendo nas brincadeiras com água, mas, dessa vez, com balão d'água. Também faz escavações no terreno em busca de pedras grandes e brinca de pega-pega. Gosta de frequentar a escola, onde realiza atividades, encontra amigos e "*desenvolvo bastante, assim, meu crescimento*". Criticou a outra escola onde estudou anteriormente, pois "*não tinha aprendido a ler, minha letra tava muito feia, não ensinavam quase nada, era só passeio*".

Rita usou apenas lápis preto em seu desenho, representando a turma a partir da vista superior da sala da aula onde estuda. Diferenciou o menino que "*não aperreia* [sic] *tanto as meninas*", deixando-o sem boné. Previu a quantidade equivalente de meninos e meninas, o número exato de mesas e cadeiras, e as provas sobre cada mesa. Também representou a professora e o nome dela escrito no quadro, contando que não são todas as crianças que conseguem escrever o nome completo. Ela optou por desenhar um dia específico da semana, a terça-feira, dia de prova de matemática, e destacou que era um dia em que menos crianças compareciam, por isso, poucas foram representadas.

Figura 12.1 – Desenho produzido por Rita em 08 de dezembro de 2017.

Carla é moradora de um dos condomínios localizados perto da escola, resultado do loteamento de uma chácara destinada à produção rural. Ao descrever o espaço da casa, destaca as constantes obras no local: "*Eu acho que ele é velho [o condomínio], e ainda tá construindo, ainda tá arrumando*". Anda por todo o condomínio e, por isso, conhece praticamente todos os moradores. A menina já morou em outro condomínio, também próximo da escola, e que ainda frequenta para visitar uma amiga. Carla vai e volta da escola de carro com o pai e a mãe, porém, eventualmente, utiliza o ônibus escolar público. Ela foi matriculada na escola porque ficava perto da sua casa, mas também porque o seu pai gostou da proposta pedagógica.

Primeiramente, Carla optou por representar sua rotina de forma escrita. Listou as atividades sem nenhum tipo de divisão aparente.[3] Começou pelo centro do círculo, onde escreveu "fico em casa". Em seguida, escreveu "vou para o clube", "vou para a casa da minha amiga", "vou trabalhar com meu pai". Acima do centro: "vou para escola", "vou dormir na casa da minha amiga", "faço dever de casa" e "vou brincar". Depois dessa primeira lista, utilizou espaços vazios para escrever mais atividades, com o cuidado de manter tudo dentro do local indicado. Escreveu "*Bob Esponja*" porque teve dificuldade de escrever os nomes dos programas que realmente desejava (*The Thundermans* e *Henry Danger*).

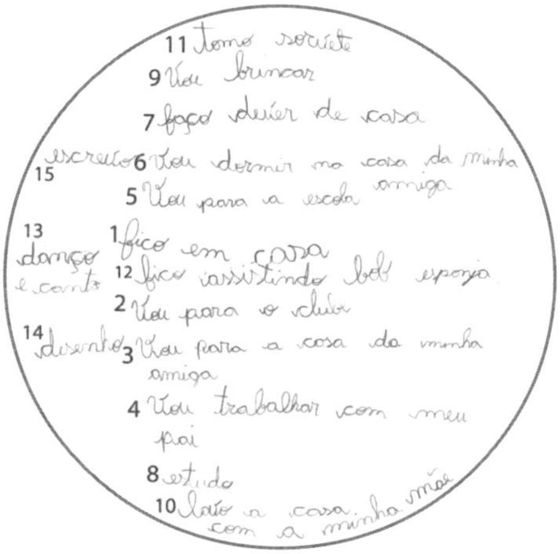

FIGURA 12.2 – Escrita produzida por Carla em 08 de dezembro de 2017.

Paulo mora, desde que nasceu, em um condomínio que dista 1,5 km da escola, onde joga futebol com seu pai e brinca de pique-esconde. No "quintalzinho" do condomínio, como chama o pequeno espaço, costuma chutar bola sozinho na frente de casa, especialmente quando os vizinhos não estão em casa. Já estudou em outra escola, mas também expôs sua preferência pela escola atual, onde tem mais amigos. Na escola anterior, por ser de tempo integral, "*mudava toda hora a professora, porque ficava uma de manhã e a outra a tarde*". Ele vai e volta da escola no ônibus escolar público.

[3] A numeração foi inserida posteriormente por nós, com base na indicação de ordem feita por Carla e registrada em vídeo no dia da atividade.

Figura 12.3 – Desenho produzido por Paulo em 08 de dezembro de 2017.

Representou sua rotina com um desenho colorido de uma casa e uma árvore do mesmo tamanho e bem maiores do que as pessoas. Também adicionou o sol e uma nuvem. O desenho é frontal e acompanha a linha do círculo. A casa tem várias cores, e as janelas e a porta não foram pintadas. Igualmente, optou por não colorir as três pessoas. Queria mostrar que brinca com os amigos somente aos fins de semana e feriados, já que eles estudam à tarde.

Entre as quatro crianças, João é o único que não mora em condomínio na área rural, mas em uma casa na área urbana do Riacho Fundo I. Já estudou em uma escola privada, onde sua avó reside, distante 36 km de sua atual residência. Expôs a preferência pela escola atual: "*[na escola anterior] tinha um aluno muito chato, que ficava só me incomodando, aí, quando eu me mudei para cá, aí, eu fiquei livre*". Atualmente, o que ele mais gosta na escola é de brincar com os seus amigos. O menino vai e volta da escola no ônibus escolar público.

Figura 12.4 – Escrita produzida por João em 08 de dezembro de 2017.

João preferiu representar sua rotina de forma escrita e sem colorir. Ele escreveu "jogar bola" no topo do círculo e disse: "*pronto, é isso o que eu faço*". Ele se referia às partidas de futebol na escola, pois não tinha bola em casa. Depois, escreveu "desenhar", "jogar minigolfe" e "fim de semana"; em casa, desenhava, assistia aos desenhos *Meu Amigãozão* e *Júlio e Verne*.

A organização do tempo para e pelas crianças

A não referência direta ao rural por parte das crianças, no sentido de espaço da agricultura (Rodrigues, 2014), tem relação com o modo distinto de se viver em uma área que, segundo classificação de Milton Santos (1993), é uma região urbana que contém atividade rural. Três crianças residem em condomínios que eram chácaras originalmente, ao passo que a escola permanece em uma área de chácaras destinada ao plantio. As crianças consideraram esses espaços em suas representações, que têm sofrido, no DF, significativas transformações, dado o crescimento de edificações tipicamente urbanas em áreas agrícolas.

A circulação das crianças pelos e nos espaços desafia uma noção de ruralidade associada ao atraso, ligada a um conhecimento prático ou a crendices, ou, ainda, partindo de um desenvolvimento "natural" rumo ao urbano (Pastore, 2018; Said, 2007). A escola, as chácaras, os condomínios e a área urbana do Riacho Fundo I são interconectados e fazem parte dos percursos diários das crianças. Além disso, refletem processos contemporâneos de urbanização que tendem a assumir formas mais complexas, múltiplas e menos dualistas. Carmo (2009) define como *continuum* espacial a área intermediária entre o urbano e o rural tradicionais, que se apresenta como um espaço de transição, combinando, ao mesmo tempo, os dois. As crianças percorrem esse *continuum*, sem fazer diferenciações extremas entre o rural e o urbano, mas vivenciando as transformações, de forma a adaptar suas atividades a esses espaços e atentar para as suas características.

E o ônibus escolar público e o carro parecem funcionar como uma conexão entre as diversas "ilhas" por um caminho que, não raro, passa por diversas paisagens rurais. Para além de pensar nesse veículo como um momento de sociabilidade entre as crianças (sempre com a influência mediadora do adulto que as conduz), as paisagens desse caminho não são sequer mencionadas. Espontaneamente, as crianças falaram o que faziam ou não faziam durante o trajeto para a escola ou a outros lugares nos meios de transporte que utilizavam: "*Eu fico olhando lá fora*" (João); "*Meu pai coloca música no carro, e eu fico cantando, ou eu fico brincando, ou eu pego meu caderno e fico lendo*" (Carla); "*Eu não consigo ler dentro do carro, eu vomito*" (Rita). Interagem com pessoas de outros carros, inclusive para fazer traquinagens: "*Eu abro o vidro e fico gritando*" (Carla); "*Quando a gente masca chiclete, eu e minhas irmãs, elas põe* [sic] *o chiclete na minha mão, e a gente vai acertando no carro até grudar*" (Rita). Elas descreveram o que ocorre dentro dos veículos, e não fora deles.

O que se sobressai, de fato, são as atividades realizadas pelas crianças em suas casas e na escola. De certa maneira, desaparecem, em suas representações, as chácaras perto dos lugares que frequentam. Talvez seja o caso de retomar as ideias de Virilio (1993) para pensar que a passagem por esses lugares por meios motorizados, logo, em velocidades mais altas, levam ao "desaparecimento" do próprio contexto para as crianças. E, então, as experiências significativas a ponto de serem representadas e/ou mencionadas ocorrem *dentro* da residência, do condomínio, da escola e dos veículos.

Os adultos responsáveis, ocupados em atividades laborais, não têm disponibilidade para acompanhá-las, o que parece restringir sobretudo a experiência do contraturno, que se limita à casa. Além disso, permanecer dentro de casa ou do condomínio parece estar relacionado com uma noção de segurança e de proteção, o que reitera o discurso contemporâneo dos adultos. Embora se tratem de condomínios urbanos de classe média, para Saraiva (2015) o espaço da rua vem deixando de ser uma opção para várias crianças, o que aqui também fica evidente na descrição das rotinas realizadas pelas crianças. Independentemente da configuração de área (urbana ou rural) ou da condição econômica, as experiências das quatro crianças também vão ao encontro da "configuração de uma infância que se volta de maneira mais acentuada para o espaço privado" (Saraiva, 2015, p. 122).

As crianças mencionam realizar muitas atividades sozinhas, entre elas, jogar futebol, assistir à televisão, andar de bicicleta e jogar *videogame*, e, em grande medida, realizam tais atividades sem a presença de outros pares ou de adultos. Reclamam, inclusive, por "*não ter o que fazer*" em boa parte do tempo em que estão em casa.

Talvez a ausência de atividades organizadas no contraturno escolar (como prática supervisionada de esportes ou aulas de reforço) – muito provavelmente pela falta de meios necessários, já que, não raro, trata-se de uma aspiração para muitas famílias –, para essas crianças, pode ser um dos motivos da reclamação da ausência de ter algo a fazer. A organização do cotidiano parece estar associada, no caso das crianças, a estar apenas em casa, na ausência de certas obrigatoriedades, de compromissos ou, até mesmo, de interação com outros.

Se, em alguma medida, o ideal de um condomínio seria o de promover encontros, recriando ambientes de socialização típicos do meio urbano em escala menor, isso não parece se concretizar com essas crianças. No caso de Paulo, os amigos de condomínio encontram-se com ele somente aos fins de semana. Carla precisa deslocar-se até à casa de amigos, fora de seu condomínio, para poder brincar.

Considerações finais

Parece-nos evidente que as ilhas de atividades ganham contornos no eixo entre o urbano e o rural. O transporte foi um dos primeiros assuntos tratados pelas crianças durante o grupo focal e permaneceu sendo citado nos demais encontros. O que ocorre durante o deslocamento, a propósito, antes desconsiderado nas Ciências Sociais como um dado importante (Sheller e Urry, 2006), ganha contornos relevantes aqui, em razão do ambiente propício de socialização que é o ônibus escolar para as crianças, bem como a convivência dentro do automóvel se mostrou um momento significativo nas descrições realizadas por elas.

Prout (2010) mostra a importância de acompanhar o movimento das crianças para entender não somente o seu cotidiano, mas a infância em si. Nossa aproximação das crianças certamente nos possibilitou compreender como a infância, de determinada maneira, é vivida em um contexto em que as referências se misturam, assim como a existência de diferentes modos de vida, que nem sempre se conectam.

O entendimento dos fluxos entre os lugares é complementado pela necessidade de entender o que acontece entre a origem e o destino do percurso (Urry, 2003, 2006). Conforme afirmam Watts e Urry (2008), o tempo de viagem é preenchido com atividades e interações, incluindo o envolvimento com outros passageiros, e a relação com o que é visto do lado de fora da janela; interação, essa, também demonstrada por Rita ao contar que, apesar dos limites colocados pela monitora, cantava e conversava dentro do ônibus escolar.

Os momentos de mobilidade para essas crianças parecem propícios a alguma forma de extravasamento coletivo. Seja no encontro inicial dentro do ônibus, seja, em especial, no retorno para suas casas, esses momentos costumam proceder (mas, principalmente, preceder) dos momentos em casa em que elas costumam reclamar por não ter o que fazer ou ausência de companhia. Talvez esse encontro final coletivo, em que as crianças desafiam a autoridade da monitora do ônibus e que acontece fora do espaço de autoridade escolar, seja o último momento da preferência externada por muitos, que é estar na escola, seja pelas atividades lá realizadas, seja para estar com colegas.

A preferência pela escola rural também nos chama a atenção. Sem dúvida, é a ilha na qual as crianças encontram a liberdade que, segundo suas narrativas, têm, de forma considerável, uma importância em seu cotidiano. Essa escola, nomeada como rural e que recebe meninos e meninas moradores de apartamentos e casas em condomínios fechados, é um local de encontro e de sociabilidade bastante significativo para essas crianças. Para além de um argumento quase adultocêntrico acerca da importância de frequentarem uma escola para aprender competências relevantes para suas vidas e da importância da educação formal para a sociedade, a frequência a essa instituição tem imenso apelo para as crianças, por conta da sua potência de sociabilidade e do uso do tempo com diversas atividades.

As experiências de mobilidade parecem favorecer a importância e a presença nas ilhas de atividades, que são o destino de seus deslocamentos. Porém, se estar nessa escola específica e dentro de um ônibus escolar ou no carro com a família são momentos tratados pelas crianças como significativos, estar em casa parece ser o momento em que se precisa complementar o tempo de alguma forma para ele passar, seja assistindo a desenhos animados, seja brincando sozinho, seja, até mesmo, inventando traquinagens. Na ausência de brincadeiras com familiares ou amigos, mencionadas como aguardadas e de relevância, parece existir um sentimento próximo ao apático, de solidão indesejada, notadamente nos dias de semana.

Os momentos de mobilidade são, sem sombra de dúvida, conectores de momentos a serem vividos nas ilhas de atividades. Mobilidade, como momento de socialização entre crianças, seus pares e familiares, bem como de acesso a uma forma de sociabilidade promovida às crianças pela escola.

Referências

BARKER, J. 'Driven to distraction?': children's experiences of car travel. *Mobilities*, London, v. 4, n. 1, p. 56-76, 2009.

BOURDIEU, P. *A distinção*: crítica social do julgamento. São Paulo: Edusp, 2008.

BRASIL. Presidência da República. Lei nº 10.880, de 9 de junho de 2004. Institui o Programa Nacional de Apoio ao Transporte do Escolar – PNATE e o Programa de Apoio aos Sistemas de Ensino para Atendimento à Educação de Jovens e Adultos, dispõe sobre o repasse de recursos financeiros do Programa Brasil Alfabetizado, altera o art. 4º da Lei nº 9.424, de 24 de dezembro de 1996, e dá outras providências. *Diário Oficial da União*: seção 1, Brasília, DF, n. 111, p. 1-2, 11 jun. 2004.

BRASIL. Presidência da República. Lei nº 11.947, de 16 de junho de 2009. Dispõe sobre o atendimento da alimentação escolar e do Programa Dinheiro Direto na Escola aos alunos da educação básica; altera as Leis nos 10.880, de 9 de junho de 2004, 11.273, de 6 de fevereiro de 2006, 11.507, de 20 de julho de 2007; revoga dispositivos da Medida Provisória no 2.178-36, de 24 de agosto de 2001, e a Lei no 8.913, de 12 de julho de 1994; e dá outras providências. *Diário Oficial da União*: seção 1, Brasília, DF, p. 2-4, 17 jun. 2009.

CARMO, R. M. A construção sociológica do espaço rural: da oposição à apropriação. *Sociologias*, Porto Alegre, ano 11, n. 21, p. 252-80, jan./jun. 2009.

CHRISTENSEN, P.; JAMES, A. Childhood diversity and commonality: some methodological insights. *In*: CHRISTENSEN, P.; JAMES, A. *Research with children*: perspectives and practices. New York: Routledge, 2000. p. 160-78.

DISTRITO FEDERAL. Companhia de Planejamento do Distrito Federal (Codeplan). *Pesquisa Distrital por Amostra de Domicílio (PDAD)*. Brasília: Codeplan, 2015. Disponível em: http://www.codeplan.df.gov.br/wp-content/uploads/2018/02/PDAD-Distrito-Federal-1.pdf. Acesso em: 8 mar. 2022.

FERREIRA, V. M. R.; FERREIRA, S. P. Configurações da infância na cidade: desigualdade interbairros e nos usos dos tempos e espaços por crianças curitibanas. *Revista Eletrônica de Educação*, São Carlos, v. 14, p. 1-19, 2020.

HOLLOWAY, S. L.; VALENTINE, G. Children's geographies and the new studies of childhood. *In*: HOLLOWAY, S. L.; VALENTINE, G. (org.). *Children's geographies*: playing, living, learning. London: Routledge, 2000. p. 1-28.

MÜLLER, F.; DUTRA, C. P. R. Percursos urbanos: (im)possibilidades de crianças em Brasília e Florianópolis. *Educação em Foco*, Juiz de Fora, v. 23, p. 799-818, 2018.

MÜLLER, F.; MONASTERIO, L. M.; DUTRA, C. P. R. "Por que tão longe?". Mobilidade de crianças e estrutura urbana no Distrito Federal. *Cadernos Metrópole*, v. 20, p. 577-98, 2018.

NUNES, A. C.; EMMEL, M. L. G. O uso do tempo nas atividades cotidianas de crianças de classe popular de 9 a 12 anos. *Revista de Terapia Ocupacional da Universidade de São Paulo*, v. 26, n. 2, p. 176-85, maio. 2015.

PASTORE, M. N. "Só se vive de verdade no campo": notas etnográficas de uma pesquisa com crianças num povoado rural em Moçambique. *Temáticas*, Campinas, v. 26, n. 51, p. 149-78, fev. 2018.

Pinçon-Charlot, M.; Pinçon, M. Social power and power over space: how the bourgeoisie reproduces itself in the city. *International Journal of Urban and Regional Research*, v. 42, n. 1, p. 115-25, 2018.

Pires, F. F.; Santos, P. S. O uso de grupos focais na pesquisa etnográfica com crianças. *Zero-A-Seis*, Florianópolis, v. 21, n. 40, p. 328-42, set. 2019.

Prout, A. Reconsiderando a nova sociologia da infância. *Cadernos de Pesquisa*, Rio de Janeiro, v. 40, n. 141, p. 729-50, set. 2010.

Rodrigues, J. F. O rural e o urbano no Brasil: uma proposta de metodologia de classificação dos municípios. *Análise Social*, v. 211, n. XLIX (2°), p. 430-56, 2014.

Said, E. W. *Orientalismo*: o oriente como invenção do ocidente. São Paulo: Companhia das Letras, 2007.

Santos, M. *A urbanização brasileira*. São Paulo: Hucitec, 1993.

Saraiva, M. R. O. *Espacialidades da infância*: etnografia das redes de relações de crianças ricas na cidade de Fortaleza-CE. 2015. Tese (Doutorado em Antropologia Social) – Faculdade de Filosofia, Letras e Ciências Humanas, Universidade de São Paulo, São Paulo, 2015.

Sarmento, M. J. As culturas da infância nas encruzilhadas da 2ª modernidade. *In*: Sarmento, M. J.; Cerisara, A. B. *Crianças e miúdos*: perspectivas sociopedagógicas da infância e educação. Porto: Asa, 2004. p. 9-34.

Sheller, M.; Urry, J. The new mobilities paradigm. *Environment and planning A*: economy and space, London, v. 38, n. 2, p. 207-26, fev. 2006.

Tonucci, F. *La ciudad de los niños*: un modo nuevo de pensar la ciudad. Buenos Aires: Losada, 1996.

Urry, J. Inhabiting the car. *The Sociological Review*, Newcastle, v. 54, n. 1, p. 17-31, out. 2006.

Urry, J. Mobile transformations of 'public' and 'private' life. *Theory, Culture and Society*, London, v. 20, n. 3, p. 107-25, 2003.

Virilio, P. *O espaço crítico*. Rio de Janeiro: 34, 1993.

Watts, L.; Urry, J. *Moving methods, travelling times*: summary of key findings and recommendations. Lancaster: Lancaster Environment Center, 2008.

Zeiher, H. Shaping daily life in urban environments. *In*: Christensen, P.; O'Brien, M. *Children in the city*: home, neighbourhood and community. London: Taylor and Francis, 2003. p. 66-81.

Bibliografia consultada

Rasmussen, K. Places for children: children's place. *Childhood*, London, v. 11, n. 2, p. 155-73, 2004.

13

Sobre crianças singulares e práticas religiosas plurais: representações da participação infantil

Etienne Baldez Louzada Barbosa | Franciele Ferreira França

Estudos da Sociologia da Infância contribuíram para a concepção de criança consensuada entre os pesquisadores que se voltam para as questões das infâncias, portanto, compreende-se que as crianças são sujeitos históricos, sociais, que possuem direitos e produzem cultura. Nesse sentido, sendo investigada, cientificamente ou não, a presença da criança interfere na vida social, mesmo quando não considerada, ausente ou silenciada. E, aqui, podemos ponderar, relembrando o disposto por Elias (2001, p. 184), que "os indivíduos existem em configurações" e que "o ponto de partida de toda investigação sociológica é uma pluralidade de indivíduos, os quais, de um modo ou de outro, são interdependentes".

Neste capítulo, o olhar se volta para as *teias de interdependência* na relação travada entre as crianças e a estrutura pensada por diferentes espaços religiosos, com o objetivo de identificar o modo como a participação delas ocorre e as representações de infância e de educação ali presentes. A tríade aqui investigada parte do pressuposto de que, nos espaços religiosos, foi reconhecida sua capacidade de agência e que ela não apenas se integra ao credo e aos dogmas, mas também a sua participação interfere nas práticas professadas. Tal conjetura se dá com base no entendimento de que a criança se comunica o tempo todo e que, quando sua fala é oportunizada e escutada pelos adultos, compreendendo-a segundo os seus referenciais e não pelo o que ainda não sabem, preserva-se a singularidade das infâncias e valoriza-se a sua participação política e social, concedendo a oportunidade de práticas colaborativas e de trocas culturais (Hart, 1992; Hutchby e Moran-Ellis, 1998; James e Prout, 1990; Korczak, 1983).

Todavia, pensar na relação da criança com a prática religiosa é se deparar com um complexo campo de discussão que evidencia questões como: função da família e do Estado; datas e eventos comemorativos de cada crença; laicidade e secularização.[1] No que concerne à primeira questão, Menezes e Pontes (2015) relembram que na Constituição Federal (1988), artigo 5º, a liberdade religiosa constitui um direito fundamental assegurado expressamente pelo ordenamento pátrio a todas as pessoas, bem como recordam a importância da constituição de uma rede de proteção integral e prioridade absoluta do direito da criança e do adolescente, que ganha

[1] De forma suscinta, Carlos Alberto Ranquetat Júnior (2008, p. 69) explica que "podemos afirmar que secularização e laicidade são conceitos e processos sociais distintos. A secularização se refere ao declínio da religião na sociedade moderna e a perda de sua influência e de seu papel central e integrador. O processo de secularização relaciona-se com o enfraquecimento dos comportamentos e práticas religiosas. A laicidade é sobretudo um fenômeno político, vinculando-se com a separação entre o poder político e o poder religioso. Expressa a laicidade, a afirmação da neutralidade do Estado frente aos grupos religiosos e a exclusão da religião da esfera pública. A secularização apresenta uma dimensão sociocultural, correspondendo a uma diminuição da pertinência social da religião enquanto que a laicidade revela uma dimensão sociopolítica estreitamente conectada com a relação Estado e religião".

fôlego no âmbito de documentos internacionais, como o da Convenção Internacional sobre os Direitos da Criança (ONU, 1989), e nacionais, como o Estatuto da Criança e do Adolescente (Brasil, 1990). Segundo demarcam:

> Não obstante o amplo reconhecimento desse direito às crianças e aos adolescentes, o ordenamento confia aos pais, o múnus público do poder familiar que implica um feixe de posições jurídicas (ônus, direito, dever, encargo, interesse etc.) voltado para o cuidado e a emancipação da criança e do adolescente. Nesse plano, cabe aos pais dirigir a criação e a educação, o que pode envolver uma ingerência na sua formação religiosa. Porém, a manifestação do poder familiar nessa seara pode envolver outros interesses da criança que também estão sob os cuidados do Estado e da sociedade, como a vida, a integridade psicofísica e a saúde. Há conflitos de interesse que chegam ao Poder Judiciário envolvendo a divergência dos responsáveis quanto à orientação religiosa da criança e do adolescente ou mesmo a colisão entre essa liberdade religiosa e outros interesses como a liberdade geral, a saúde, a vida. (Menezes e Pontes, 2015, p. 113)

E, mesmo com todas as questões complexas que possam ser explicitadas, quando aponta um quadro sobre as pesquisas que se voltaram para essa mesma relação aqui investigada, Pires (2010, p. 144) demarca que "as abordagens científicas que relacionam religião e infância não são abundantes", algumas "concentram-se em uma abordagem quantitativa e altamente psicológica", outras se voltam para "educação religiosa ou espiritual" e que alguns pesquisadores discorrem "sobre uma suposta impossibilidade de estudar a vida religiosa das crianças pequenas tomando-as como interlocutoras".

Como evidencia Campos (2009), as pesquisas que tomam questões religiosas, muitas vezes, voltam-se para líderes e membros adultos e, com esse enfoque, a presença infantil acaba sendo inadequada na abordagem escolhida. Segundo a autora, "esse tipo de atitude tem levado ao obscurecimento da autoridade infantil" e não considera as crianças protagonistas, como as que estão nas religiões de matriz africana ou as "que são videntes em contextos de aparições marianas e que atuam, com autoridade, neste espaço religioso" (Campos, 2009, p. 150).

A interessante demarcação de ausência de pesquisas faz o estudo de Caputo (2012) ser um dos interlocutores deste capítulo quando pensamos nas formas como as crianças protagonizam ações no candomblé, "religião de matriz africana reformulada nas terras brasileiras, que reúne diferentes formas de cultuar as divindades ancestrais africanas" (Oliveira e Almirante, 2014, p. 167), por exemplo. Caputo (2012) atentou-se para a relação das crianças com as práticas educativas do terreiro e da escola, demonstrando que elas "desempenham funções como adultas. Muitas são iniciadas e algumas, depois de um longo aprendizado, estão preparadas para receber os *Òrìsá*"[2] (Caputo, 2012, p. 66). Nesse trecho, a autora nos apresenta uma situação, que acontece nos terreiros, de inversão na ordem social usual – quando adultos têm mais poder e ação do que crianças – e que a iniciação possibilita um papel de maior relevância para elas, até mesmo as menores, aquelas que, pela faixa etária, diríamos que se encontram na Educação Infantil. É claro que, como é demonstrado no estudo, o tempo de vivência da criança no terreiro chega a ser, muitas vezes, maior do que o de alguns adultos que lá estão. Nesses casos, quanto mais tempo de experiências praticadas dentro da matriz religiosa africana, mais sabedoria é conferida às crianças.

É possível apontar que as crianças, na relação que travam com a religião, estão imersas em representações – os modos como as pessoas de determinado grupo social classificam, organizam e se apropriam do mundo social, forjando categorias de percepção da realidade – e práticas que expressam a forma como determinada comunidade vive, sente e produz sentidos (Chartier, 1990). Como explica Chartier (1990):

> As percepções do social não são de forma alguma discursos neutros: produzem estratégias e práticas (sociais, escolares, políticas) que tendem a impor uma autoridade à custa de outros, por elas menosprezados, a legitimar um

[2] "Muitos candomblecistas entendem os *Òrìṣà* como forças da natureza; outros, como Deuses ligados a essas forças" (Caputo, 2015, p. 775).

> projeto reformador ou a justificar, para os próprios indivíduos, as suas escolhas e condutas. Por isso esta investigação sobre as representações supõe-nas como estando sempre colocadas num campo de concorrências e de competições cujos desafios se enunciam em termos de poder e dominação. As lutas de representações têm tanta importância como as lutas econômicas para compreender os mecanismos pelos quais um grupo impõe, ou tenta impor, a sua concepção do mundo social, os valores que são seus, e o seu domínio. (Chartier, 1990, p. 17)

Seguindo o disposto, as representações de criança e de infância podem ser observadas na produção impressa de diferentes religiões, organizada para ensinar a sua doutrina para os pequenos ou para tratá-la com os adultos responsáveis pelo ensino infantil na congregação. Dessa forma, essa produção, assim como o olhar sobre a infância, pode ser analisada também da perspectiva da representação social, definida por Andrade (2013, p. 325) como "um modo de conhecimento cuja maior particularidade refere-se ao fato de ser construído coletivamente, que define um consenso num grupo social", ou seja, um conhecimento advindo de um "conjunto de informações, opiniões e crenças com relação a um determinado objeto, e se organiza a partir de experiências individuais e trocas interindividuais, em um contexto de tradições partilhadas" (Andrade, 2013, p. 325). Ainda segundo a autora, aquilo que configura as representações serve como base de orientação ou guia "para adultos no exercício de significação sobre a infância, e consequente organização de universos de socialização destinados às crianças, em torno das quais constroem suas identidades sociais e anunciam referenciais identitários para os pequenos" (Andrade, 2013, p. 332). Entretanto, a autora demarca que é com base nessas mesmas representações sociais sobre si que as crianças criam hipóteses sobre o mundo "podendo, no exercício de sua atividade criadora, propor novas formas de interpretação da realidade cujos sentidos evidenciam potencial gerador de representações sociais" (Andrade, 2013, p. 332).

Diante disso, para além da análise de materiais voltados para o público infantil, utilizaram-se, ainda, *egodocumentos*, com o intuito de "perceber as relações afetivas, as devoções, os hábitos e as preferências" das crianças na relação que estabelecem com as questões religiosas (Britto e Corradi, 2018). Tais relatos foram coletados de formas diversas, uma vez que:

> A variedade de espécie que constituem os egodocumentos é inúmera, desde as clássicas "cartas" passando pelos modernos "blogues" e "redes sociais", pois o que define um egodocumento é a presença de um "eu" estabelecido pelo autor, seja intencionalmente ou não. Alguns documentos que não nasceram para serem egodocumentos, porém contendo elemento do "eu", por exemplo, os processos judiciais, também poderão ter elementos que os caracterizam como tal conforme abordado no decorrer do texto. (Britto e Corradi, 2018, p. 126, grifo dos autores)

A nossa intenção é empreender um exercício para tentar perceber os elementos infantis únicos, imbricados em práticas religiosas diversas, e o processo de escuta das crianças pequenas nos espaços onde, usualmente, os protagonistas são os adultos. Diante disso, este capítulo se divide em dois momentos: um para a compreensão das representações de infância e de criança presentes nas instituições religiosas; outro para a percepção do protagonismo infantil e a forma como o processo de escuta da criança ocorre nesses espaços.

A infância representada, a educação religiosa pensada

Quando voltamos o olhar para a criança pequena, de forma institucionalizada, é preciso considerar as leis que alicerçam entendimentos, funções, estrutura e práticas. As Diretrizes Curriculares Nacionais para a Educação Infantil (DCNEI) (Brasil, 2010), por exemplo, têm caráter mandatório e permite que docentes percorram seu texto e identifiquem a concepção de Educação Infantil, de criança, de proposta pedagógica, de avaliação, bem como os três princípios que norteiam toda a ideia de educação voltada para as crianças. A Base Nacional Comum Curricular (BNCC) (Brasil, 2017) apresenta os direitos de aprendizagem – "Conviver, brincar, participar, explorar, expressar, conhecer-se" (Brasil, 2017, p. 38) – e os campos de experiências – "O eu, o outro e o nós; Corpo, gestos e movimentos; Traços, sons, cores e formas; Escuta, fala, pensamento e imaginação; Espaços, tempos, quantidades, relações e transformações" (Brasil, 2017, p. 40) –, além dos objetivos de aprendizagem e desenvolvimento, divididos por faixa etária das crianças – "Bebês (0 a 1 ano e 6 meses); crianças bem pequenas (1 ano e 7 meses a 3 anos e 11 meses); crianças pequenas (4 anos a 5 anos e 11 meses)" (Brasil, 2017, p. 45). Em ambas, a infância comparece como tempo de vida da criança, que é sujeito histórico e de direitos, que constrói sua identidade nas interações e nas práticas cotidianas, construindo sentidos sobre o mundo e produzindo cultura.

E como ocorre nas diferentes instituições religiosas? Existem direcionamentos para aqueles que se relacionam com as crianças e os bebês? Haveria conexão entre as concepções presentes nas DCNEI e na BNCC com publicações religiosas? Ou, melhor, há relação entre as publicações religiosas com estudos científicos que tomam a especificidade das infâncias e das crianças?

A Igreja Adventista do Sétimo Dia tem uma publicação chamada *Jardim de Infância*, direcionada a docentes da escola sabatina, com orientação do texto bíblico e de como trabalhá-lo com as crianças. A primeira lição é *O bebê especial de Ana,* com divisões de resumo da lição, enriquecimento para o professor, decoração da sala e programação (rotina) detalhada das atividades a serem desenvolvidas. Uma das orientações sobre a organização do espaço da sala:

> Fazer um canto da sala parecer um lar da Palestina, com itens como: mesa pequena, jarros de barro, vassoura, tapete no chão. (Essa decoração pode ser usada para as lições 2 e 6-13.) Outra área pode ser parecida com um templo, com pilares (podem ser feitos de papel e colados na parede), candelabros, recipiente dourado ou de cobre etc. (Essa área pode ser usada para as lições 2, 3 e 4.) Pode-se ter uma área com itens de bebês como: chocalho, cobertores, mamadeiras etc. Podem ser colocadas em um quadro de anúncios fotos das crianças da classe quando eram bebês. Encorajar as crianças a descobrir de quem são as fotos. (Jardim..., 2020, lição 1, p. 7)

A revista não detalha a faixa etária das crianças atendidas na escola sabatina, mas, pela divisão de áreas na sala, considerando uma com itens de bebês e um quadro de fotos das crianças de quando eram bem pequenas, subentende-se que as lições são para todas as crianças até 5 ou 6 anos. Em todas as lições, há uma "programação" que inicia com as "boas-vindas", quando o adulto deve "receber as crianças à porta"; o destaque é para o papel docente e para a doutrina. A criança é aquela que é conduzida pelo adulto, que deve "escolher a atividade mais adequada ao grupo de alunos" (Jardim..., 2020, lição 1, p. 15). A música, que poderia ser uma das formas de expressão das crianças na fé, também auxilia o adulto responsável na gestão dos temas. Apesar do nome da escola sabatina – *Jardim de Infância* – e do direcionamento da faixa etária das crianças, algumas palavras, como "aluno", carregam uma representação. Nesse caso, as práticas, as atividades e a nomenclatura sugerem uma forma escolar (Vincent, Lahire e Thin, 2001). *Aluno*, portanto, é aquele que aprende, que estuda, que recebe as propostas educativas a ele direcionadas e que deve atender às expectativas de aprendizagem segundo determinados conteúdos trabalhados (Perrenoud, 1995; Sacristán, 2005).

Trabalhar conteúdos bíblicos com crianças pequenas também faz parte dos objetivos do *Projeto Pequeninos do Senhor*, ofertado desde 1997 pela Igreja católica, para crianças de 3 a 7 anos, durante as missas, com o denominado *Missal dos Pequeninos*, que ocorre enquanto os responsáveis estão na missa ou celebração dominical. Segundo a descrição, "é um material próprio, de fácil acesso e linguagem simples para os catequistas acolherem os pequeninos [...]" e o "Projeto tem como objetivo levar a família para a Missa no Dia do Senhor, tendo ali um espaço adequado para as crianças ouvirem e crescerem nos ensinamentos de Jesus Cristo" (Projeto..., [200-?]).

O *Missal dos Pequeninos* está disponível no *site* e segue uma mesma estrutura: apresentação do texto bíblico; seção para o catequista aprender sobre o texto; depois, outra seção do que as crianças aprenderão, seguida do detalhamento dessa ação; e, por fim, encerramento. Todos esses textos são acompanhados de uma figura, e esta segue maior, em outro arquivo, que pode ser colorida pelas crianças. Assim como no material adventista, há uma rotina a ser seguida para a realização da proposta. Este é descrito como "momento com os pequeninos – aqui eles aprendem brincando", que é dividido entre acolhimento – roda/música – "formar uma roda com as crianças, acolhê-las com palavras carinhosas e cantar" –, contar o Evangelho aos pequeninos – "esse é um momento mágico, lúdico. Jesus falava com os pequeninos brincando com eles, colocando-os no colo e abençoando-os" –, compromisso da semana, oração, material de ilustração e uma dinâmica", que é sempre uma brincadeira (Missal..., 26º Domingo, 26 e 27 set. 2020, p. 2).

Acolhida/adaptação, ludicidade e afetividade estão presentes quando pensamos nas crianças matriculadas na Educação Infantil. Na BNCC, fala-se em acolhimento no momento de transição da criança para o Ensino Fundamental, sendo indicado o "acolhimento afetivo" (Brasil, 2017, p. 53). Como pontua Staccioli (2013, p. 28), "acolher uma criança é, também, acolher o mundo interno da criança, as suas expectativas, os seus planos, as suas hipóteses e as suas ilusões"; isso significa que não pode ser considerado inútil o tempo que as crianças se dedicam às atividades simbólicas, lúdicas ou com outras crianças. É claro que, como o autor evidencia, "o acolhimento é um método de trabalho complexo, um modo de ser do adulto, uma ideia-chave no processo educativo" (Staccioli, 2013, p. 25). Nas DCNEI, quando se trata da organização de espaços, do tempo e de materiais, orienta-se para "o estabelecimento de uma relação afetiva [...]" (Brasil, DCNEI, 2010, p. 19), sem contar que as práticas pedagógicas devem ter, como eixos norteadores do currículo, as interações e as brincadeiras. Acompanhar as publicações religiosas é também identificar, para além dos ensinamentos/preceitos de cada uma, as representações que indicam o modo como as ações/atividades tomam a especificidade da infância.

Nos estudos de Soares (2015, 2016), o olhar se volta para a evangelização de bebês e de crianças no espiritismo, indicados para pais, dirigentes e voluntários evangelizadores dos centros espíritas. A autora afirma que há a necessidade de desenvolver "o olhar e a escuta sensível"

(Soares, 2015, p. 65), que o bebê deve "sentir e perceber o conhecimento por meio de vivências" (Soares, 2015, p. 30), que o evangelizador deve ser cuidadoso, buscando

> [...] perceber além do comportamento manifesto da criança. As expressões, em suas diversas formas, o choro ou a desatenção aparente são indicativos de como os bebês estão percebendo a sua proposta de aula. (Soares, 2015, p. 47).

A autora também demarca que "o ponto de partida é sempre a criança" (Soares, 2015, p. 31), que "conhecer a criança, respeitando sua individualidade, bem como suas necessidades é primordial para a organização e a estruturação de um trabalho de Evangelização Espírita da Infância" (Soares, 2016, p. 29). Reforça que o intuito não é somente o de "cuidar das crianças" enquanto os pais estão envolvidos em atividades no Centro, mas que há necessidade de pensar as atividades, os espaços e os materiais de acordo com "as especificidades das crianças" (Soares, 2016, p. 33). Sobre a música, a autora pontua que "envolve os bebês tanto pela apreciação auditiva quanto pelo movimento" (Soares, 2016, p. 59).

Ao contrário das outras publicações aqui citadas, nas quais não podemos saber exatamente a autoria de determinadas orientações, nos livros espíritas isso não ocorre. Soares (2015, 2016), para além da sua pertença religiosa, é mestre em Educação e professora de música, o que nos permite compreender o diálogo que faz com autores em determinadas temáticas. Por exemplo, quando trata de imitação, de movimento, dialoga com Wallon (2005) – *A evolução psicológica da criança* –, ao escrever sobre a expressão e a criatividade, com Stokoe e Harf (1987) – *Expressão corporal na pré-escola* –, quando explicita a importância das relações e interações, cita Shore (2000) – *Repensando o cérebro* –, sobre crianças e brinquedos, utiliza Benjamin (2002) – *Reflexões sobre a criança, o brinquedo e a educação*. E, assim, pode-se acompanhar em todas as partes dos livros.

Todavia, em alguns momentos, percebem-se algumas representações, como a de funções, com uma concepção escolarizante – "a aula passa primeiramente pelo evangelizador" (Soares, 2015, p. 67) – papel de aluno, para qual é pensada a "aula" e o professor que a elabora, ou a de preocupação com a próxima etapa da vida daquela criança e como ela pode ser preparada: "a fase da infância é então oportunidade de transformação da humanidade" (Soares, 2016, p. 22). A descrição da ideia que perpassa o trabalho, feita na apresentação do livro, corrobora essa representação do cuidado com o *vir a ser* da criança:

> Sendo assim, considerar o bebê como sujeito ativo e participativo de sua aprendizagem, principalmente como espírito milenar com experiências anteriores, maleável às influências das pessoas e do meio, foi a base do trabalho de Evangelização de Bebês. (Soares, 2016, p. 16)

O que fica evidente com a leitura das obras é que há uma preocupação com as linguagens utilizadas durante os ensinamentos e que a afetividade e a ludicidade devem perpassar todas as ações pensadas com os pequenos. Se é possível, dependendo da religião, percorrer publicações que exemplificam atividades por meio de suas propostas de evangelização, isso não ocorre com as religiões de matriz africana, que não deixam por escrito os elementos que devem ser ensinados às próximas gerações, mas, sim, fazem-no na prática cotidiana. Alcanfor e Basso (2019), ao tomarem a literatura infantil e juvenil de Reginaldo Prandi, que aborda mitologia e cultura iorubá, indicam a obra *Caminhos de Odu* (1999), que foi o caderno de anotações escrito em 1928, por Agenor Miranda Rocha, com base no que aprendeu no terreiro com sua mãe de santo. Um registro pessoal que demonstra práticas coletivas e concepções vividas no terreiro, algo que não é muito comum de ser encontrado.

> A extensa família de santo do candomblé nagô funciona como uma comunidade desconhecimento – uma escola. A geração mais velha representa a memória viva da tradição e dos costumes, portadora do saber e força motriz da circulação e da manutenção do seu patrimônio cultural. (Alcanfor e Basso, 2019, p. 10)

Em estudo sobre os processos de aprendizagem vividos pelas crianças do terreiro *Axé Vodun Tô Yeyê Apará,* em Maceió, Alagoas,

Oliveira e Almirante (2014, p. 150-1) demonstram que há centralidade na oralidade, que "as crianças aprendem comportamentos básicos de obediência familiar, religiosa e social no terreiro" e que elas "são ensinadas no Candomblé mediante a observação, ainda que a aprendizagem não se dê apenas a partir disso". Segundo os autores:

> [...] os laços estabelecidos dentro dos terreiros de Candomblé são modos legítimos de socialização com a cultura e a religiosidade com a qual essas crianças se identificam. Em todo o caso, é importante destacar que muitos desses elementos são *retraduzidos* na cultura das crianças, em especial por meio da ludicidade, tendo em vista que diferentemente dos adultos as crianças brincam contínua e abnegadamente, não havendo uma distinção clara entre o brincar e as "*coisas sérias*" (Sarmento, 2004). Observa-se que, corriqueiramente, as crianças faziam brincadeiras que imitam a ritualística e o transe nos momentos em que as atividades rituais acabavam de ser executadas e partia-se para o descanso. Um grupo com cerca de cinco crianças de 4 a 12 anos brincava de dançar os passos executados pelas divindades em transe, imitando as funções dos *iyawôs*, *egbômis* e cargos de *ogãs* e *ekédjis* até que fossem chamados para uma nova atividade ritual. (Oliveira e Almirante, 2014, p. 149, grifos dos autores)

Também sobre essa forma de brincar que se entrelaça com ensinamentos religiosos, Caputo (2012) demonstra que as crianças se engajam em brincadeiras do candomblé, no sentido de que sabem que há concepções específicas subjacentes a essas ações, como a de brincar de imitar a voz dos *Égún*, que

> [...] não é nada fácil e chega a ser uma conquista construída por um longo tempo de observação, posto que são muitos *Égún* que se manifestam nesse terreiro, e cada um deles com a voz completamente diferente da outra. (Caputo, 2012, p. 149)

Acontece que essa brincadeira é algo proibido, mas que as crianças fazem "em absoluto sigilo" e, mesmo quando admoestadas, continuam, depois, brincando. As crianças brincantes observadas por Caputo (2012),

Oliveira e Almirante (2014) não são exceções dos terreiros observados. Como sustentam Alcanfor e Basso (2019, p. 9), "a ideia de criança como um ser brincante e astuto está no mito iorubá tradicional" e, em se tratando de representações, a criança, como sujeito, existe em relação da comunidade da qual participa; ela se constitui na interação e no interior das experiências vividas com as outras crianças e os adultos dos terreiros (Alcanfor e Basso, 2019).

A percepção infantil da participação em ritos religiosos

Ao ponderar sobre a noção de religião, espiritualidade, religiosidade ou credos, sua definição perpassa as relações individuais e coletivas, ou seja, o modo como um grupo compartilha uma cultura e um pensamento dogmático religioso, seus símbolos, suas doutrinas, acaba por configurar a maneira que cada sujeito pratica e a forma como pensa determinadas questões que superam o entendimento científico. Ser uma pessoa espiritualizada, como explicitam alguns autores, não significa necessariamente seguir uma religião, o que permite compreender os elos que aproximam e distanciam as noções envolvidas quando o assunto é o crer, o sentir e o experienciar determinadas concepções em que, no centro, estão os recursos pessoais que cada um acessa (Becker e Silva, 2016; Benkö, 1981; Geertz, 2008). Poder falar sobre religião e espiritualidade faz parte da vivência em uma sociedade em que o Estado é laico. Como frisa Fischmann (2012):

> [...] o caráter laico do Estado, que lhe permite separar-se e distinguir-se das religiões, oferece à esfera pública e à ordem social a possibilidade de convivência da diversidade e da pluralidade humana. Permite, também, a cada um dos seus, individualmente, a perspectiva da escolha de ser ou não crente, de associar-se ou não a uma ou outra instituição religiosa. E, decidindo por crer, ou tendo o apelo para tal, é a laicidade do Estado que garante, a cada um, a própria possibilidade da liberdade de escolher em que e como crer, ou simplesmente não crer, enquanto é plenamente cidadão, em busca e no esforço de construção da igualdade. (Fischmann, 2012, p. 16)

Com essa segurança na liberdade de escolha no que crer, encontramos o seguinte relato:

> Chata! – respondi à minha avó quando me perguntou sobre o que eu havia achado da Missa. Na época, eu tinha uns seis anos. [...] Ir à Missa, muitas vezes, representava uma soneca durante a homilia, pipocas doces e coloridas ou sorvete no fim.

Seguindo no egodocumento: "confesso que minha participação não era exemplar, porém, creio que essa liberdade na participação foi ajudando a semear a fé em meu coração e em minha mente" (Santos, 2018). A criança, que era levada pela mão da família à missa, hoje, como adulto, é participante ativa na religião católica.

> De fato, a vivência religiosa se dá na infância através da concretude do comparecer à igreja; no entanto, como isso implica uma rede de relações sociais e de atitudes especiais, não podemos falar de um "simples" aspecto concreto. O concreto para a criança não é nada simples. É, por assim dizer, tão complexo quanto o simbólico para o adulto. Para as crianças, é completamente diferente "frequentar a igreja" parece vir antes da sua cognição de significado. Quando criança, apenas frequenta-se a igreja, depois é que surgem as questões teológicas, morais e propriamente religiosas que permeiam a atitude, além das "consequências" do ato (ir à igreja católica como parte do processo de tornar-me um católico, por exemplo). Assim, o adulto vai à igreja católica porque é católico, já a criança se torna católica porque vai à igreja católica, da mesma maneira que poderia tornar-se evangélica ou espírita. Para as crianças, o catolicismo (ou o kardecismo, ou o neopentecostalismo) não vêm antes da igreja (templo, prédio), como é o caso com os adultos. (Pires, 2010, p. 152-3, grifos do autor)

Pires (2010) destaca que, apesar da relação com o simbólico ser diferente entre adultos e crianças, os pequenos têm capacidade argumentativa para questionar ou refletir sobre ensinamentos religiosos. Se a capacidade infantil não entra em questão, é possível refletir como as crianças fazem parte das práticas religiosas, como são escutadas e em que momentos sua participação é considerada pelos adultos e pelos seus pares de forma a legitimar a competência de "decidirem, analisarem, interpretarem, questionarem, proporem, atuarem [...] e de falarem por si mesmas" (Oliveira, 2017, p. 162). Atentando-se para a efetivação da participação infantil, é possível acompanhar as ações dos pastores ou pregadores mirins

> [...] que cantam louvores e evangelizam, passando a ocupar a posição do pastor durante os cultos nas igrejas. Eles desenvolvem o domínio da linguagem e do discurso religioso de modo muito similar ao dos adultos membros de denominações pentecostais. (Sierra e Mesquita, 2015, p. 463)

> "O Espírito Santo está aqui. Vocês o ouvem?" A vozinha vibrante é a de um menino loiro, um "pedacinho de gente" que salta no púlpito da igreja pentecostal de Grenada, Mississippi, no que parece ser uma brincadeira, a imitação de um adulto. Mas depois a voz se torna gutural, profunda. "Vocês o ouvem? Rezem. Rezem. Rezem..." Os adultos ao redor dele se ajoelham. Choram. Batem no peito. O menino quase grita aos berros. "Arrependam-se. Rezem..." Alguns desmaiam. Alguns batem palmas. O menino também bate palmas. "Por hoje acabou. Vão em paz." (Lombardi, 2011)

O menino norte-americano que falava como adulto tinha quatro anos. Foi notícia em vários meios de comunicação, considerado o mais jovem pregador do mundo (já que pregou pela primeira vez com 1 ano e 6 meses), sendo feito até um documentário sobre tal função precoce. As crianças e os adolescentes à frente do movimento pentecostal são uma realidade que tem crescido desde a segunda metade do século XX, mas que ganha notoriedade mundial no século XXI, no momento em que suas pregações em vídeos circulam pelas redes sociais.

Ao investigarem vídeos e reportagens sobre as crianças brasileiras que pregavam nos púlpitos das igrejas, entre 2006 e 2010, Sierra e Mesquita (2015) demarcam que estar nessa posição de pastor mirim é ter um *status* social e um poder, antes conferido somente aos adultos, de fazer orações, revelações, falar em línguas, profetizar, curar e, até mesmo, expulsar demônios. A autoridade vem pelos "dons" dados por Deus e também pela vestimenta e pelos modos. Como as autoras demonstram, "os pastores mirins utilizam a mesma 'imagem' dos adultos, de modo que os meninos usam o terno, enquanto as meninas se apresentam de saia ou vestido, e com sandália de salto alto" (Sierra e Mesquita, 2015, p. 467).

Vestimentas e autoridade de adultos também puderam ser observadas no estudo de Caputo (2012), com crianças bem pequenas, como Luana, de 4 anos, que foi indicada como a sucessora de Mãe Palmira à frente do terreiro de candomblé. Os adultos passavam por ela e a saudavam, muitos beijavam sua mão – "Luana logo limpava as costas da mão na pequena saia do vestido" – e, quando outras pessoas passavam e se deitavam ao saudá-la, "Luana ria com sua boneca no colo" (Caputo, 2012, p. 107). Notamos que, ao contrário dos pregadores mirins, que sabem a importância do lugar a eles conferido e produzem uma ação de acordo com o que é esperado e legitimado, a pequena Luana aceita o seu lugar como sucessora, mas ainda não compreende a responsabilidade nem a postura que tal nomeação dá, agindo como uma criança de 4 anos.

Caputo (2012) narra que, em uma de suas conversas com Luana, a criança diz que gostaria de ser crente, uma vez que, na escola, as professoras e as demais profissionais gostavam mais de crianças que assim se apresentassem. Essa rápida interlocução entre a criança e a pesquisadora demonstra que os pequenos entendem e aprendem sobre o que é aceito no coletivo que se inserem e conseguem formular soluções para as situações observadas e a elas direcionadas, ainda que de forma velada. Luana sabe do seu papel futuro no candomblé, brinca no terreiro com as outras crianças, vai para a instituição de Educação Infantil, integra-se às atividades com seus pares, todavia, atenta ao seu entorno, identifica predileções religiosas, sabe que a sua é diferente, expõe que isso lhe dá uma atenção menor do que é oferecida a outras crianças e sinaliza que a solução para essa situação seria ela ser de outra denominação religiosa. Como Pires (2010, p. 158) ressalta: "entender a perspectiva das crianças em relação à religião pode ser, assim, útil para a compreensão do fenômeno religioso".

A percepção dessa cena dupla – na pesquisa e na escola – só reforça aquilo que diferentes autores têm apontado: a infância é categoria geracional, tempo plural de vida das crianças, que são produtoras e integram a cultura, que criam um mundo que lhes é próprio (micro) e está ligado a um maior (macro), portanto, são seres que atuam no social, que cunham uma cultura infantil e realizam uma reprodução interpretativa (Benjamin, 1993; Corsaro, 2009; Qvortrup, 2010; Sarmento, 2008).

Algumas considerações

Na construção do capítulo aqui desenvolvido, o intuito foi perceber elementos infantis no interior de algumas práticas religiosas, seguindo o indicativo daquelas que mais são autodeclaradas pela população brasileira, quais sejam: católica (apostólica romana, apostólica brasileira, ortodoxa); evangélica (pentecostais, neopentecostais, de missão, tradicional, não determinada); espíritas; umbandistas; candomblecistas (IBGE, 2010, p. 203). Para tanto, nosso olhar teve como foco compreender quais as representações de infância orientam essas instituições religiosas, tanto nas ações voltadas para as crianças como na produção de conteúdo para o público infantil, por meio de algumas publicações específicas. Além disso, objetivamos, com base em alguns depoimentos e estudos já realizados, analisar o protagonismo infantil e a forma como o processo de escuta da criança ocorre nesses espaços, com base na inferência de que, nesses espaços, sua capacidade de agência é reconhecida, assim como interfere nas práticas realizadas.

Diante do que foi exposto, podemos ressaltar que, assim como as religiões têm fundamentos distintos, sua relação com a infância também se configura de maneiras diferenciadas. Em algumas instituições, o ensino da doutrina religiosa perpassa a ideia de escolarização, mesmo que para os bem pequenos, caso do catolicismo e do protestantismo, por exemplo. Já em outras, como o espiritismo, percebe-se a consideração da especificidade infantil pela atenção à linguagem, à afetividade e à ludicidade para as ações voltadas aos pequenos. Entretanto, pudemos perceber um ponto em comum, que aproxima as representações em relação à criança, tanto nas produções quanto nas ações dessas instituições, e este está na percepção do *vir a ser* em relação às crianças. Ainda que haja um efetivo protagonismo, este, de certa forma, faz parte de um processo de preparação para a vida adulta, no qual as crianças são incentivadas a comportamentos que a façam amadurecer, junto com os ensinamentos que recebem e os rituais dos quais participam.

O interessante é que essa preocupação com a evangelização da criança, por meio da educação a ela direcionada na instituição, destoa quando encontramos crianças à frente de púlpitos em igrejas evangélicas, por exemplo. Nesses momentos, elas não são um *vir a ser*, elas já estão no exercício daquilo que é esperado no processo evangelizador. E essa alternância entre uma proposta escrita e uma vivida – mesmo que em pontos específicos e muito criticada por alguns especialistas religiosos – é o que precisa ser acompanhada por nós, estudiosas(os) das infâncias, das crianças e da educação a elas direcionadas. Se existe protagonismo no púlpito, por que ele não está dessa forma previsto nas publicações pensadas para a evangelização da criança? É claro que, para responder a essa questão, deveríamos realizar uma leitura de todas as revistas, de todos os gibis, jornais e outros materiais voltados para o público infantil, o que não foi a intenção deste conteúdo.

Todavia, algumas publicações apresentam um esforço, ainda que velado ou inconsciente, de demonstrar à criança que ela tem poder de ação na religião, nem que seja pela imaginação e pela fantasia. As revistas direcionadas para a escola dominical –*Maternal* (para crianças de 3 e 4 anos) e *Jardim de Infância* (para crianças de 5 e 6 anos) – publicadas pela Casa Publicadora das Assembleias de Deus (CPAD), podem servir como exemplo. Elas têm diagramação moderna, com crianças na capa, com orientações aos professores e conteúdos com uma linguagem lúdica. Além disso, alguns personagens aparecem como crianças, o que possibilita que estas se sintam representadas nas histórias que escutam. E são personagens infantis que se destacam nas relações que travam, possibilitando um entendimento de que as crianças são corajosas, gentis, amorosas etc. Ainda que com o intuito de formação moral religiosa, as publicações não deixam de evidenciar as ações das crianças nas relações que elas travam com outras pessoas e com o meio em que vivem.

Com todas as críticas que podemos fazer para a forma como se escutam as crianças ou como acham que o fazem, é possível destacar que aquilo que tratamos como elementos específicos que devem direcionar as práticas educativas voltadas para a infância, estão presentes nas ações religiosas. Outro ponto pertinente é que as crianças estão imbricadas nessas práticas e que, em algumas denominações, como no candomblé, seu lugar de fala é considerado e o que se diz é escutado. E isso nos remete a como olhamos para as infâncias e as crianças nas relações com elas travadas, uma vez que a pequena ou o pequeno, da óptica dos estudos da Sociologia da Infância, é "sujeito que tem uma produção simbólica diferenciada, produzida na interlocução com a cultura mais ampla, produção que define uma cultura infantil com identidade própria" (Sarmento e Gouvea, 2013, p. 11). Coadunando esse entendimento, aqui, é possível demarcar que as crianças têm produzido cultura nos espaços religiosos em que se inserem, uma vez que têm suas formas individuais de apropriação e, pelas experiências, particulares e coletivas, ressignificam o vivenciado e reformulam a sua relação com a religião.

Referências

Alcanfor, L. R.; Basso, J. G. Infância, identidade étnica e conhecimentos de matriz africana na escola. *Educ. Real.*, Porto Alegre, v. 44, n. 2, p. e88363, 2019.

Andrade, D. B. S. F. Teoria das representações sociais no diálogo com a infância e com as crianças: reflexões de um grupo de pesquisa. *In:* Ens, R. T.; Garanhani,

M. C. *A sociologia da infância e a formação de professores*. Curitiba: Champagnat, 2013. p. 323-40.

Becker, A. P. S.; Silva, J. D. Concepções acerca da religiosidade: a perspectiva da criança. *Estudos e Pesquisas em Psicologia*, Rio de Janeiro, v. 16, n. 3, p. 930-52, set. 2016.

Benjamin, W. *Obras escolhidas II*: rua de mão única. São Paulo: Brasiliense, 1993.

Benkö, A. *Psicologia da religião*. São Paulo: Loyola, 1981.

Brasil. Ministério da Educação. *Base nacional comum curricular*. Brasília: MEC, 2017.

Brasil. Presidência da República. Constituição da República Federativa do Brasil de 1988. *Diário Oficial da União*: seção 1, Brasília, DF, ano 126, n. 191-A, p. 1-32, 5 out. 1988. Disponível em: https://www.planalto.gov.br/ccivil_03/constituicao/constituicao.htm. Acesso em: 15 mar. 2022.

Brasil. Ministério da Educação. Secretaria de Educação Básica. *Diretrizes curriculares nacionais para a educação infantil*. Brasília, DF: MEC/SEB, 2010.

Brasil. Presidência da República. Lei nº 8.069, de 13 de julho de 1990. Dispõe sobre o Estatuto da Criança e do Adolescente e dá outras providências. *Diário Oficial da União*: seção 1, Brasília, DF, ano 127, p. 13563, 16 jul. 1990. Disponível em: https://www.planalto.gov.br/ccivil_03/leis/l8069.htm. Acesso em: 14 jan. 2021.

Britto, A. C. L.; Corradi, A. L. Egodocumentos: os documentos que expressam a personalidade, intimidade e motivações dos titulares de arquivos pessoais. *Biblos*: Revista do Instituto de Ciências Humanas e da Informação, v. 32, n. 2, p. 98-129, jul./dez. 2018.

Campos, R. B. C. Pesquisando o invisível: percursos metodológicos de uma pesquisa sobre sociabilidade infantil e diversidade religiosa. *Teoria e Sociedade*, n. 17.1, p. p. 148-75, jan./jun. 2009. Disponível em: https://www.researchgate.net/publication/334398060_TEORIA_SOCIEDADE_n_171_-janeiro-junho_de Acesso em: 19 ago. 2022.

Caputo, S. G. *Educação nos terreiros*: e como a escola se relaciona com crianças de candomblé. Rio de Janeiro: Pallas, 2012.

Caputo, S. G. Aprendendo yorubá nas redes educativas dos terreiros: história, culturas africanas e enfrentamento da intolerância nas escolas. *Revista Brasileira de Educação*, Rio de Janeiro, v. 20, n. 62, p. 773-96, set. 2015.

CHARTIER, R. *A história cultural*: entre práticas e representações. Lisboa: Difel, 1990. p. 17.

CORSARO, W. Reprodução interpretativa e cultura de pares. *In*: MULLER, F.; CARVALHO, A. M. A. (org.). *Teoria e prática na pesquisa com crianças*: diálogos com William Corsaro. São Paulo: Cortez, 2009.

ELIAS, N. *A sociedade da corte:* investigação sobre a sociologia da realeza e da aristocracia de corte. Rio de Janeiro: Zahar, 2001.

FISCHMANN, R. *Estado laico, educação, tolerância e cidadania*: para uma análise da concordata Brasil-Santa Sé. São Paulo: Factash, 2012.

GEERTZ, C. A religião como sistema cultural. *In*: GEERTZ, C. *A interpretação das culturas*. Rio de Janeiro, RJ: Livros Técnicos e Científicos, 2008. p. 65-91.

HART, R. *Children's participation*: the theory and practice of involving young citizens in community development and environmental care. London: Earthscan, 1992.

HUTCHBY, I.; MORAN-ELLIS, J. (ed.). *Children and social competence*: arenas of action. London: The Falmer Press, 1998.

INSTITUTO BRASILEIRO DE GEOGRAFIA E ESTATÍSTICA (IBGE). *Atlas do censo demográfico 2010*: diversidade cultural, 2010. Disponível em: https://censo2010.ibge.gov.br/apps/atlas/pdf/Pag_203_Religi%C3%A3o_Evang_miss%C3%A3o_Evang_pentecostal_Evang_nao%20determinada_Diversidade%20cultural.pdf. Acesso em: 15 mar. 2022.

JAMES, A.; PROUT, A. *Constructing and reconstructing childhood*: contemporary issues in the sociological study of childhood. London: The Falmer Press, 1990.

JARDIM de infância: auxiliar para diretores e professores da escola sabatina. Tradução de Abigail R. Liedke. Departamento da Escola Sabatina da Associação Geral dos Adventistas do Sétimo Dia. Tatuí, SP: Casa Publicadora Brasileira, Editora da Igreja Adventista do Sétimo Dia, n. 70, ano A, jul./set., 2020.

KORCZAK, J. *Como amar uma criança*. Rio de Janeiro: Paz e Terra, 1983.

LOMBARDI, A. Pregadores mirins: os "pastorzinhos" venerados como santos. Tradução de Moisés Sbardelotto. *Instituto Humanitas Unisinos*, 22 dez. 2011. Disponível em: http://www.ihu.unisinos.br/noticias/505282-pregadores-mirins-os-pastorzinhos-venerados-como-santos. Acesso em: 15 mar. 2022.

MENEZES, J. B.; PONTES, L. P. S. A liberdade religiosa da criança e do adolescente e a tensão com a função educativa do poder familiar. *Revista Brasileira de Direito*, n. 11, v. 1, p. 113-23, jan./jun. 2015. Disponível em: https://dialnet.unirioja.es/servlet/articulo?codigo=5179372. Acesso em: 19 ago. 2022.

MISSAL dos pequeninos. 26º Domingo do Tempo Comum. Ano A. Eles vos precederão no Reino de Deus. Igreja Católica, 26 e 27 set. 2020. Disponível em: http://www.pequeninosdosenhor.org/missal-dos-pequeninos/. Acesso em: 19 ago. 2020.

OLIVEIRA, A.; ALMIRANTE, K. A. Aprendendo com o axé: processos educativos no terreiro e o que as crianças pensam sobre ele e a escola. *Ilha*, v. 16, n. 1, p. 139-74, jan./jul., 2014.

OLIVEIRA, F. Reflexões a respeito de uma experiência de participação infantil: espaços urbanos e perspectiva das crianças. *Revista Portuguesa de Educação*, Braga, v. 30, n. 1. p. 157-79, 2017. Disponível em: https://revistas.rcaap.pt/rpe/article/view/8688/9177. Acesso em: 19 ago. 2022.

ORGANIZAÇÃO DAS NAÇÕES UNIDAS (ONU). *Convenção sobre os Direitos da Criança*. Genebra: ONU, 1989. Disponível em: https://www.unicef.org/brazil/convencao-sobre-os-direitos-da-crianca. Acesso em: 14 jan. 2022.

PERRENOUD, P. *Ofício de aluno e sentido do trabalho escolar*. Lisboa: D. Quixote, 1995.

PIRES, F. Tornando-se adulto: uma abordagem antropológica sobre crianças e religião. *Religião e Sociedade*, Rio de Janeiro, v. 30, n. 1, p. 143-64, jul. 2010.

PROJETO pequeninos do Senhor. *Missal dos Pequeninos*. [200-?] Igreja Católica. Disponível em: http://www.pequeninosdosenhor.org/como/. Acesso em: 19 ago. 2020.

QVORTRUP, J. Infância e política. *Cadernos de Pesquisa*, v. 40, n. 141, p. 777-92, set./dez. 2010.

RANQUETAT JÚNIOR, C. A. Laicidade, laicismo e secularização: definindo e esclarecendo conceitos. *Tempo da Ciência*, v. 15, n. 30, p. 59-72, 2008.

ROCHA, A. M. *Caminhos de Odu*. Rio de Janeiro: Pallas, 1999.

SACRISTÁN, J. G. *O aluno como invenção*. Porto Alegre: Artmed, 2005.

SANTOS, L. Conselhos do Papa Francisco para ir à missa com as crianças. *Canção Nova*, 30 ago. 2016. Disponível em: https://formacao.cancaonova.com/familia/pais-e-filhos/conselhos-do-papa-francisco-para-ir-missa-com-criancas/. Acesso em: 15 mar. 2022.

SARMENTO, M. J. Sociologia da Infância: correntes e confluências. *In*: SARMENTO, M. J.; GOUVEA, M. C. S. (org.). *Estudos da infância*: educação e práticas sociais. Petrópolis, RJ:Vozes, 2008. p. 17-39.

SARMENTO, M. J.; GOUVEA, M. C. S. Apresentação: olhares sobre a criança e a infância. *In*: SARMENTO, M. J.; GOUVEA, M. C. S. (org.). *Estudos da infância:* educação e práticas sociais. Petrópolis, RJ:Vozes, 2008. p. 7-13.

SIERRA,V.; MESQUITA,W. A. Pastores mirins: a formação religiosa na pluralidade das experiências identitárias infantis. *Interseções*, Rio de Janeiro, v. 17 n. 2, p. 459-75, dez. 2015. Disponível em: https://www.e-publicacoes.uerj.br/index.php/intersecoes/article/download/20157/14550. Acesso em: 19 ago. 2020.

SOARES, C.V. *A arte de educar*: bebês e crianças na evangelização. Goiânia: Feego, 2015.

SOARES, C.V. *Evangelizando bebês*: para evangelizadores, pais e dirigentes. Goiânia: Feego, 2016.

STACCIOLI, G. *Diário do acolhimento na escola da infância*. Tradução de Fernanda Ortale e Ilse Paschoal Moreira. Campinas, SP: Autores Associados, 2013.

VINCENT, G.; LAHIRE, B.; THIN, D. Sobre a história e a teoria da forma escolar. *Educação em Revista*, Belo Horizonte, n. 33, p. 7-47, jun. 2001.

14

O menor, a criança inteligente e o menino levado: processos de categorização na infância

Gabriela Thomazinho | Gabriela Lotta

O atendimento a crianças pequenas por instituições pré-escolares surgiu no Brasil associado principalmente à área de assistência social e ao viés compensatório, ainda que fossem existentes instituições pré-escolares que visavam a um desenvolvimento educacional, mas, a elas, tinham acesso apenas crianças das famílias da elite (Nunes, Corsino e Didonet, 2011). Foi no final dos anos 1980 e nos anos 1990 que houve uma integração das funções de *educar* e de *cuidar* como papel de uma Educação

Infantil acessível a todas as crianças brasileiras. Essa integração esteve atrelada a uma nova concepção sobre o público que acessa essa política.

A ideia de que o sistema escolar reproduz desigualdades socioeconômicas e culturais já é antiga e consolidada (Bourdieu e Passeron, 1964, 1970). Essa reprodução pode ser iniciada já na Educação Infantil no momento em que crianças com diferentes capitais culturais entram em um sistema que valoriza mais o capital da elite (Millet e Croizet, 2016). Um dos fatores que pode contribuir para a reprodução das desigualdades é a categorização das crianças com base em estereótipos negativos, gerando atitudes diferenciadas do professor (Croizet, 2011). Para analisar o processo de categorização das crianças em políticas públicas brasileiras, partimos da perspectiva teórica da burocracia de nível de rua (Lipsky, 2019; Lotta, 2010; Lotta e Santiago, 2018; Pires e Lotta, 2019).

Os burocratas de nível de rua são os profissionais do Estado na linha de frente, que têm contato com o cidadão no momento em que este encontra o Governo, ou seja, são aqueles que implementam a política na interação com os usuários dos serviços. Os exemplos mais comuns são professores, policiais, profissionais da saúde e assistentes sociais. Esses profissionais detêm um poder discricionário de decidir quem recebe o quê. E suas decisões têm implicações tanto para as políticas como para a vida dos usuários, na medida em que a ação discricionária desses burocratas proporciona benefícios e sanções, delimitando a vida e as oportunidades dos cidadãos. A literatura demonstra que um dos aspectos fundamentais que guia a decisão discricionária desses profissionais é a maneira como categorizam diferentes tipos de usuários para quem entregarão (ou não) os serviços. Assim, o processo de categorização, que é inerente à ação destes profissionais, pode afetar diretamente a vida das pessoas por eles atendidas. Muitas vezes, nesse processo de categorização, embute-se a ideia de profecias autorrealizáveis, nas quais a categorização negativa ou positiva de um cidadão tende a gerar o comportamento que a este foi inicialmente atribuído pelo burocrata (Lipsky, 2019).

Os processos de categorizações são analisados por Harrits e Møller (2011), para as quais as categorias orientam como organizamos o mundo, tornando-o compreensível para nossas ações e interações com os outros ao agrupar sujeitos ou objetos que têm uma ou mais características em comum. Categorias são criadas diferenciando objetos ou sujeitos em grupos, e, por isso, baseiam-se na ideia de pertencimento, de fronteira e de comparação entre integrantes e não integrantes.

Harrits e Møller (2011) distinguem categorias políticas das sociais. As primeiras são aquelas categorias oficiais que estão na institucionalidade formal das políticas. As categorias sociais são informais e advêm de processos sociais. Ainda assim, essas categorias são conectadas por vias de mão dupla. Uma categoria política cria uma fronteira para seleção de incluídos e excluídos de públicos-alvo das políticas públicas ou de determinados tratamentos do profissional. Porém, no momento de implementação da política, burocratas de nível de rua não se atêm às categorias políticas das regras formais, mas também baseiam suas ações em categorias sociais, reproduzindo-as ao balizar suas atitudes discricionárias. Do mesmo modo, as categorias sociais influenciam as decisões sobre formulação de categorias políticas, com base na promoção de visões sobre os merecedores e não merecedores de atenção do Governo. Categorias políticas podem mudar as categorias sociais, mas também podem invocá-las e reproduzi-las. Há uma dupla relação, em que as categorias sociais interferem na formulação e na implementação de uma política pública, ao passo que categorias políticas podem reproduzir ou minimizar o uso de categorias sociais.

Todo burocrata de nível de rua carrega consigo uma posição social e um sistema de categorização que será base para seus julgamentos discricionários. Os burocratas de nível de rua são agentes situados e carregam um *habitus* próprio, derivados de suas posições sociais no sistema econômico, simbólico, social e cultural (Harrits, 2019). Com base nesses elementos, eles carregam sistemas de categorias que guiam seus julgamentos e suas práticas discricionárias. Esse mecanismo ajuda na compreensão da reprodução de categorizações sociais na linha de frente. Essas categorias sociais também delimitam a própria identidade dos grupos sociais categorizados, que internalizam os comportamentos esperados (Harrits e Møller, 2011) – o que é a fonte para as profecias autorrealizáveis.

Para Harrits e Møller (2011), a categorização política está associada ao poder do Estado de legitimar as categorias e as formas de violência simbólica. Esse poder de legitimação também pode guiar processos de mudança ou de estabilização. Portanto, os estudos de categorias sociais deveriam incluir, além das dimensões econômicas, simbólicas e morais, a dimensão política. Além disso, Harrits (2019) discute o uso de categorizações estereotipadas por burocratas de nível de rua e distingue dois momentos no uso dos estereótipos: a ativação e a aplicação. A ativação é realizada no momento em que o estereótipo aparece nas reflexões dos burocratas, ao passo que a aplicação acontece quando decisões burocráticas são baseadas em estereótipos. Esses estereótipos, ao servirem de base para julgamentos discricionários de profissionais da linha de frente, podem introduzir vieses e injustiças para os cidadãos que são público-alvo da política.

Neste capítulo,[1] analisamos os processos de categorizações políticas realizados sobre as crianças de famílias populares desde as primeiras legislações que abordaram a Educação Infantil, atentando-nos para como elas e suas famílias são caracterizadas e qual tipo de política é direcionada a elas em cada época. Para isso, realizamos uma análise de legislações, diretrizes e documentos sobre instituições pré-escolares e formação de professores, além de alguns textos sobre a história brasileira da Educação Infantil. Após observar as mudanças nas categorizações políticas das crianças, que são público-alvo da política atual de Educação Infantil, examinamos a literatura da área para discutir em quais tipos de categorias os docentes baseiam suas práticas.

[1] Para a produção deste capítulo, agradecemos à Fundação de Amparo à Pesquisa do Estado de São Paulo (Fapesp) pelo financiamento da pesquisa, ao Conselho Nacional de Desenvolvimento Científico e Tecnológico (CNPq) pela Bolsa Produtividade e pelo financiamento da Bolsa da Coordenação de Aperfeiçoamento de Pessoal de Nível Superior (Capes) e da Fapesp.

Trajetória das categorias sobre crianças na legislação

As primeiras instituições de atendimento a crianças de 0 a 6 anos no Brasil surgiram no século XIX. Inspiradas no modelo europeu, elas eram caracterizadas pela dualidade entre as creches, com caráter mais assistencial – visando ao cuidado físico, à saúde, à alimentação e à higiene –, e os jardins de infância, com caráter educacional – visando ao desenvolvimento cognitivo, social e físico. As primeiras eram frequentadas por crianças de classes populares, órfãs ou abandonadas, ao passo que as segundas, por crianças de famílias abastadas (Nunes, Corsino e Didonet, 2011).

Esse modelo estava associado também à categorização realizada aos frequentadores dessas instituições: o menor ou a criança. O *menor* era o filho de alguém despossuído, vulnerável e com risco de se marginalizar, ao passo que a *criança* vinha de família abastada, que tinha um futuro de bem-estar à sua frente. Essa dualidade perpassa todo o sistema educacional brasileiro durante a sua trajetória, inclusive a associação do menor à ideia de criança carente, desprovida de saúde e de cultura. Nas palavras de Nunes, Corsino e Didonet (2011):

> A cristalização desses dois "modelos" de infância vai resultar, em meados do século XX, nas expressões que se tornaram paradigmáticas – criança e menor. A "criança" era a branca, bem nutrida, de sorriso cativante, filha de família de classe média e alta, cujo futuro poderia ser previsto como de bem-estar, desenvolvimento e felicidade. O "menor" era a criança negra, desnutrida, de família pobre ou desestruturada, altamente vulnerável à doença e candidata a engrossar a estatística da mortalidade infantil ou, se sobrevivesse, a marginalizar-se e tornar-se um risco social; ou seja, o filho do proprietário (colonizador, descendente de europeu, branco) tornou-se "criança", enquanto o filho do despossuído (negro, descendente de escravo, pobre) tornou-se "menor". (Nunes, Corsino e Didonet, 2011, p. 18, grifos dos autores)

Os primeiros jardins de infância surgiram no Rio de Janeiro e em São Paulo no fim do século XIX. A Reforma Leôncio de Carvalho, de 1879, chegou a estabelecer que, em todos os distritos do município da Corte, houvesse um jardim de infância para atender crianças de 3 a 7 anos. Porém, de acordo com Nunes, Corsino e Didonet (2011), essa determinação não foi seguida. Não há outras citações sobre o atendimento pré-escolar nessa lei, mas chama a atenção que, ao tratar o tema do atendimento da escola primária, indique:

> Art. 2º – § 3º Aos meninos pobres, cujos pais, tutores ou protetores justificarem impossibilidade de prepará-los para irem à escola, será fornecido vestuário decente e simples, livros e mais objetos indispensáveis ao estudo. [...]
>
> § 5º Constituirão motivos atendíveis para serem os meninos e meninas dispensados do ensino a inabilidade física ou moral e a indigência, esta última enquanto não for prestado o auxílio de que trata o § 3º. (Brasil, 1879)

Ressaltamos, aqui, a categorização do que é um "vestuário decente", que indica a necessidade de roupas em conformidade com as regras escolares. Nessa afirmativa, há um julgamento moral sobre os meninos pobres, que são, por oposição, associados a um vestuário não decente. No § 5º, esse julgamento é reforçado pela afirmação de que crianças que apresentassem falta de habilidade moral para entrar na escola também estariam dispensadas.

Em 1880, surgiu o Instituto de Proteção e Assistência à Infância no Brasil, criado pelo pediatra Arthur Moncorvo Filho, importante ator na luta por serviços públicos para a criança (Nunes, Corsino e Didonet, 2011). Essa iniciativa era associada à caridade e ao voluntariado na assistência à criança pobre e durou pouco tempo, mas influenciou as concepções sobre criança e marcou o início da interrelação de assistência, saúde e educação no atendimento à criança.

Outro marco para o atendimento à Primeira Infância foi a realização do I Congresso de Proteção à Infância, em 1922, que recomendou a formulação de leis específicas às crianças, reconhecendo seus direitos

(Nunes, Corsino e Didonet, 2011). Os apontamentos do congresso indicavam uma forte preocupação com a higiene das crianças e com seu desenvolvimento moral e intelectual. A preocupação com a higiene é de tal modo colocada como prioridade que eram apontados como necessários programas de higiene infantil (Almeida, 2012). Observa-se, nas leis contemporâneas a esse Congresso, o reflexo dessas ideias, em um processo em que as categorias sociais influenciaram a elaboração das categorias políticas. No Código dos Menores, aprovado em 1927, foi indicado que crianças poderiam ser removidas das casas onde estivessem abrigadas caso a autoridade pública competente considerasse que o responsável por ela fosse ignorante ou imoral, ou, ainda, se a casa tivesse número de habitantes excessivo, fosse perigosa ou anti-higiênica (Brasil, 1927).

No ano de 1942, foi criada a Legião Brasileira de Assistência (LBA), que, de início, foi uma organização da sociedade civil, mas, em 1969, passou a ser uma fundação vinculada ao Ministério do Trabalho e Previdência Social. A LBA foi responsável por implantar diversas instituições de educação pré-escolar no Brasil, com foco nas crianças das "famílias desprovidas de recursos", conforme definido no Decreto-Lei nº 593, de 27 de maio de 1969, que criou a fundação (Brasil, 1969). Observa-se, portanto, que o atendimento às crianças de famílias populares tinha um caráter predominantemente assistencialista. Foi só em meados da década de 1970 que o aspecto educacional passou a ganhar força nas instituições da LBA (Nunes, Corsino e Didonet, 2010).

Em 1943, foi aprovada a Consolidação das Leis do Trabalho (CLT), principal legislação trabalhista do Brasil, e, nela, o direito à creche foi associado ao direito da mulher trabalhadora. Na ausência de creches, as empresas com mais de trinta mulheres empregadas passaram a ser obrigadas a ter um "local apropriado onde seja permitido às empregadas guardar, sob vigilância e assistência, os seus filhos no período de amamentação" (Brasil, 1943), segundo o Artigo 389. Ressalta-se o caráter de puramente vigilância e assistência, sem nenhuma referência a um caráter educacional.

A associação da creche como direito das mulheres ficou mais forte nas décadas seguintes. O Decreto nº 53.453, de 20 de janeiro de 1964, no Artigo 8º, estabeleceu que

> [...] as empresas que tenham a seus serviço mães responsáveis de menores até sete (7) anos serão estimuladas a organizar e manter, por iniciativa própria ou em cooperação com os poderes públicos, instituições de educação pré-primária, isto é, escolas maternais ou jardins de infância. (Brasil, 1964)

Observamos, aqui, a associação das instituições pré-escolares como ambiente para filhas e filhos das mulheres trabalhadoras. Essas mães se constituiriam como um importante agente na luta por melhor qualidade da Educação Infantil em décadas posteriores, o movimento de Luta Por Creche, por meio do qual pediam não apenas um aumento quantitativo no número de instituições, mas também uma mudança do caráter das instituições que recebiam seus filhos, com integração do aspecto educacional (Nunes, Corsino e Didonet, 2011).

A Lei Federal nº 4.024, de 20 de dezembro de 1961, fixou as Diretrizes e Bases da Educação Nacional e, em seu Artigo 24, estabeleceu que "a educação pré-primária destina-se aos menores até sete anos, e será ministrada em escolas maternais ou jardins de infância" (Brasil, 1961). Já o Artigo 27 dessa Lei Federal estabelece que "o ensino primário é obrigatório a partir dos sete anos e só será ministrado na língua nacional". Desse modo, a pré-escola foi reconhecida como uma etapa de ensino, mas não é obrigatória. Chama a atenção a categorização do grupo de crianças de 0 a 7 anos como "menores", denominação que já não encontramos nas leis mais atuais da área educacional.

Na década de 1960, começou a surgir uma visão mais holística sobre as crianças. Em 1968, foi realizado o I Encontro Interamericano de Proteção ao Pré-escolar, o qual deixou, de acordo com Nunes, Corsino e Didonet (2011), importantes recomendações aos formuladores de políticas educacionais, como a necessidade de perspectiva interdisciplinar, o desenvolvimento global da criança e a necessidade de educadores nos serviços de atendimento à Primeira Infância. Estes deveriam estar aptos ao atendimento integral às crianças, integrando os aspectos físicos, socioemocionais e intelectuais. O documento final desse congresso pede também a revisão da política de internação de menores e a intensificação das relações das instituições voltadas à Primeira Infância com as comunidades locais (Brasil, 1968).

Em 1979, foi aprovado um novo Código de Menores, que manteve a perspectiva da criança como menor, objeto da segurança pública e da assistência, mostrando uma continuidade de categorização política em relação ao Código de 1927. Foram considerados menores em situações irregulares as crianças e adolescentes "privados de condições essenciais à sua subsistência, saúde e instrução obrigatória" ou aqueles "em perigo moral devido a encontrar-se, de modo habitual, em ambiente contrário aos bons costumes" (Brasil, 1979), de acordo com o Artigo 2º. Somente 11 anos depois, com o Estatuto da Criança e do Adolescente (ECA) (Brasil, 1990), houve uma revolução conceitual desse olhar (Nunes, Corsino e Didonet, 2011).

Durante a Assembleia Nacional Constituinte, entre 1986 e 1988, representantes de vários ministérios e organizações sociais compuseram a Comissão Nacional Criança Constituinte. Foi intenso o movimento político em favor dos direitos das crianças e apoiando uma mudança estrutural no modo de visão sobre a criança por parte do Estado. Em primeiro lugar, a partir de 1988, com a nova Constituição Federal, a creche passou a ser, normativamente, uma instituição educacional. O Artigo 208 da Constituição Federal brasileira definiu que: "O dever do Estado com a educação será efetivado mediante a garantia de: [...] IV – atendimento em creche e pré-escola às crianças de zero a seis anos de idade;" (Brasil, 1988). Dois anos depois, em 1990, foi sancionado o ECA, que revogou o Estatuto do Menor de 1979 e colocou o direito da criança e do adolescente à liberdade, ao respeito, à dignidade e de ser educado como prioridade nas políticas públicas (Brasil, 1990).

Nos anos seguintes, a associação dos estabelecimentos pré-escolares com a área educacional se fortificou, ainda que não fosse integral. Por exemplo, a LBA foi extinta em 1995, quando, de acordo com Nunes, Corsino e Didonet (2011), ainda contava com diversas instituições de atendimento a crianças de até 6 anos de idade. Suas instituições passaram à gestão do Ministério da Previdência e Assistência Social (MPAS), portanto, seguiram sob a visão da assistência.

Em 1994, foi realizado pelo MEC o Encontro Técnico sobre Política de Formação do Profissional de Educação Infantil, que reuniu diversos especialistas e gestores desse nível de ensino, além de trazer discussões que, posteriormente, marcaram a mudança de visão sobre as crianças. O encontro gerou uma publicação contendo as reflexões dos palestrantes participantes, as quais demonstram a formação de novas categorias políticas sobre as crianças (Brasil, 1994). O texto de Sônia Kramer, presente nessa publicação, situa o lugar da Educação Infantil no Brasil durante a década de 1980: documentos do MEC e do Conselho Federal de Educação colocavam a função dessa etapa como compensatória, de modo a evitar o fracasso das crianças de camadas populares no primeiro grau (Kramer, 1994). Essa visão tomava essas crianças por suas carências, e não pela concepção de criança cidadã, sujeito histórico e produtor de cultura. É a mesma visão presente desde o início do século, e relatada por Nunes, Corsino e Didonet (2011) quando políticas e atores categorizavam a criança como menor, e a elas eram oferecidos serviços assistencialistas, higiênicos e disciplinadores. Para Kramer (1994), era necessário focalizar não a carência das crianças, mas o que elas podem, no seu potencial.

Dois anos após a organização desse encontro pelo MEC, foi promulgada a nova Lei de Diretrizes e Bases (LDB) (Brasil, 1996). Como princípio, foi colocada a necessidade de consideração da diversidade étnico-racial (Brasil, 1996), conforme o Artigo 3º, parágrafo XII. No entanto, foi o Referencial Curricular Nacional para a Educação Infantil (RCNEI) que representou a maior ruptura da categorização política das crianças pequenas (Brasil, 1998a, 1998b, 1998c). O RCNEI baseia-se na visão de criança cidadã, determinando como princípio da Educação Infantil a consideração de diferenças sociais, culturais e étnicas, de valores, de hábitos etc. Foi colocado que escolas e professores deveriam considerar as realidades socioculturais do corpo discente e entender cada aluno em sua individualidade. O RCNEI afirmava que era necessário cursar um caminho distinto do que era feito até então, valorizando os diferentes repertórios e culturas locais, além de abordar a diversidade étnico-racial brasileira. Indicava, ainda, a necessidade de respeitar as distintas estruturações familiares e apontava que "*Evitar julgamentos moralistas, pessoais ou vinculados a preconceitos é condição para o estabelecimento de uma base para o diálogo*" (Brasil, 1998c, p. 78, grifo nosso). Nesse referencial, há uma evidente intencionalidade de contrapor uma nova categorização política à anterior e de minimizar o uso de categorias sociais baseadas em estigmas negativos sobre crianças e suas famílias.

O RCNEI reconhecia a potencialidade de a educação reproduzir ou transformar estereótipos sociais quando afirmava que:

> *Dependendo da maneira como é tratada a questão da diversidade, a instituição pode auxiliar as crianças a valorizarem suas características étnicas e culturais, ou, pelo contrário, favorecer a discriminação quando é conivente com preconceitos.* (Brasil, 1998a, p. 13, grifo nosso)

É também interessante que o RCNEI propunha aos educadores que se atentassem para a autoestima dos seus alunos e atuassem sobre aqueles que manifestassem atitudes de falta de confiança e estima em si por meio da valorização das competências e das características desses alunos.

Em 1999, foi aprovado o documento dos Referenciais para Formação de Professores, que seguia a mesma linha do RCNEI de valorização da diversidade e do combate às variadas formas de discriminação. O documento apontava que era necessário o comprometimento com a aprendizagem de todos os alunos, buscando desnaturalizar o fracasso escolar. Além disso, esses referenciais indicavam a necessidade de professores revisarem suas representações, suas crenças e seus valores:

> São muitos os aspectos que precisam ser considerados para que o professor possa se relacionar com seus alunos de maneira não discriminatória e ajudar seu desenvolvimento [...]. Isso demanda não só aquisição de conhecimentos já produzidos "sobre" crianças, jovens e adultos, mas também uma reflexão sobre suas próprias representações e crenças, implicando muitas vezes uma revisão de valores pessoais. (Brasil, 1999a, p. 58)

Com base nesse trecho, observamos que esses Referenciais também buscavam que os professores revisassem as categorias sociais comumente usadas sobre as crianças, pois as antigas se associavam a práticas discriminatórias. As diversas diretrizes e políticas voltadas à Educação Infantil ou à formação de professores que se seguiram nos anos 2000 mantiveram a preocupação com a diversidade e a equidade como central em seus objetivos, marcando a necessidade de atuar com as crianças pela valorização de sua história, sua cultura e seu contexto. Entre eles, vários tinham seções especiais para orientar como professores, escolas, universidades e redes deveriam atuar para promover a diversidade e reduzir a desigualdade. São recorrentes nesses documentos: o objetivo de superação das exclusões sociais, econômicas e étnico-raciais; a erradicação da discriminação; a valorização da cultura e história afro-brasileira e indígena; o compromisso com o aprendizado de todos os alunos; a igualdade de oportunidades (Brasil, 1999b, 2006a, 2006b, 2006c, 2010, 2014, 2016, 2017, 2018, 2019).

O mais recente documento publicado foi o que contém as Diretrizes Curriculares Iniciais para a Formação de Professores para a Educação Básica (Brasil, 2019). Além de reafirmarem a preocupação com respeito à diversidade, a busca pela equidade e a necessidade de práticas pedagógicas que considerem a heterogeneidade dos discentes, essas diretrizes também apontam que os docentes devem estar atentos a possíveis violências simbólicas e a discriminações étnico-raciais.

Ao analisar as diretrizes, as legislações e os congressos voltados à Primeira Infância, duas constatações se sobressaem.

A primeira é a respeito dos tipos de categorias colocadas sobre as crianças de famílias populares. Do surgimento das primeiras instituições até meados do século XX, essas crianças eram caracterizadas pela ausência de elementos considerados necessários pelas regras escolares: falta de higiene, de vestimenta adequada, de uma família estruturada, de moral e de cultura. Com a promulgação da Constituição Federal de 1988, da LDB em 1996 e com as novas diretrizes e referenciais curriculares em 1998 e 1999, houve uma ruptura conceitual.

Toda criança passou a ser vista como cidadã participante de uma realidade sociocultural específica a ser valorizada pelo sistema educacional. A diferença passou a ser valorizada concomitantemente a uma busca por equidade. A caracterização não se dá mais pelo que a criança não tem, mas pelo o que ela tem de específico, e essa especificidade deve ser valorizada e servir de base para o trabalho pedagógico da escola.

A segunda constatação é a mudança ao longo da história do tipo de política direcionada a essas crianças, que passam do âmbito assistencial para o educacional, transformação também ligada ao modo como elas são categorizadas pelas políticas ao longo do tempo. Quando caracterizadas pelas suas carências, as instituições que as recebiam eram assistenciais e compensatórias, nas quais a atuação deveria ser realizada por "mulheres maternais", e o foco era no cuidado, inclusive higiênico. Diferenças culturais e de comportamento deveriam ser normalizadas. A partir do momento que passam a ser caracterizadas como cidadãs com direitos e realidades sociais próprias, o objetivo passa a ser pedagógico, são integradas as funções de cuidar e de educar, e abre-se um movimento de profissionalização das trabalhadoras da escola, estabelecendo-se a necessidade da presença de educadoras.

Processos de categorização na escola

Ainda que as categorias políticas tenham se transformado, ações e julgamentos feitos na ponta da implementação pela burocracia de nível de rua não as seguem mecanicamente, também se balizando pelos sistemas próprios de categorias sociais (Harrits e Møller, 2011). Assim como os outros profissionais que são burocratas de nível de rua, em seu trabalho cotidiano, os professores, como profissionais, têm um amplo espaço de autonomia para suas práticas (Lipsky, 2019; Lotta e Santiago, 2018), autonomia essa assegurada por leis nacionais (Brasil, 1996, 1999). É, portanto, necessário observar se os processos de categorização dos docentes sobre os alunos espelham as categorias políticas sugeridas pelas diretrizes desde os anos 1990. Algumas pesquisas realizadas ao longo das duas últimas décadas apontam que processos de categorização orientados por estereótipos, sobretudo associados à gênero e à raça/etnia, ainda estão regularmente presentes nas práticas dos professores da Educação Infantil.

A pesquisa de Cavalleiro (2000) observa como o racismo contra crianças negras está presente na Educação Infantil, principalmente pelas atitudes do corpo docente, apontando que o racismo, muitas vezes, ocorre por um tratamento diferenciado a estudantes brancos e negros, ou pela inação da docente diante de episódios conflituosos entre os alunos gerados com um fundo racial. Cavalleiro (2000) relata situações nas quais as professoras categorizam e atuam diferentemente em relação a crianças negras e brancas: as crianças negras são desvalorizadas esteticamente, tem estereótipos negativos associados a si (por exemplo: "ele é o cão", "o menino levado", "o mais briguento"), e, quando recebem elogio das docentes, costuma ser às suas atividades, e não à pessoa ("está bonita sua lição"), ao passo que as crianças brancas recebem mais elogios a características próprias ("você é esperta") e recebem mais ações de carinho e afeto das professoras, ganhando mais colo, abraços e beijos.

Resultado similar foi encontrado na pesquisa de Oliveira e Abramowicz (2010), que observaram, em uma creche, que as professoras têm atitudes de "paparicação" em relação a alguns de seus alunos, prática da qual crianças negras estavam excluídas. Isso se revelava em atitudes como pegar a criança no colo para que ela pare de chorar, elogiar, beijar e abraçá-las. Entretanto, observaram-se atitudes de rejeição ao contato físico com as crianças negras e estereotipagem de alguns meninos negros como travessos. Outras pesquisas também indicam que professores da Educação Infantil ou graduandos em Pedagogia têm dificuldade de identificar situações racistas que acontecem em sala de aula, acreditam no mito da democracia racial, dificilmente pautam suas práticas pedagógicas no princípio da diversidade étnico-racial e pouco abordam a construção sócio-histórica do racismo (Aguiar, Piotto e Correa, 2015; Marinho e Martins, 2016; Sousa e Lima, 2017).

Também há pesquisas que abordam categorizações e práticas de docentes da Educação Infantil guiadas por estereótipos de gênero. Com base em uma discussão teórica e em um estudo etnográfico em uma Escola Municipal de Educação Infantil (Emei) de São Paulo, Finco (2010) observou que as atitudes das professoras perante seus alunos eram marcadas por expectativas estereotipadas para meninos e meninas: meninos eram vistos como naturalmente mais inquietos, violentos e desobedientes, ao passo que, das meninas, esperava-se que elas fossem obedientes, responsáveis e organizadas. Para Finco (2010), essas expectativas reforçam comportamentos estereotipados, sobretudo da mulher servil, e reforçam habilidades e desempenhos intelectuais esperados para cada sexo, pois as crianças buscam corresponder às expectativas das professoras.

Uma das práticas adotadas pelas docentes é utilizar o sexo como critério de segmentação nos momentos de montar grupos e de separar filas de meninos e meninas. Ao organizar atividades que separam meninas e meninos, estabelecem-se processos de socialização distintos, proporcionando "duas infâncias distintas". As atitudes das docentes para cada um desses grupos são diferenciadas de acordo com estereótipos de gênero. Por exemplo, é o grupo de meninas que pode entrar na sala antes, ir ao banheiro antes e fazer outras atividades do dia a dia. Essas diferenciações criam espaços para rivalidades entre os dois grupos em vez de possibilitar integração e construção de relações de amizade.

Além disso, Finco (2010) observou que as professoras desencorajavam que as crianças escolhessem brincadeiras ou tivessem atitudes comumente associadas ao sexo oposto, sobretudo quando o "problema" é um menino que goste de bonecas e de se fantasiar com vestidos. As docentes categorizavam as brincadeiras como "de meninas" e "de meninos" e estranhavam quando a escolha da criança não condizia com a expectativa, revelando preocupações em relação à futura orientação sexual da criança. Crianças que transgridem padrões são categorizadas como problemáticas e anormais com base em uma noção de patologia. Conclusões análogas são realizadas por Bíscaro (2009), ao verificar, em um Centro de Educação Infantil no Mato Grosso do Sul, práticas semelhantes: agrupamento das crianças por sexo, estereótipos de gênero orientando expectativas e práticas docentes e omissão ante situações de discriminação de gênero.

Considerações finais

As pesquisas aqui relatadas apontam para a persistência de categorizações sociais estereotipadas associadas à etnia/raça ou ao gênero nas práticas docentes da Educação Infantil, apesar de, há mais de duas décadas, as Diretrizes Nacionais apontarem a necessidade de revisão de crenças e de estereótipos sobre os alunos. Enquanto as categorias políticas atuais sugerem a consideração de crianças como cidadãs, cuja singularidade e realidade sociocultural deve ser valorizada, observa-se, na prática, o uso de categorias sociais estigmatizantes.

A recorrência do uso de categorias negativas sobre crianças pequenas pode afetar os resultados futuros dos alunos, principalmente daqueles que fazem parte de grupos mais vulneráveis, como meninos negros (Hinnant, O'Brien e Ghazarian, 2009). A estigmatização no âmbito escolar pode gerar discriminação institucional e alunos associados a certos estereótipos serem considerados fracos *a priori* (Croizet, 2011). Acontece que, como sugere a literatura de implementação de políticas públicas, a transformação de normativas centrais em práticas dos burocratas de nível de rua não é automática (Lipsky, 2019; Lotta, 2010; Silva e Melo, 2000). Mediante os espaços de autonomia deixados pelas diretrizes, os burocratas realizam suas práticas com base em condições de trabalho, fatores organizacionais, valores e crenças pessoais etc.

Quanto às condições de implementação, docentes apontam para a necessidade de apoio a fim de que incluam em suas práticas pedagógicas considerações sobre gênero, diversidade étnico-racial e combate ao racismo, apoio que precisa ser dado de múltiplas formas: com livros para serem usados em sala de aula, formações continuadas etc. (Aguiar, Piotto e Correa, 2015; Dias, 2012; Marinho e Martins, 2016). Chama a atenção o apontamento de uma docente relatado por Marinho e Martins (2017, p. 56): "*eu acho que já passou do tempo de os políticos, em vez de só fazerem as leis que tornam obrigatórios, comecem a viabilizar esses processos dentro das escolas [...]*".

Para além das condições de implementação, os valores pessoais dos burocratas de nível de rua também importam quando estes exercem práticas discricionárias (Pires e Lotta, 2019). Como afirmam Harrits e Møller (2011), esses profissionais baseiam suas ações não só nas categorias políticas, mas também nas categorias sociais. As autoras ainda afirmam que o poder do Estado de legitimar categorias pode guiar processos de mudança das categorias sociais. A questão é como interromper o processo de aplicação dos estereótipos, como definido por Harrits (2019). Para a autora:

> A ativação de estereótipos é, a princípio, incontrolável, já que os estereótipos são categorias enraizadas, aprendidas culturalmente e socialmente. Porém, a aplicação de estereótipos – ou seja, a aplicação dos pressupostos e dos quadros embutidos nos estereótipos – na ação ou na decisão de alguém pode ser controlada, o que significa que algumas pessoas podem frear a aplicação de estereótipos. (Harrits, 2019, p. 94, tradução nossa)

Há a necessidade de ampliar as investigações de como é o processo de ativação e de aplicação de estereótipos entre os docentes. Uma possibilidade é observar se há heterogeneidade nesse processo de categorização entre professores e quais fatores podem contribuir para uma decisão baseada em julgamentos menos estereotipados ou mais estereotipados: condições de trabalho, fatores organizacionais, trajetória profissional, posição social, valores e crenças pessoais etc.

Referências

Aguiar, M. M.; Piotto, D. C.; Correa, B. C. Relações étnico-raciais e formação docente: situações de discriminação racial na educação infantil. *Revista Eletrônica de Educação*, v. 9, n. 2, p. 373-88, 31 ago. 2015.

Almeida, P. N. *Educação lúdica*: técnicas e jogos pedagógicos. São Paulo: Loyola, 2012.

Bíscaro, C. R. R. *A construção das identidades de gênero na educação infantil*. Campo Grande: Universidade Católica Dom Bosco, 2009.

Bourdieu, P.; Passeron, J. *Les heritiers*: les étudiants et la culture. Paris: Éditions de Minuit, 1964.

Bourdieu, P.; Passeron, J. *La reproduction*: élements pour une théorie du système d'enseignement. Paris: Éditions de Minuit, 1970.

Brasil. *Base nacional comum curricular*. Brasília, DF: MEC, 2017. Disponível em: http://portal.mec.gov.br/index.php?option=com_docman&view=download&alias=79601-anexo-texto-bncc-reexportado-pdf-2&category_slug=dezembro-2017-pdf&Itemid=30192. Acesso em: 16 mar. 2022.

Brasil. Presidência da República. Constituição da República Federativa do Brasil de 1988. *Diário Oficial da União*: seção 1, Brasília, DF, ano 126, n. 191-A, p. 1-32, 5 out. 1988. Disponível em: https://www.planalto.gov.br/ccivil_03/constituicao/constituicao.htm. Acesso em: 15 mar. 2022.

Brasil. Decreto nº 7.247, de 19 de abril de 1879. Reforma do ensino primário e secundário do município da Corte e o superior em todo o Império. *In*: Coleção de leis do Império do Brasil – 1879. Rio de Janeiro, 1879. v. 1, pt. II. p. 196. Disponível em: https://www2.camara.leg.br/legin/fed/decret/1824-1899/decreto-7247-19-abril-1879-547933-publicacaooriginal-62862-pe.html. Acesso em: 16 mar. 2022.

Brasil. Decreto nº 17.943-A, de 12 de outubro de 1927. Consolida as leis de assistência e proteção a menores. *In*: Coleção de leis do Brasil. Rio de Janeiro, 1927. p. 476. Disponível em: https://www2.camara.leg.br/legin/fed/decret/1920-1929/decreto-17943-a-12-outubro-1927-501820-publicacaooriginal-1-pe.html. Acesso em: 16 mar. 2022.

BRASIL. Decreto nº 53.453, de 20 de janeiro de 1964. Dispõe sobre o ensino primário gratuito a ser prestado pelas empresas industriais, comerciais e agrícolas em que trabalhem mais de cem pessoas, e dá outras providências. *Diário Oficial de União*: seção 1, Brasília, DF, p. 580, 21 jan. 1964. Disponível em: https://www2.camara.leg.br/legin/fed/decret/1960-1969/decreto-53453-20-janeiro-1964-393455-publicacaooriginal-1-pe.html. Acesso em: 16 mar. 2022.

BRASIL. Decreto-Lei nº 593, de 27 de maio de 1969. Autoriza o Poder Executivo a instituir uma fundação destinada a prestar assistência à maternidade, à infância e à adolescência. *Diário Oficial de União*: seção 1, Brasília, DF, 28 maio 1969. Disponível em: https://www.planalto.gov.br/ccivil_03/decreto-lei/1965-1988/del0593.htm#:~:text=1%C2%BA%20Fica%20o%20Poder%20Executivo,m%C3%A9dico%2Dsociais%2C%20peri%C3%B3dica%20e%20met%C3%B3dicamente. Acesso em: 16 mar. 2022.

BRASIL. Presidência da República. Decreto-lei nº 5.452, de 1º de maio de 1943. Aprova a Consolidação das Leis do Trabalho. *Diário Oficial de União*: seção 1, Rio de Janeiro, p. 11937, 9 ago. 1943. Disponível em: https://www2.camara.leg.br/legin/fed/declei/1940-1949/decreto-lei-5452-1-maio-1943-415500-norma-pe.html. Acesso em: 16 mar. 2022.

BRASIL. *Diretrizes curriculares nacionais para a educação infantil*. Brasília, DF: Ministério da Educação/Secretaria da Educação Básica, 2010.

BRASIL. *I Encontro Interamericano de Proteção ao Pré-Escolar*. Rio de Janeiro: [*S. n.*], 1968. Disponível em: http://www.dominiopublico.gov.br/download/texto/me002417.pdf. Acesso em: 16 mar. 2022.

BRASIL. Lei nº 4.024, de 20 de dezembro de 1961. Fixa as Diretrizes e Bases da Educação Nacional. *Diário Oficial de União*: seção 1, Brasília, DF, p. 11429, 27 dez. 1961. Disponível em: https://www2.camara.leg.br/legin/fed/lei/1960-1969/lei-4024-20-dezembro-1961-353722-publicacaooriginal-1-pl.html. Acesso em: 16 mar. 2022.

BRASIL. Presidência da República. Lei nº 6.697, de 10 de outubro de 1979. Institui o código de menores. *Diário Oficial de União*: seção 1, Brasília, DF, 11 out. 1979. Disponível em: https://www.planalto.gov.br/ccivil_03/leis/1970-1979/l6697.htm. Acesso em: 16 mar. 2022.

BRASIL. Presidência da República. Lei nº 8.069, de 13 de julho de 1990. Dispõe sobre o Estatuto da Criança e do Adolescente e dá outras providências. *Diário Oficial da União*: seção 1, Brasília, DF, ano 127, p. 13563, 16 jul. 1990. Disponível em: https://www.planalto.gov.br/ccivil_03/leis/l8069.htm. Acesso em: 14 jan. 2021.

BRASIL. Lei nº 9.394, de 20 de dezembro de 1996. Estabelece as diretrizes e bases da educação nacional. *Diário Oficial da União*: seção 1, Brasília, 1996. Disponível em: https://www.planalto.gov.br/ccivil_03/leis/l9394.htm#:~:text=L9394&text=Estabelece%20as%20diretrizes%20e%20bases%20da%20educa%C3%A7%C3%A3o%20nacional.&text=Art.%201%C2%BA%20A%20educa%C3%A7%C3%A3o%20abrange,civil%20e%20nas%20manifesta%C3%A7%C3%B5es%20culturais. Acesso em: 16 mar. 2022.

BRASIL. Presidência da República. *Lei nº 13.005, de 25 de junho de 2014.* Aprova o Plano Nacional de Educação – PNE e dá outras providências. Brasília: Câmara dos Deputados, Edições Câmara, 2014. n. 125. Disponível em: https://www.planalto.gov.br/ccivil_03/_ato2011-2014/2014/lei/l13005.htm. Acesso em: 16 mar. 2022.

BRASIL. Lei nº 13.257, de 8 de março de 2016. Dispõe sobre as políticas públicas para a primeira infância e altera a Lei nº 8.069, de 13 de julho de 1990 (Estatuto da Criança e do Adolescente), o Decreto-Lei nº 3.689, de 3 de outubro de 1941 (Código de Processo Penal), a Consolidação das Leis do Trabalho (CLT), aprovada pelo Decreto-Lei nº 5.452, de 1º de maio de 1943, a Lei nº 11.770, de 9 de setembro de 2008, e a Lei nº 12.662, de 5 de junho de 2012. *Diário Oficial da União*: seção 1, Brasília, DF, 9 mar. 2016. Disponível em: https://www.planalto.gov.br/ccivil_03/_ato2015-2018/2016/lei/l13257.htm. Acesso em: 16 mar. 2022.

BRASIL. *Parâmetros nacionais de qualidade para a educação infantil.* Brasília, DF: Ministério da Educação/Secretaria da Educação Básica, 2006a. v. 1. Disponível em: http://portal.mec.gov.br/seb/arquivos/pdf/Educinf/eduinfparqualvol1.pdf. Acesso em: 16 mar. 2022.

BRASIL. *Parâmetros nacionais de qualidade para a educação infantil.* Brasília: Ministério da Educação/Secretaria de Educação Básica, 2006b. v. 2. Disponível em: http://portal.mec.gov.br/seb/arquivos/pdf/Educinf/eduinfparqualvol2.pdf. Acesso em: 16 mar. 2022.

BRASIL. *Parâmetros nacionais de qualidade da educação infantil.* Brasília: MEC. Ministério da Educação, 2018. Disponível em: http://portal.mec.gov.br/docman/2020/141451-public-mec-web-isbn-2019-003/file. Acesso em: 21 mar. 2022.

BRASIL. *Por uma política de formação do profissional de educação infantil*. Brasília: Ministério da Educação e do Desporto, 1994. Disponível em: http://www.dominiopublico.gov.br/download/texto/me002343.pdf. Acesso em: 16 mar. 2022.

BRASIL. *Referencial curricular nacional para a educação infantil*. Brasília: MEC/SEF, 1998a. v. 2. Disponível em: http://portal.mec.gov.br/seb/arquivos/pdf/volume2.pdf. Acesso em: 16 mar. 2022.

BRASIL. *Referencial curricular nacional para a educação infantil*: conhecimento de mundo. Brasília: MEC/SEF, 1998b. v. 3. Disponível: http://portal.mec.gov.br/seb/arquivos/pdf/volume3.pdf. Acesso em: 16 mar. 2022.

BRASIL. *Referencial curricular nacional para a educação infantil*: introdução. Brasília: MEC/SEF, 1998c. v. 1. Disponível em: http://portal.mec.gov.br/seb/arquivos/pdf/rcnei_vol1.pdf. Acesso em: 16 mar. 2022.

BRASIL. *Referenciais para formação de professores*. Brasília: A Secretaria, 1999a. Disponível em: http://portal.mec.gov.br/index.php?option=com_docman&view=download&alias=48631-reformprof1&category_slug=documentos-pdf&Itemid=30192. Acesso em: 16 mar. 2022.

BRASIL. Resolução CEB nº 1, de 7 de abril de 1999. Institui as diretrizes curriculares nacionais para a educação infantil. *Diário Oficial da União*: seção 1, p. 18, Brasília, 1999b. Disponível em: http://portal.mec.gov.br/dmdocuments/resolucao_ceb_0199.pdf. Acesso em: 16 mar. 2022.

BRASIL. Resolução CNE/CP nº 1, de 15 de maio de 2006. Institui as Diretrizes Curriculares Nacionais para o Curso de Graduação em Pedagogia, licenciatura. *Diário Oficial da União*: seção 1, Brasília, DF, p. 11, 2006c. Disponível em: http://portal.mec.gov.br/cne/arquivos/pdf/rcp01_06.pdf. Acesso em: 16 mar. 2022.

BRASIL. Resolução nº 2, de 20 de dezembro de 2019. Define as Diretrizes Curriculares Nacionais para a Formação Inicial de Professores para a Educação Básica e institui a Base Nacional Comum para a Formação Inicial de Professores da Educação Básica (BNC-Formação). *Diário Oficial da União*: seção 1, Brasília, DF, p. 115-9, 23 dez. 2019. Disponível em: https://www.in.gov.br/web/dou/-/resolucao-n-2-de-20-de-dezembro-de-2019-*-242332819. Acesso em: 21 mar. 2022.

CAVALLEIRO, E. S. *Do silêncio do lar ao silêncio escolar*: racismo, preconceito e discriminação na educação infantil. 6. ed. São Paulo: Contexto, 2000.

CROIZET, J. Estigmatização (efeitos da). *In*: ZANTEN, A.V. (org.). *Dicionário de educação*. Petrópolis, RJ: Vozes, 2011.

DIAS, L. R. Formação de professores, educação infantil e diversidade étnico-racial: Saberes e fazeres nesse processo. *Revista Brasileira de Educação*, v. 17, n. 51, p. 661-749, 2012.

FINCO, D. *Educação infantil, espaços de confronto e convívio com as diferenças*: análise das interações entre professoras e meninas e meninos que transgridem as fronteiras de gênero. 2010. 198 p. Universidade de São Paulo, São Paulo, 2010. Disponível em: https://www.teses.usp.br/teses/disponiveis/48/48134/tde-20042010-135714/publico/DANIELA_FINCO.pdf. Acesso em: 21 mar. 2022.

HARRITS, G. S. Stereotypes in context: how and when do street-level bureaucrats use class stereotypes? *Public Administration Review*, v. 79, n. 1, p. 93-103, 2019.

HARRITS, G. S.; MØLLER, M. Ø. Categories and categorization: Towards a comprehensive sociological framework. *Distinktion*, v. 12, n. 2, p. 229-47, 2011.

HINNANT, J. B.; O'BRIEN, M.; GHAZARIAN, S. R. The longitudinal relations of teacher expectations to achievement in the early school years. *Journal of Educational Psychology*, v. 101, n. 3, p. 662-70, 2009.

KRAMER, S. Currículo de educação infantil e a formação dos profissionais de creche e pré-escola: questões teóricas e polêmicas. *In*: BRASIL. *Por uma política de formação do profissional de educação infantil*. Brasília: MEC/SEF/Coedi, 1994. Disponível em: http://www.dominiopublico.gov.br/download/texto/me002343.pdf. Acesso em: 21 mar. 2022.

LIPSKY, M. *Burocracia de nível de rua*: dilemas do indivíduo nos serviços públicos. Tradução de Arthur Eduardo Moura da Cunha. Brasília, DF: Enap, 2019. Disponível em: https://repositorio.enap.gov.br/bitstream/1/4158/1/Burocracia%20de%20n%c3%advel%20de%20rua_Michael%20Lipsky.pdf. Acesso em: 21 mar. 2022.

LOTTA, G. S. *Implementação de políticas públicas*: o impacto dos fatores relacionais e organizacionais sobre a atuação dos Burocratas de Nível de Rua no Programa Saúde da Família. 2010. 295 p. Universidade de São Paulo, São Paulo, 2010. Disponível em: https://www.teses.usp.br/teses/disponiveis/8/8131/tde-20102010-120342/publico/2010_GabrielaSpangheroLotta.pdf. Acesso em: 21 mar. 2022.

LOTTA, G.; SANTIAGO, A. Autonomia e discricionariedade: matizando conceitos-chave para o estudo de burocracia. *BIB*, n. 83 p. 21-42, 2018.

Marinho, C.; Martins, E. Educação infantil e relações étnico-raciais: impactos da formação docente nas práticas educativas. *Revista Educação e Cultura Contemporânea*, v. 13, n. 34, 2017.

Millet, M.; Croizet, J. L'école maternelle comme première expérience de l'inégalité culturelle. *Diversité*: ville école intégration, n. 183, p. 29-34, 2016. Disponível em: https://halshs.archives-ouvertes.fr/halshs-01291725/document. Acesso em: 21 mar. 2022.

Nunes, M. F. R.; Corsino, P.; Didonet, V. *Educação infantil no Brasil*: primeira etapa da educação básica. Brasília, DF: Unesco/MEC/SEB, 2011. Disponível em: https://cursosextensao.usp.br/pluginfile.php/54525/mod_resource/content/1/Educa%C3%A7%C3%A3o%20Infantil%20no%20Brasil.pdf. Acesso em: 21 mar. 2022.

Oliveira, F.; Abramowicz, A. Infância, raça e "paparicação". *Educação em Revista*, v. 26, n. 2, p. 209-26, 2010.

Pires, R. R.; Lotta, G. Burocracia de nível de rua e (re)produção de desigualdades sociais: comparando perspectivas de análise. *In*: Pires, R. R. (org.) *Implementando desigualdades*: reprodução de desigualdades na implementação de políticas públicas. Rio de Janeiro: Ipea, 2019. p. 127-152. Disponível em: https://www.ipea.gov.br/portal/images/stories/PDFs/livros/livros/190612_implementando_desigualdades.pdf. Acesso em: 21 mar. 2022.

Silva, P. L. B.; Melo, M. A. B. O processo de implementação de políticas públicas no Brasil: características e determinantes da avaliação de programas e projetos. *Caderno*, n. 48, p. 1-17, 2000. Disponível em: https://www.nepp.unicamp.br/biblioteca/periódicos/issue/view/143/CadPesqNepp48. Acesso em: 21 mar. 2022.

Sousa, A. G. M.; Lima, A. S. Diversidade étnica na educação infantil: minimizando desigualdades ou difundindo estereótipos? *Imagens da Educação*, v. 7, n. 2, p. 64-75, 2017. Disponível em: https://periodicos.uem.br/ojs/index.php/ImagensEduc/article/download/34197/pdf. Acesso em: 21 mar. 2022.

Sobre os autores

Capítulo 1

Lourdes Gaitán Muñoz

Doutora em Sociologia e pós-graduada em Serviço Social. Sócia-fundadora e ex-presidente da Associação Grupo de Sociologia da Infância e da Adolescência. Presidente do Comitê Científico de Sociologia da Infância da Federação Espanhola de Sociologia (FES). Codiretora da Revista Complutense *Sociedad e Infancias*. Conselheira acadêmica *master* em Políticas de Infância e Adolescência da Universidade Complutense de Madri (UCM). Membro-fundadora da Rede Europeia de Pós-Graduação em Direitos das Crianças (Crean, na sigla em espanhol). Pesquisadora da infância nas áreas de políticas sociais, cidadania e participação das crianças, vida urbana e migrações.

E-mail: lourdesgaitan22@gmail.com

Capítulo 2

Laura Frasco Zuker

Doutora em Antropologia Social pelo Instituto de Estudos Sociais Superiores da Universidade Nacional de San Martín (Unsam), na Argentina. Bolsista no pós-doutorado no Laboratório de Pesquisa em Ciências Humanas do Conselho Nacional de Pesquisas Científicas e Técnicas. Integrante do Programa de Estudos Sociais de Gênero, Infância e Juventude da Escola de Humanidades da Unsam. Docente da Universidade Nacional de La Matanza, na Argentina. Pesquisa sobre a participação de meninas e meninos nas atividades produtivas e no cuidado infantil.

E-mail: laurefz@gmail.com

Florencia Paz Landeira
Doutoranda em Antropologia Social na Escola Interdisciplinar de Estudos Sociais Superiores da Unsam. Bolsista no pós-doutorado no Laboratório de Pesquisa em Ciências Humanas do Conselho Nacional de Pesquisas Científicas e Técnicas. Integrante do Programa de Estudos Sociais de Gênero, Infância e Juventude da Escola de Humanidades da Unsam. Docente na Faculdade de Ciências Sociais da Universidade de Buenos Aires (UBA). Pesquisa sobre a regulação da parentalidade em políticas para a primeira infância e o desenvolvimento infantil.
E-mail: flor.pazlandeira@gmail.com

Valeria Llobet
Doutora pela UBA, na área de Psicologia. Tem pós-doutorado em Ciências Sociais, Infância e Juventude (Conselho Latino-Americano de Ciências Sociais – Clacso –, Pontifícia Universidade Católica de São Paulo – PUC-SP –, Colégio de la Frontera Norte – Colef). Participa do Laboratório de Pesquisa em Ciências Humanas do Conselho Nacional de Pesquisas Científicas e do Centro de Estudos em Desigualdades, Sujeitos e Instituições da Escola de Humanidades da Unsam.
E-mail: vllobet@unsam.edu.ar

Capítulo 3

María Victoria Alzate Piedrahita
Doutora em Educação pela Universidade de Valladolid, na Espanha. Pós-graduada em Estudos Avançados em Psicodidática pela Universidade do País Basco. Mestra em Educação Especial no tema Dificuldades de Aprendizagem pela Universidade de San Buenaventura, na Colômbia. Licenciada em Educação Pré-Escolar pela Fundação Universitária de Monserrate, na Colômbia. Professora titular na Universidade Tecnológica de Pereira, na Colômbia, desde 1992, e diretora mestra em Infância também nessa universidade.
E-mail: mvictoria@utp.edu.co

Miguel Ángel Gómez Mendoza
Doutor em História pela Universidade Sorbonne Nouvelle – Paris III, na França. Cursou mestrado em Filosofia pela Universidade Javeriana, na Colômbia. Mestre em Ciências Sociais pela Universidade de Burdeos III, na França. Pós-graduado em Filosofia e História pela Universidade Babeş-Bolyai, na Romênia. Professor titular na Universidade Tecnológica de Pereira.
E-mail: mgomez@utp.edu.co

Capítulo 4

Iskra Pavez-Soto
Doutora em Sociologia pela Universidade Autônoma de Barcelona, na Espanha. Acadêmica do Centro de Pesquisa em Educação da Universidade Bernardo O'Higgins, no Chile.
E-mail: iskrapaz@gmail.com

Daniela Poblete-Godoy
Doutoranda em Sociologia pela Universidade Autônoma de Barcelona. Bolsista na Agência Nacional de Pesquisa e Desenvolvimento (Anid), no Chile. Socióloga pela Universidade de Concepción.
E-mail: dcpobletegodoy@gmail.com

Capítulo 5

Vanessa Rojas Arangoitia
Doutoranda em Antropologia Social e Cultural pela Universidade Autônoma de Barcelona. Mestra em Ciências Políticas e bacharela em Antropologia pela Pontifícia Universidade Católica do Peru. Seu trabalho tem foco em Antropologia da Educação, abordando os temas: transições educativas, bem-estar infantil, qualidade educativa, relações de poder e infância. Entre os anos de 2007 e de 2011, trabalhou no núcleo qualitativo longitudinal do estudo *Niños del Milenio*. Em 2012, trabalhou como coordenadora do

Projeto e Validação de Alternativas de Atenção em Educação Inicial na Diretoria de Educação Inicial do Ministério de Educação do Peru. Atualmente, atua como pesquisadora associada do *Think Tank* (laboratório de ideias) peruano chamado Grupo de Análise para o Desenvolvimento (Grade, na sigla em espanhol). Também é coordenadora do núcleo qualitativo longitudinal do estudo *Niños del Milenio* no Peru, internacionalmente conhecido como Young Lives, coordenado pela Universidade de Oxford e realizado no Peru, na Etiópia, na Índia e no Vietnã.
E-mail: vrojas@grade.org.pe

Capítulo 6

Sarah Gallo

Doutora em Educação Linguística pela Universidade da Pennsylvania. Professora associada na Universidade de Rutgers, nos Estados Unidos. Autora do livro *Mi Padre: Mexican Immigrant Fathers and Their Children's Education* ["Meu pai: pais imigrantes mexicanos e a educação de seus filhos", em tradução livre]. Atualmente, lidera pesquisas com enfoque em imigração e educação entre Estados Unidos e México.
E-mail: sarah.gallo@rutgers.edu

Joanna Dreby

Doutora em Sociologia pela Universidade da Cidade de Nova York. Professora de Sociologia na Universidade de Albany, nos Estados Unidos. Autora dos livros premiados: *Divided by Borders: Mexican Migrants and Their Children* ["Fronteiras divididas: imigrantes mexicanos e seus filhos", em tradução livre] e *Everyday Illegal: When Policies Undermine Immigrant Families* ["Ilegal todos os dias: quando as políticas desfazem as famílias imigrantes", em tradução livre]. Atualmente, lidera uma equipe de pesquisa sobre os efeitos em longo prazo das políticas restritivas de imigração para filhos e filhas de imigrantes nos Estados Unidos.
E-mail: jdreby@albany.edu

Florencia Silveira
Mestra em Ciências Sociais pela Universidade Brigham Young, nos Estados Unidos. Doutoranda em Sociologia pela Universidade de Albany, também nos Estados Unidos. Suas pesquisas têm foco na educação comparativa e na imigração.
E-mail: fsilveira@albany.edu

Mario A. Martínez-García
Mestre em Educação e doutorando em Linguagem, Educação e Sociedade pela Universidade Estadual de Ohio, nos Estados Unidos. Suas pesquisas têm foco em pedagogias culturalmente sustentáveis, ideologias linguísticas e educação transnacional.
E-mail: martinezgarcia.2@osu.edu

Capítulo 7

Isaac Ravetllat Ballesté
Doutor em Direito e mestre em Direito de Família e Infância pela Universidade de Barcelona, na Espanha. Professor associado da Faculdade de Ciências Jurídicas e Sociais da Universidade de Talca, no Chile. Diretor do Centro de Estudos sobre Direitos da Infância e da Adolescência (Cedia, na sigla em espanhol) da Universidade de Talca. Coordenador geral de Rede de Universidades pela Infância, no Chile. Subdiretor da *InfanciActiva*, revista interdisciplinar sobre infância e adolescência. Diretor pós-graduado em Direitos da Infância e da Adolescência – Desafios Atuais na Universidade de Talca.
E-mail: iravetllat@utalca.cl

Claudia P. Sanabria Moudelle
Mestra em Direito de Família e Infância e em Globalização, Cooperação e Desenvolvimento pela Universidade de Barcelona, na Espanha. Professora de Direito Civil, Metodologia e Infância e Adolescência na Faculdade

de Direito e Notariado da Universidade Iberoamericana (Unibe). Docente de pós-graduação. Diretora de Gênero do Ministério de Saúde Pública e Bem-Estar Social. Coordenadora técnica do mestrado em Direito de Família, Infância e Adolescência na Unibe.
E-mail: sanabriamoudelle@hotmail.com

Capítulo 8

Carolina Terra
Graduada e mestranda em Serviço Social pela Pontifícia Universidade Católica do Rio de Janeiro (PUC-Rio), é pesquisadora e assessora de comunicação do Centro Internacional de Estudos e Pesquisas sobre a Infância (Ciespi) da PUC-Rio.
E-mail: carolinaterra.ciespi@gmail.com

Irene Rizzini
Doutora em Sociologia pelo Instituto Universitário de Pesquisa do Rio de Janeiro (Iuperj), com formação em Psicologia e mestrado em Serviço Social pela Universidade de Chicago, nos Estados Unidos. É professora do Departamento de Serviço Social da PUC-Rio e diretora do Ciespi. Atuou como professora visitante na Universidade de Notre Dame, nos Estados Unidos, e na Universidade de Edimburgo, Escócia.
E-mail: irizzini.pucrio.ciespi@gmail.com

Capítulo 9

Maria Letícia Barros Pedroso Nascimento
Doutora em Educação pela Faculdade de Educação da Universidade de São Paulo (FEUSP). Fez pós-doutorado (Sociologia da Infância) na Universidade de Sussex, no Reino Unido. É professora associada da FEUSP, onde coordena o Gepsi. Seus interesses de pesquisa são participação infantil, políticas públicas, crianças imigrantes na Educação Infantil.

Atualmente, trabalha no projeto *Estudo sobre a participação infantil/o protagonismo infantil: o que revelam as pesquisas sobre o tema?*, desenvolvida com o auxílio da Fundação de Amparo à Pesquisa do Estado de São Paulo (Fapesp).

E-mail: letician@usp.br

Capítulo 10

Rita de Cássia Marchi

Doutora em Sociologia Política com pós-doutorado em Estudos da Infância. Professora pesquisadora do Programa de Pós-Graduação em Educação (PPGE) da Universidade Regional de Blumenau (Furb). Líder do Grupo de Pesquisa Núcleo de Estudos Interdisciplinar da Criança e do Adolescente (Neica).

E-mail: atoseditora@gmail.com

Capítulo 11

Paula Pimentel Tumolo

Mestra e doutoranda em Psicologia pela Universidade Federal do Rio de Janeiro (UFRJ). Membro do Núcleo Interdisciplinar de Pesquisa e Intercâmbio para a Infância e Adolescência Contemporâneas (Nipiac) da UFRJ. Editora-assistente da Revista Eletrônica de Divulgação Científica da Infância e Juventude (DESidades). Atua, também, como psicóloga clínica.

E-mail: paulatumolo@gmail.com

Gabriela Fernandes Castro

Graduanda de Psicologia na UFRJ. Membro e pesquisadora em formação do Nipiac da UFRJ. Extensionista da DESidades. Professora particular de inglês.

E-mail: gabriela.0505@gmail.com

Luana Papelbaum Micmacher
Graduanda de Psicologia na UFRJ. Membro e pesquisadora em formação do Nipiac da UFRJ. Estagiária na área de Mediação e Inclusão Escolar.
E-mail: luanapapelmacher@gmail.com

Natália Belarmino de Souza
Graduanda de Psicologia na UFRJ. Membro e pesquisadora em formação do Nipiac da UFRJ. Extensionista da DESidades.
E-mail: nataliabelarminosou@gmail.com

Túlio Ferreira Fialho
Graduando de Psicologia na UFRJ. Membro e pesquisador em formação do Nipiac da UFRJ. Extensionista da DESidades.
E-mail: fialhotulio@gmail.com

Lucia Rabello de Castro
É ph.D. em Psicologia pela Universidade de Londres, na Grã-Bretanha. Professora titular do Programa de Pós-graduação em Psicologia do Instituto de Psicologia da UFRJ. Pesquisadora sênior do Conselho Nacional de Desenvolvimento Científico e Tecnológico (CNPq). Fundadora e atual coordenadora científica do Nipiac da UFRJ.
E-mail: lrcastro@infolink.com.br

Capítulo 12

Fernanda Müller
Graduada em Pedagogia pela Universidade do Vale do Rio dos Sinos (Unisinos) e Ciências Sociais – habilitação em Antropologia – pela Universidade de Brasília (UnB), especialista em Educação Infantil pela Universidade Federal do Rio Grande do Sul (UFRGS), mestra em Educação pela Unisinos e doutora em Educação pela UFRGS. Realizou

doutorado sanduíche no Centre for Family Research, da Universidade de Cambridge, no Reino Unido. Foi pesquisadora visitante no Center for Language, Interaction and Culture (CLIC), da Universidade da Califórnia em Los Angeles (UCLA). É vinculada ao grupo de pesquisa Infancia Contemporánea, da Universidade Autônoma de Madri. Atua como professora associada III da UnB, onde coordena o Grupo Interdisciplinar de Pesquisa sobre a Infância (Gipi). É professora permanente do Programa de Pós-Graduação em Educação da Universidade Federal de Minas Gerais (UFMG). Busca conexões nos campos da Antropologia e da Sociologia para estudar a infância em contextos urbanos e para responder a questões pedagógicas e educacionais contemporâneas.
E-mail: fernandamuller@unb.br

Cristian Dutra

Doutorando em Educação pela UnB, mestre em Educação pela Universidade Federal de Santa Catarina (UFSC) e pedagogo com habilitação em Educação Infantil pela Universidade do Estado de Santa Catarina (Udesc). Ex-professor de Educação Infantil e diretor na rede pública em Santa Catarina. Tem experiência em pesquisas com crianças em cotidianos urbanos em temáticas de trânsito, mobilidade urbana e infância na cidade. Atualmente, desenvolve pesquisa com um grupo de crianças pela periferia do Distrito Federal.
E-mail: cristian.dutra@gmail.com

Mayume Melo Kanegae

Graduada em Pedagogia e em Desenho Industrial pela UnB. Profissionalmente, tem experiência na área de *Design*, com ênfase em Programação Visual. Academicamente, realiza pesquisas na área da Sociologia da Infância, com interesse em experiências de mobilidade das crianças, Educação Infantil, brinquedos e brincadeiras.
E-mail: mayumek@gmail.com

Capítulo 13

Etienne Baldez Louzada Barbosa
Doutora em Educação pela Universidade Federal do Paraná (UFPR). Professora adjunta da Faculdade de Educação da UnB, coordenadora do Gepesi da UnB e integrante do Grupo de Pesquisa em História e Historiografia da Educação da Universidade de Brasília (Gruphe), também da UnB. Atua como coordenadora do curso de Pedagogia EaD da UnB e como coordenadora do Centro de Educação e Memória da Faculdade de Educação (Ceduc/FE) da UnB.
E-mail: blb.etienne@gmail.com

Franciele Ferreira França
Pós-doutoranda pela USP, com pesquisa desenvolvida com o apoio da Fapesp. Doutora e mestra em Educação pela UFPR. Pesquisadora do Núcleo de Estudos em Infância e Educação Infantil (Nepie) da UFPR.
E-mail: fran.f.franca@outlook.com

Capítulo 14

Gabriela Thomazinho
Mestra em Educação pela USP e doutoranda em Administração Pública e Governo na Fundação Getúlio Vargas (FGV). É integrante do Núcleo de Estudos da Burocracia (NEB) e do projeto de pesquisa sobre pré-escolas brasileiras e dinamarquesas: *Different contexts – similar tasks: implications for public policy provision*. Realiza pesquisas na área de Burocracia de Nível de Rua, Implementação de Políticas Públicas e Desigualdades Educacionais.
E-mail: gabriela.thomazinho@gmail.com

Gabriela Lotta
Professora e pesquisadora de Administração Pública e Governo da FGV. Doutora em Ciência Política pela USP, mestra e graduada em Administração Pública pela FGV. Coordenadora do Núcleo de Estudos da Burocracia (NEB). Docente da Escola Nacional de Administração Pública (Enap). É pesquisadora do Centro de Estudos da Metrópole (CEM). Bolsista produtividade 2 do CNPq. Coordenadora da área temática Estado e Políticas Públicas da Associação Brasileira de Ciência Política (ABCP) e diretora da pesquisa da Associação Nacional de Ensino e Pesquisa do Campo de Públicas (Anep/CP). Realiza pesquisas na área de Implementação de Políticas Públicas.
E-mail: gabriela.lotta@fgv.br

Sobre o Livro
Formato: 16 x 23 cm
Mancha: 11 x 17,8 cm
Papel: Offset 90g
nº páginas: 344
1ª edição: 2023

Equipe de Realização
Assistência editorial
Liris Tribuzzi

Edição de texto
Gerson Silva (Supervisão de revisão)
Roberta Heringer de Souza Villar (Preparação do original e copidesque)
Fernanda Fonseca (Revisão)

Editoração eletrônica
Évelin Kovaliauskas Custódia (Capa, projeto gráfico e diagramação)
chuwy/iStock (Ilustração de capa)

Impressão
BMF Gráfica